Eckh

Sri Auro

Ein neues Denken
Ein neuer Mensch
Eine neue Welt

Eckhart Tolle

Sri Aurobindo

Ein neues Denken
Ein neuer Mensch
Eine neue Welt

Texte, Begegnungen und Gespräche
mit **A. S. Dalal**

Aquamarin Verlag

Titel der indischen Originalausgabe:
Two Perspectives on Enlightenment

G-309 Panampilly Avenue, Panampilly Nagar, Indien

Deutsche Ausgabe:
2. Auflage 2013

Voglherd 1
85567 Grafing
www.aquamarin-verlag.de

Übersetzung aus dem Englischen: Karl Friedrich Hörner

Umschlaggestaltung: Annette Wagner
unter Verwendung von Shutterstock 39461056

Druck: C.H. Beck • Nördlingen
ISBN 978-3-89427-614-0

INHALT

VORWORT

Ursprünglich sollte dieses Buch die Gedanken eines Suchenden mit Menschen teilen, die sich, wie er, von den Lehren Eckhart Tolles angezogen fühlen. Der erste Entwurf des Manuskripts entstand mit der Absicht, Eckharts Lehre aus der Sicht des Yogas von Sri Aurobindo zu präsentieren, den der Verfasser seit mehr als fünf Jahrzehnten praktizierte. Eckhart, der die Güte hatte, das Manuskript zu lesen und seine Wertschätzung äußerte, schlug mir vor, einen Vergleich zwischen seiner Lehre und der Sri Aurobindos anzustellen. Ich hatte eigentlich Abstand genommen von einem solchen Vorhaben – so sehr auch ein Teil von mir geneigt war, den Vergleich zu wagen –, und zwar im Hinblick auf das, was Eckhart in der Einführung zu seinem Buch *The Power of Now* (dt. Ausgabe: *JETZT! Die Kraft der Gegenwart. Ein Leitfaden zum spirituellen Erwachen)* geschrieben hatte: „Der Verstand will immer einordnen und vergleichen, aber dieses Buch wird dir mehr geben, wenn du dich nicht bemühst, seine Terminologie mit der anderer Lehren zu vergleichen; es könnte dich verwirren.“[1] Ich behielt diese Worte Eckharts im Sinn, während ich die vorliegende Version dieses Buches schrieb, in dem ich versuche, die Lehre von Eckhart mit der von Sri Aurobindo auf eine Weise zu vergleichen, die den Leser nicht verwirrt. Mein Vergleich möge als Beitrag zu einem besseren Verständnis sowohl der Lehre Eckhart Tolles als auch der Lehre Sri Aurobindos dienen.

Eckharts Lehre, die auf wunderschöne Weise Elemente des

1 Eckhart Tolle, Jetzt! Die Kraft der Gegenwart, S.20

Zen-Buddhismus, des Advaita (nondualistisches Vedanta) und des Christentums miteinander verbindet, ist relativ neutral. In ihrer Sicht vom Wesen der Wirklichkeit und Erleuchtung scheint sie hingegen vorwiegend buddhistisch geprägt. Sie bietet eine Perspektive, die im scharfen Kontrast zu manchen der dominierenden hinduistischen Ansichten steht, wie etwa jenen, die in der *Bhagavad-Gita* zu finden sind. Ich habe versucht, beide Perspektiven im Lichte von Sri Aurobindos *Integralem Yoga* zusammenzubringen.

Die Unterschiede zwischen den beiden Betrachtungsweisen bestehen in gewissen Paradoxa oder scheinbaren Widersprüchen, und in gewissen divergierenden Ansichten, die tatsächliche Widersprüche sind. Paradoxa wie die Aussagen, dass es lange Zeit brauche, um Erleuchtung zu erlangen, beziehungsweise dass Erleuchtung eine augenblickliche Erfahrung sei, sind einfacher zu lösen, weil sie sich auf die gleiche Erfahrung stützen, die allerdings aus unterschiedlichen Blickwinkeln betrachtet wird. Andere Divergenzen sind durch Unterschiede in der Natur der spirituellen Erkenntnisse bedingt, auf denen sie beruhen. Die buddhistische Ansicht beispielsweise, dass die Wirklichkeit Nicht-Sein, Nicht-Existenz oder Nichtsheit *(asat)* sei, beruht auf einer anderen spirituellen Erfahrung als die vedantische Sicht der höchsten Wirklichkeit als Sein, Existenz oder Alles *(sat,* Brahman). Die hinduistische Sicht, dass sowohl die Welt als auch die Vorstellung von einer individuellen Seele Illusionen *(maya)* seien, entspricht einer spirituellen Erfahrung, die sich grundsätzlich von der gleichermaßen berechtigten Erfahrung unterscheidet, welche einer anderen hinduistischen Sicht zugrunde liegt, die die Welt als göttliches Spiel *(lila)* betrachtet. Hier spielt das ewige höchste Sein Verstecken mit der ewigen individuellen Seele.

Wie in allen spirituellen Lehren, gibt es auch in Eckharts Lehre gewisse Paradoxa. Auch sie weist eine feine Kombination divergierender Ansichten auf, die er darlegt, ohne sich von den Widersprüchen zwischen deren jeweiligem philosophischen Unterbau stören zu lassen. Ich hoffe, dass dieses Buch beim Vergleich zwischen Eckharts Lehre und der integralen Sicht Sri Aurobindos dazu beitragen wird, einige der Paradoxa in Eckharts Lehre zu lösen und einige der divergierenden Sichtweisen, die er zum Ausdruck bringt, miteinander zu versöhnen.

Die Lehren von Eckhart Tolle werden im Kontext der Geschichte eines „Suchenden" präsentiert, wofür der Verfasser ihn um Entschuldigung bitten möchte. Eckhart nämlich ist eines jener seltenen Beispiele eines „Finders", der nie ein Suchender gewesen ist. Deshalb rührt aus seiner Sicht alles Suchen – einschließlich der Suche nach dem Geistigen – von dem illusorischen Selbst her, von dem kleinen „Ich", aus dem es hervorzutreten gilt, will man sein wahres Wesen finden. Eckharts Lehren beginnen auf der hohen Stufe, auf der man bereit ist, alles persönliche Suchen hinter sich zu lassen. Gleiches gilt für Sri Aurobindos Yoga, der jedoch (an)erkennt, dass wir Menschenwesen zwar zunächst immer vom Ego motiviert werden – selbst wenn wir Yoga praktizieren –, alles spirituelle Suchen im Grunde jedoch einer Sehnsucht unseres wahren Selbst entspringt, sich durch Befreiung aus der Gebundenheit des Egos zu entdecken.

Der Verfasser muss Eckhart auch dafür um Entschuldigung bitten, dass er seine Lehren aus einer bestimmten „Perspektive" präsentiert. Wie Eckhart wiederholt gesagt hat, ist eine Perspektive eine mentale Position und deshalb durchaus unangemessen, um spirituelle Wahrheiten zu verstehen, die über das Blickfeld des Verstandes hinausgehen. Doch auf der derzeitigen Stufe unserer Bewusstseinsentwicklung sind die meisten Menschen

– bestenfalls – vor allem mentale Wesen. Deshalb können wir nicht umhin, mit einem mehr oder weniger mentalen Zugang anzufangen, selbst bei Dingen, die jenseits unseres Verstandes liegen. Als Zugeständnis an diese Begrenzung des Menschen mussten spirituelle Lehrer auf mentale Begriffe und Ideen zurückgreifen, um Wahrheiten verbal zu vermitteln, die sich der Formulierung durch Gedanken und der Mitteilung durch Worte eigentlich entziehen und allein im Erleben erfahrbar sind. Manche Lehrer, wie Eckhart, haben nur minimale mentale Konzepte benutzt, die als Hinweise oder Wegweiser auf dem spirituellen Weg dienen sollen. Wenige andere, wie Sri Aurobindo, haben sorgfältig ausgearbeitete intellektuelle Landkarten als Führer für die Reise nach innen geliefert. Alle Lehrer jedoch haben sich auf die Macht des Bewusstseins hinter ihren Worten gestützt, um in dem Suchenden etwas mehr zu wecken, als Worte von Konzepten und Ideen auszudrücken vermögen, und warnten vor dem Trugschluss, der Wegweiser sei das Ziel oder die Landkarte das Land.

Der wertvollste Aspekt von Eckharts Lehren liegt also nicht in den Begriffen und Ideen, die er verwendet, sondern in der energetischen Ladung des spirituellen Bewusstseins, dem seine Lehren entspringen und von dem seine Worte machtvoll durchdrungen sind. Aus diesem Grunde ist Kapitel 2 dieses Buches – die wörtliche Niederschrift eines Interviews des Verfassers mit Eckhart – der kraftvollste Vermittler dessen, was Eckhart dem spirituell Suchenden zu bieten hat. Auch die Kraft der Lehren von Sri Aurobindo und Der Mutter liegt weit mehr in deren originären Worten, die im Verlaufe des Buches zitiert werden, als in den Ausarbeitungen und Interpretationen des Verfassers.

DANKSAGUNGEN

Ich bin Eckhart Tolle dankbar, dass er mir ein Interview gewährte, welches mir zu einem besseren Verständnis seiner Lehren verhalf. Ich bin ihm auch dankbar für den Vorschlag, einen Vergleich zwischen seiner Lehre und derjenigen von Sri Aurobindo anzustellen. Ich danke auch Mohan Nair, dem Verleger von Editions India. Ohne seine beharrlichen Bemühungen und Hilfe hätte dieses Buch vielleicht nie das Licht der Welt erblickt. Galadriel Nair bin ich sehr dankbar für ihre unschätzbare Hilfe bei der Abschrift des Interviews mit Eckhart – eine Aufgabe, die aufgrund der unerwarteten Probleme bei der Aufzeichnung unseres Gesprächs viel Geduld und Ausdauer verlangte. Ich danke auch Thomas Lilly, der akribisch lange Auszüge von mehreren Vorträgen Eckharts einschließlich der Fragen und Antworten in Esalen transkribierte. Mein aufrichtiger Dank gilt Lynn Crawford für ihre geschätzte Hilfe bei der Vorbereitung des Manuskripts zu diesem Buch und für ihre wertvollen, konstruktiven Kommentare und Vorschläge zu seinem Inhalt aus der Sicht eines informierten und aufmerksamen Lesers. Mit Dank und Wertschätzung denke ich auch an den Sri Aurobindo-Trust für seine großzügige Erlaubnis, aus den Werken von Sri Aurobindo und Der Mutter zu zitieren. Mein tiefster Dank geht hinaus zu Sri Aurobindo und Der Mutter, denen ich die Inspiration und das Licht verdanke, die das Verfassen dieses Buches ermöglichten.

A. S. Dalal

ANMERKUNG DES INDISCHEN VERLEGERS

Es ist uns eine große Ehre, unter dem Imprint „Editions India" des Verlages Stone Hill Foundation dieses Buch zu verlegen, in dem sich hohe Gelehrsamkeit und wahre Bescheidenheit verbinden – Merkmale einer zutiefst spirituellen Person. Seit wir vor fünf Jahren begannen, mit dem Verfasser, Dr. A. S. Dalal, am Manuskript dieses Buches zu arbeiten – damals in einer anderen Form und mit einem anderen Fokus –, sind wir von seiner Aufrichtigkeit, Gelehrsamkeit und Gelassenheit tief beeindruckt. Der erste Entwurf dieses Buches musste nach fast dreijähriger Arbeit neu gefasst werden, zum Teil da der Autor einen Beitrag von Eckhart Tolle dazu suchte, hauptsächlich aber aufgrund der Notwendigkeit, wörtliche Zitate aus seinen veröffentlichten Werken und aufgezeichneten Vorträgen zu minimieren. Eine Person geringeren Formats hätte sich dadurch entmutigen lassen, doch Dr. Dalal akzeptierte diese Aufgabe in einem echten Geist der Hingabe und schrieb binnen eines weiteren Jahres ein neues Buch. Darüber hinaus hat es auch auf unserer Seite Verzögerungen bei der Veröffentlichung des Buches gegeben. Während der ganzen Zeit des Abschreibens der Tonbänder mit den Interviews mit Eckhart Tolle und der Vorbereitung des Manuskripts für die Publikation haben wir von Dr. Dalal nichts anderes erlebt als Geduld, Freundlichkeit und eine unversiegbare Höflichkeit und Wertschätzung. Dies war für uns ein sehr positives Erlebnis in der Zusammenarbeit mit einem Autor. Wir haben viel daraus gelernt, und dafür sind wir Dr. Dalal dankbar.

Anerkennung und Wertschätzung schulden wir auch Lynn Crawford, die eine Schlüsselrolle spielte, seit uns das Manuskript zum ersten Mal vorgelegt wurde. Mit großem Geschick hat sie die Korrespondenz zwischen uns und Dr. Dalal ermöglicht und uns geholfen, Antworten auf unsere Fragen zu erhalten. Auf dem ganzen Weg bis zur Veröffentlichung hat sie Kleineres und Größeres zum Abschluss und guten Ende gebracht.

Die Leser dieses Buches werden auf drei verschiedene Konventionen im Umgang mit Sanskrit-Begriffen stoßen. Der große Umfang zitierten Textes aus den Werken von Sri Aurobindo und Der Mutter schien uns zu rechtfertigten, dass wir im vorliegenden Text den gleichen Druckstil übernehmen, der in jenen Originalwerken verwendet wurde: Diese weisen Sanskrit-Begriffe auf, die in die lateinische Schrift transliteriert wurden und mit einem Großbuchstaben beginnen (auch wo man üblicherweise Kleinschreibung und Kursivbuchstaben verwenden würde), sowie solche, die mit einem Kleinbuchstaben beginnen und auch gelegentlich klein geschriebene Wörter mit diakritischen Zeichen. Die einzige Abweichung von dieser Konvention ist eine geringfügig andere Schreibweise im Haupttext des Buches bei der Transliteration bestimmter Wörter wie Advaita (statt „Adwaita" in dem zitierten Text).[2]

---

2 Dies wurde bei der deutschen Übersetzung weitgehend beibehalten. (Anm. d. Übers.)

1 ECKHART KOMMT ZU MIR

Vor einigen Jahren schickte mir ein Freund, Dr. D. E. Mistry, ein Exemplar von Eckharts Buch *The Power of Now* (dt. Ausg. *Jetzt! Die Kraft der Gegenwart*). Die Kraft seiner Worte packte mich augenblicklich. Ich spürte intuitiv, dass diese Worte nicht mentale Konstruktionen vermittelten, die auf Theorie basierten, sondern spirituelle Einsichten, die aus Selbsterkenntnis erwachsen waren. In diesem Buch zu lesen, bedeutete jedes Mal, in einen meditativen Zustand einzutreten oder in das, was Eckhart den *Zustand der Gegenwärtigkeit* nennen würde. Auch nach mehrfacher Lektüre übt das Buch immer noch die gleiche Wirkung auf mich aus.

Im Jahre 2001 hatte ich das Glück, einen Vortrag von Eckhart in Palo Alto, Kalifornien, zu besuchen und an einem Wochenend-Retreat im Esalen-Institut in Big Sur teilzunehmen. Die Worte, die er sprach, und kurze persönliche Kontakte bei jenen Gelegenheiten bestärkten meinen Eindruck von Eckhart als einem Mystiker hohen Ranges.

Im folgenden Jahr besuchte Eckhart Indien und kam nach Pondicherry, wo er einen öffentlichen Vortrag hielt und die Liebenswürdigkeit hatte, mir ein Interview zu geben, das einen Teil dieses Buches bildet.

Im Kontext meiner spirituellen Suche dürfte es einfacher sein, Eckharts Eindruck auf mich zu verstehen. Dabei werden auch die Hintergründe einiger Fragen deutlicher, die ich Eckhart im Esalen-Institut und im Interview stellte. Deshalb möchte ich hier kurz die Geschichte meiner spirituellen Suche erzählen.

Welchen Zeitpunkt ich als Beginn meiner Suche nennen könnte, weiß ich nicht, doch ich erinnere mich, im Alter von fünfzehn Jahren großes Interesse an Fragen gehabt zu haben, die sich auf Gott bezogen, auf den Ursprung des Universums und den Sinn des Lebens. Etwa um jene Zeit kam ein neuer Direktor an unsere Schule. Wahrscheinlich ist er es gewesen, der mein Interesse an philosophischen Themen damals geweckt und genährt hat. Vom eigentlichen Unterrichtsstoff schweifte er fast immer ab und sprach über solche Themen. Ich besuchte ihn häufig zu Hause und las Bücher über abstrakte Themen aus seiner Bibliothek und aus öffentlichen Büchereien. Der Rektor betrachtete sich als Agnostiker, der an Gott weder glaubte noch nicht glaubte. So wurde der Agnostizismus auch zu meiner ersten Einstellung gegenüber der höchsten Wirklichkeit.

Als ich etwa sechzehn war, hielt ein frommer und gelehrter Missionar der Bahai-Gemeinschaft einen Vortrag an unserer Schule. Später hatte ich ein Gespräch mit ihm. Nachdem er mich nicht von der Existenz Gottes zu überzeugen vermochte, machte er eine Bemerkung über die Sinnlosigkeit intellektueller Fragen in Bezug auf die Existenz Gottes: Wasser, sagte er, werde niemals zu Butter, wie ausgiebig man es auch „buttere".

Nicht lange danach kam ich unmerklich zu einem Glauben an die Existenz Gottes. Wie oder warum dies geschah, weiß ich nicht.

Im Alter zwischen sechzehn und achtzehn Jahren verschlang ich Bücher über Religion, Psychologie und Philosophie. Obwohl ich in eine konservative muslimische Familie geboren war, fühlte ich mich zu allen Religionen hingezogen und ging zu christlichen, hinduistischen und auch muslimischen Andachtsstätten. Ich hatte mich noch nicht für einem bestimmten spirituellen Weg entschieden.

Mit neunzehn Jahren kam ich mit der Theosophie in Berührung. In den Lehren von Helena P. Blavatsky fand ich nicht nur Antworten auf alle meine intellektuellen Fragen, sondern auch einen Weg, dessen glühender Befolger und Verkünder ich wurde.

Als ich etwa einundzwanzig war, machte ich die Bekanntschaft mit einem Anhänger von Sri Aurobindo und Der Mutter. Deren Bücher, die er mir auslieh, sprachen mich sehr an. Besonders *Prières et Méditations*[3] Der Mutter beeindruckte mich so stark, dass ich ihr schreiben wollte.

Fast drei Jahre später, im Jahre 1950, besuchte ich den Sri Aurobindo-Ashram und hatte ein Darshan bei Sri Aurobindo. Das war ein Wendepunkt auf meiner spirituellen Suche. Mein Interesse an der Theosophie ließ immer weiter nach, während ich mich mehr und mehr von Sri Aurobindos Yoga angezogen fühlte. Seit 1951 bin ich ein bekennender Praktiker von Sri Aurobindos Yoga, und obwohl ich bei mehreren spirituellen Lehrern nach Sri Aurobindo Inspiration gefunden habe, spürte ich keine starke Neigung, mich mit irgendwelchen anderen spirituellen Lehren zu befassen als jenen von Sri Aurobindos Yoga – bis ich mit Eckhart in Berührung kam.

Die bereits erwähnten Kontakte, die ich zu verschiedenen Zeiten mit gewissen Personen hatte, die Bücher, denen ich begegnete, und die Ereignisse und Umstände meines Lebens – viele von ihnen scheinen rein zufälliger Natur zu sein – haben mich die Wahrheit in den Worten Der Mutter über die Rolle des innersten Selbst – der Seele oder des psychischen Wesens –, das uns auf dem geistigen Pfad führt, tief im Herzen erkennen lassen. Sie sagte:

> Wenn ihr in euch ein so weit erwachtes seelisches Wesen habt, dass es auf euch achthaben, euch den Weg bereiten kann, so kann es Dinge herbeiführen, die euch hel-

3 engl. *Prayers and Meditations,* („Gebete und Meditationen") enthält Auszüge aus dem Tagebuch, das Die Mutter während ihrer Jahre intensiver Yoga-Disziplin führte.

> fen – Begegnungen, Bücher, Umstände, alle möglichen kleinen Zufälle, die zu euch kommen wie durch einen wohlmeinenden Willen veranlasst und die euch einen Hinweis, eine Hilfe, eine Unterstützung bringen, damit ihr euch entscheiden und eine gute Richtung einschlagen könnt. Habt ihr die Entscheidung einmal getroffen und euch vorgenommen, die Wahrheit eures Wesens zu finden und schreitet ihr aufrichtig auf dem Weg voran, dann scheint sich alles zu verbünden, um euch voranzuhelfen…[4]

Erst einige Zeit später vermochte ich rückblickend etwas vom Sinn und der Bedeutung jeder der oben erwähnten Stationen und Stufen auf der Reise meines spirituellen Wachstums zu begreifen. Ich verstand, dass mein im Alter von fünfzehn Jahre aufkommendes Interesse an religiösen und philosophischen Themen ein Indiz war, dass mein inneres Wesen auf mein oberflächliches Wesen Einfluss zu nehmen begann, denn alles Streben nach den höheren Dingen im Leben, sagt Sri Aurobindo, kommt aus dem Inneren:

> Von unserem inneren Wesen dringt nur wenig durch diese Zentren [des Bewusstseins[5]] in das äußere Leben, dieses Wenige aber ist unser bester Teil – wir verdanken ihm unsere Kunst, Dichtung und Philosophie, unsere Ideale, religiösen Bestrebungen und unsere Bemühungen um Wissen und Vollendung.[6]

Ich verstand, wie wichtig die Phase des Agnostizismus war,

---

4 Die Mutter, *Gespräche 1951,* S. 247
5 Sanskrit: *Chakras*
6 Sri Aurobindo, *Briefe über den Yoga,* Bd. 3, S. 321

durch die ich einst ging: Sie diente dazu, mich von bestimmten Überzeugungen zu befreien, die ich ohne zu reflektieren angenommen hatte.

Die unerklärliche Geburt eines Glaubens[7] an die Existenz Gottes hat mir eine Einsicht geschenkt in das, was Die Mutter über den Glauben gesagt hat:

> Der Glaube ist gewiss eine Gabe, die uns von der Göttlichen Gnade geschenkt ist. Er ist wie eine Tür, die sich plötzlich auftut und durch die wir eine ewige Wahrheit sehen, ja fast berühren können.
>
> Wie in allen anderen Dingen beim Aufstieg der Menschheit besteht – besonders zu Beginn – die Notwendigkeit persönlicher Anstrengung. Es ist möglich, dass der Glaube in manchen Ausnahmesituationen und aus Gründen, die sich unserem Verständnis entziehen, fast wie ein Zufall kommt – durchaus unerwartet und fast ohne je erbeten zu sein –, aber am häufigsten ist er eine Antwort auf ein Sehnen, ein Bedürfnis, ein Streben, auf etwas im Wesen, das sucht und sich sehnt, auch wenn dies nicht auf sehr bewusste und systematische Weise geschieht.[8]

Die Theosophie befähigte mich, die grundlegende Einheit aller Religionen zu verstehen – etwas, das ich schon früher intuitiv gespürt hatte – und befreite mich damit von den Ansichten, die

---

7 „Glaube im spirituellen Sinne ist nicht ein mentales Glauben, das schwankend und veränderlich ist. Er kann diese Form im Mental annehmen, aber dieses Glauben ist nicht der Glaube selbst, es ist nur seine äußere Gestalt." – Sri Aurobindo

8 Die Mutter, *Gespräche 1958,* S. 107 f. (Vereinzelt wurden Texte von mir neu übersetzt, da mir die vorliegende Übersetzung nicht in allen Aspekten korrekt erschien. Diese Zitate werden als Neuübersetzung gekennzeichnet. Anm. d. Übers.)

mich vorher beeinflusst hatten und eher die Unterschiede als die Ähnlichkeiten zwischen den verschiedenen Religionen hervorheben. Die Theosophie war mir auch dienlich als Einführung in gewisse grundlegende Lehren der östlichen spirituellen Philosophie – wie Karma, Wiedergeburt und spirituelle Entwicklung – Begriffe, die meinen früheren Überzeugungen über das Leben nach dem Tode durchaus fremd waren.

Sri Aurobindo und Die Mutter schienen zu einem günstigen Zeitpunkt in mein Leben getreten zu sein, als die Theosophie für mich gerade ihren Reiz zu verlieren begann. Die theosophischen Lehren hatten mein Bedürfnis nach philosophischem Verständnis von Fragen, die das Leben betrafen, wohl befriedigt, aber um ein spirituelles Leben zu führen, boten sie doch im Grunde lediglich einen Weg, der auf der philosophischen Idee von der Bruderschaft aller Menschen und dem ethischen Ideal des Dienstes an der Menschheit basierte. In mir war ein Sehnen – wort- und gestaltlos zunächst –, das etwas Tieferem als dem philosophischen Licht und dem ethischen Pfad galt, die ich in der Theosophie gefunden hatte. Mein inneres Wesen schien einen spirituellen Pfad zu suchen, der zu Selbstfindung und Gotterkenntnis führte. Einen solchen Pfad fand ich in Sri Aurobindos Yoga. Dass die *Prayers and Meditations* Der Mutter mich ganz besonders ansprachen, lag höchstwahrscheinlich daran, dass dieses Buch von dem Göttlichen nicht nur als einer unpersönlichen Wirklichkeit spricht – wie es die Theosophie auffasst –, sondern auch als dem Herrn des Universums und Meister des eigenen Wesens, mit dem man durch Gebet, Hingabe, Selbstopferung und -weihe eine Beziehung aufbauen kann.[9]

---

9 „Das Unpersönliche ist Dasein, Bewusstsein, Seligkeit, nicht eine Person, sondern ein Zustand. Die Person ist das Seiende, das Bewusste, das Selige; Bewusstsein, Dasein, Seligkeit als getrennte Dinge aufgefasst, sind lediglich Zustände ihres Wesens. Doch tatsächlich sind die beiden (persönliches Wesen

Die theosophische Sicht einer einzigen unpersönlichen Wirklichkeit schien mich nicht länger zufriedenzustellen. Anfänglich hatte mich eine solche Sicht sehr angesprochen, da ich unzufrieden war mit einer allzu menschlichen Vorstellung von Gott, mit welcher ich aufgewachsen war. Die Mutter bemerkte in der Antwort auf die Frage: „Was bedeutet es, nach dem Unpersönlichen zu streben?“:

> Oh, es ist im Westen sehr in Mode, mein Kind. Alle, die des Gottes, der von den chaldäischen Religionen und besonders von der christlichen gelehrt wird, müde oder überdrüssig sind – ein einziger Gott, eifernd, streng, despotisch und so sehr das Ebenbild des Menschen, dass man sich fragt, ob es nicht „der alte Demiurg Israels“ sei, wie ihn Anatole France nannte –, all diese Menschen wollen, wenn sie ein spirituelles Leben führen möchten, nicht länger einen persönlichen Gott, weil sie zu sehr fürchten, er könnte demjenigen ähnlich sein, den man sie gelehrt hat. Sie wollen eine unpersönliche Gottheit, etwas, das dem Menschen überhaupt nicht ähnlich ist – oder so wenig wie möglich. Das ist es, was sie wollen.
>
> … aber jenseits des unpersönlichen Göttlichen ist das Göttliche, das die Person selbst ist, und wir müssen durch das Unpersönliche gehen, um das Höchste Göttliche zu erreichen, das dahinter ist.[10]

---

und ewiger Zustand) untrennbar und eine Wirklichkeit.“ (Sri Aurobindo, *Briefe über den Yoga,* Bd. 1, S. 269)

10 Die Mutter, *Gespräche 1955,* S. 227 (Neuübers.)

Die Sicht der Gottheit als der höchsten Göttlichkeit, die höher ist als alles Persönliche und Unpersönliche, harmonierte mit meinem tiefsten Empfinden.

Eckhart spricht von Gott in erster Linie als einer unpersönlichen Göttlichkeit, und wie Sri Aurobindo und Die Mutter verwendet er das Wort *Gott* nicht sehr häufig, aus ähnlichen Gründen. Manchmal spricht er jedoch von Gnade, die aus Gott mehr macht als eine rein unpersönliche Wirklichkeit, die die Folgen des menschlichen Handelns allein nach dem unerforschlichen Gesetz vom Karma zumisst.[11] Aus Eckharts Sicht kann man Gott gleichermaßen als Er, Sie oder Es ansprechen.

Meine innere Suche hatte begonnen, wie sie es mehr oder weniger bei den meisten Suchenden tut, nämlich mit einem intellektuellen Bedürfnis, mich selbst, das Wesen der Wirklichkeit und den Sinn des Lebens zu verstehen. Dieses intellektuelle Bedürfnis hatte die Theosophie wohl erfüllt. Als ich dann mit Sri Aurobindo in Kontakt kam, waren es weniger seine philosophischen Schriften als seine praktischen Lehren über den Yoga, die ich von den Schwingungen eines spirituellen Bewusstseins durchdrungen fühlte und die mir ein intuitives Empfinden gaben, dass sie auf spiritueller Erfahrung beruhten. Sie beeindruckten mich tiefer als die Theosophie und vermittelten mir ein größeres Verständnis von der Natur der Seele und ihrer Evolution sowie von den Gesetzen von Karma und Reinkarnation als das, welches ich in der Theosophie gewonnen hatte. Ich habe das Empfinden, dass der tiefe Eindruck, den Sri Aurobindos philosophische

11 „Sie [die göttliche Gnade] ist eine Macht, die höher ist als alle Regeln, selbst höher als das kosmische Gesetz – denn alle spirituellen Seher haben zwischen dem Gesetz und der Gnade unterschieden. Es gibt diese drei Mächte: (1) Das kosmische (Karma- oder andere) Gesetz; (2) das göttliche Mitgefühl, das auf so viele Menschen einwirkt, wie es durch die Netze des Gesetzes erreichen kann und jenen damit eine Chance gibt; (3) die göttliche Gnade, die unberechenbarer, aber auch unwiderstehlicher als die anderen wirkt.“ (Sri Aurobindo, *Briefe über den Yoga,* Bd. 2, S. 244. (Neuübers.)

Lehren oft machen, darauf zurückzuführen ist, dass sie nicht ein Produkt von mentalem Theoretisieren sind, sondern ihren Ursprung in dem Zustand der Stille haben, die höher ist als der menschliche Verstand. Sri Aurobindo schrieb 1933: „Seit 1908, als ich die Stille empfing, habe ich nie mit meinem Kopf oder Gehirn gedacht – stets kommen die Gedanken in der Weite, im Allgemeinen über dem Kopf.“[12]

Dass ich mich vor einigen Jahren von Eckhart angezogen fühlte, entsprang gewiss nicht irgendeinem Bedürfnis nach einem weiteren philosophischen Verständnis der Dinge. Erstens war dieses Bedürfnis bereits von der Theosophie und von Sri Aurobindo reichlich erfüllt worden. Zweitens bietet Eckhart kein philosophisches System. Wie er selbst sagt, ist seine spirituelle Lehre nicht eine Philosophie oder Kosmologie. Sie sucht nicht die Natur des Universums zu erklären, sondern einem zu helfen, einen Bewusstseinszustand jenseits des Denkens zu erreichen. Viele von Eckharts Vorträgen beginnen typischerweise mit einem „vorsorglichen Dementi“ des Inhalts, dass der Vortrag nicht beabsichtige, neue „Information“ oder Theorie zu vermitteln, die Stoff zum Nachdenken bieten würde. Die Kraft seiner Worte liegt nicht so sehr in ihrem Informationsgehalt als in der „hochenergetischen Frequenz von Gegenwartsbewusstsein“[13], welche sie in sich tragen“.

Zur Bedeutung der Philosophie für das spirituelle Leben sei auch ein Wort von Sri Aurobindo zitiert:

> Nur wenn es ein größeres Bewusstsein jenseits des Mentals gibt und wenn uns jenes Bewusstsein zugänglich ist, können wir die letzte Wirklichkeit erkennen und in sie

---

12 Sri Aurobindo, Über sich selbst, S. 95

13 Vgl.: Eckhart Tolle, *Jetzt! Die Kraft der Gegenwart,* S. 114

> eintreten. Intellektuelle Spekulation und Vernünfteln müssen zwangsläufig auf einen sehr sekundären Platz zurückfallen und sogar ihre Daseinsberechtigung verlieren. *Philosophie, als intellektueller Ausdruck der Wahrheit, kann wohl weiter bestehen,* aber hauptsächlich als Mittel, um diese größere Entdeckung und so viel von ihrem Inhalt, wie überhaupt in mentalen Begriffen vermittelt werden kann, für jene auszudrücken, die noch in der mentalen Intelligenz leben.[14] [Hervorhebungen vom Verfasser]

Sri Aurobindo ist einer der wenigen Mystiker, die der Wahrheit, nachdem sie diese in einer spirituellen Erfahrung entdeckt haben, intellektuell Ausdruck gegeben haben „als ein Mittel, diese größere Entdeckung und so viel von ihrem Inhalt zum Ausdruck zu bringen, wie in mentalen Begriffen überhaupt möglich ist – für jene, die noch in der mentalen Intelligenz leben“. Mehr über die Rolle der Philosophie im Verhältnis zur spirituellen Erfahrung soll in einem späteren Kapitel gesagt werden.

Einem Weltlehrer wie Eckhart zu begegnen und sich von seiner Lehre stark angezogen zu fühlen, kann kein bloßer Zufall ohne weitere, tiefere Bedeutung sein. Doch mir scheint, dass ich die ganze Absicht der unsichtbaren Weisheit erst noch begreifen muss, die mich zu meiner Begegnung mit Eckhart auf der derzeitigen Stufe meiner spirituellen Reise führte. Alles, was ich zum jetzigen Zeitpunkt tun kann, ist, einige der Aspekte von Eckharts Lehren wiederzugeben, die mich besonders angesprochen haben und die ich in meiner Praxis des Yoga nach Sri Aurobindo als hilfreich empfunden habe.

---

14 Sri Aurobindo, *Briefe über den Yoga,* Bd. 1, S. 160. (Neuübers.)

Auch wenn sich Eckharts Lehren nicht mit philosophischen Fragen abgeben, wie sie der Intellekt stellt, enthalten sie einen Schatz an philosophischen Einsichten, die mit der inneren Erfahrung und Intuition harmonieren. Es ist gerade die *zutiefst psychologische* Erfahrungsart, die nicht-metaphysische und undogmatische Form seiner Lehren, was sie am ansprechendsten macht.

DAS EGO

Angst – Unsicherheit

Eine der psychologischen Einsichten in Eckharts Lehren bezieht sich auf die Natur des Egos, die er als Identifikation mit dem Verstand beschreibt. Mit dem Verstand identifiziert zu sein, sagt Eckhart, bedeutet, von seinem tieferen Selbst und seiner wahren Kraft getrennt zu sein. Deshalb fühlt sich das mit dem Verstand identifizierte Ego immer verletzlich und unsicher; es empfindet immer Bedrohung und lebt in ständiger Angst. Somit lebt praktisch jeder Mensch in einem Zustand der Angst, graduell schwankend zwischen leichtem Unbehagen und akuter Panik.

Nachdem ich Eckharts Lehre über die allgegenwärtige Natur der Angst kennenlernte, vermochte ich mehr von der tiefen Wahrheit in den folgenden Aussagen Der Mutter zu erfassen, die ich Jahrzehnte vorher zum ersten Mal gelesen hatte:

> Die Menschen sind normalerweise voll Besorgnis und Furcht. Beobachtet ihr zehn Minuten lang aufmerksam euren physischen Geist, so stellt ihr fest, dass er während neun Minuten voller Ängste war. Er trägt eine Furcht vor vielen Dingen in sich, großen und kleinen, nahen

und fernen, sichtbaren und unsichtbaren; und obgleich euch das im Allgemeinen nicht bewusst wird, ist es dennoch da.[15]

Widerstand – Beklagen

Da es sich ständiger Bedrohung ausgesetzt fühlt, sieht das Ego das Leben als einen Feind und neigt dazu, seinen Ereignissen und Umständen mit negativen Reaktionen und Formen des Widerstandes wie Wut, Beschwerde, Kritik oder Urteilen zu begegnen. Man hat also die Tendenz, ständig zu kämpfen mit dem, was *ist,* und ständig „nein" zu sagen zum jetzigen Augenblick, als läge man im ständigen Widerstreit mit der Wirklichkeit. Anders ausgedrückt, lebt man dauernd in Zwietracht mit dem freundlichen Universum und mit der wohlwollenden Weisheit, die in diesem Universum regiert. Nur sehr wenige Menschenwesen sind sich der Tatsache bewusst, dass wir uns in unserem normalen oder Ego-Bewusstsein ständig im Krieg mit der Wirklichkeit befinden. Deshalb erkennen nur sehr wenige Menschen, dass zum Beispiel selbst das Klagen über schlechtes Wetter – welches bei den meisten so verbreitet ist – auf einem Widerstand gegen das beruht, was *ist.* Eckharts Lehre hilft einem, sich der Tatsache bewusster zu werden, dass solches Beschweren, das immer einen Widerstand zum Ausdruck bringt, eine dominierende Haltung in unserem normalen Ego-Bewusstsein ist.

Eckharts Beschreibung des egozentrischen Widerstandes gegen die Wirklichkeit vermittelt ein tieferes Verständnis von der Ignoranz des persönlichen Willens einerseits und der Weisheit der Yogalehre andererseits, dass es zu lernen gelte, das persönliche Wollen dem göttlichen Willen zu unterstellen. Diese Hin-

15 Die Mutter, *Gespräche 1929,* S. 71

gabe, sagt Eckhart, liegt im Akzeptieren dessen, was *ist,* und im Aufgeben des verrückten Widerstandes gegen den Fluss des Lebens.

Wie lässt man den inneren Widerstand gegen das Leben los? Beobachte den Widerstand, fordert Eckhart auf; sei wachsam, wenn er sich erhebt, und mache ihn dir damit bewusst. Indem du Zeuge des unbewussten Widerstandes bist, trittst du aus ihm aus. Durch *Zulassen* dessen, was *ist,* kannst du dahin kommen, etwas von innerer Freiheit und Frieden zu empfinden.

Immer mehr verlangen – Begehren

Ein anderes Merkmal des Egos, über das Eckhart spricht, ist sein unheilbares Gefühl von Mangel, Unzulänglichkeit oder Unvollständigkeit. Aus ihm erwächst ein unersättliches Verlangen nach verschiedenen Dingen. Die Dinge, die man gemeinhin begehrt, um das Loch zu stopfen und sich vollständiger zu fühlen, sind Wohlstand und Besitz, Erfolg, gesellschaftlicher Status und besondere Beziehungen. Da das Ego niemals dauerhaft Erfüllung empfindet, lebt man immer in einem Zustand des „Verlangens, Wollens und Bedürfens". Obwohl ein solcher Zustand innerer Rastlosigkeit praktisch jederzeit vorhanden ist – außer in kurzen Phasen, wenn ein bestimmtes Verlangen befriedigt ist –, sind sich die meisten Menschen ihrer ständigen Rastlosigkeit nicht bewusst – außer vielleicht, wenn der Zustand akut schmerzhaft wird.

Ausschau nach dem nächsten Augenblick – Warten

Eine Begleiterscheinung des Zustandes von ständigem Wollen und Bedürfen ist die Neigung, immer in der Zukunft zu leben.

Man findet nicht Freude oder Befriedigung im jetzigen Moment und schaut ständig aus nach dem nächsten Moment oder in die Zukunft, in der man hofft, die Erfüllung seines Begehrens zu erleben. Den jetzigen Moment betrachtet man lediglich als ein Mittel oder einen Durchgang zur Zukunft. Weil die Zukunft jedoch niemals ankommt, lebt man unbewusst in einem *ständigen Zustand des Wartens.* Vielleicht weil er den Zustand des Wartens in der Schar seiner Zuhörer spürte, eröffnete Eckhart seinen Vortrag bei mehreren Gelegenheiten mit einer Bemerkung über die dominierende Haltung des Wartens, über die er sagt: „Mit jeder Art von Warten schaffst du unbewusst einen inneren Konflikt zwischen deinem Hier und Jetzt, wo du nicht sein willst, und der projizierten Zukunft, wo du sein willst. Dies reduziert die Qualität deines Lebens enorm, weil du die Gegenwart verlierst.“[16]

Warten, eine subtile Form von Ungeduld, ist verbreiteter, aber weniger leicht zu erkennen als die Ungeduld selbst. Eckhart ist der erste Lehrer, dem ich begegnet bin, der spezifisch über den unbewussten und beherrschenden Zustand des Wartens gesprochen hat, der für das normale Bewusstsein typisch ist und die Freude am Dasein beeinträchtigt. Diese profunde psychologische Einsicht ermöglichte mir, Eckharts Aufforderung „Sei einfach gegenwärtig und genieße das Sein“ wertzuschätzen. Sie erinnert an das, was Die Mutter inspirierend über die Köstlichkeit des Seins sagte, die in allen Dingen und Kreaturen im Universum gegenwärtig ist.

> Es kommt eine Zeit, wenn man beginnt, fast bereit zu sein, wenn man dieses Entzücken spüren kann, dieses Entzücken zu sein, gerade so zu sein, wie man ist, ein-

16 Eckhart Tolle, *Jetzt! Die Kraft der Gegenwart,* S. 97

fach zu sein – in allem – in jedem Gegenstand, in jeder Bewegung, in jeder Schwingung –, in allen Dingen, die einen umgeben – nicht nur Menschen und bewusste Wesen, sondern Dinge, Gegenstände; nicht nur in Bäumen und Pflanzen und Lebewesen, sondern einfach in jedem Gegenstand, den man gebraucht. Und man sieht, dass alles so vibriert. Man berührt etwas, und fühlt dieses Entzücken.

… denn dieses Entzücken ist überall. Es ist etwas sehr Feines. Man bewegt sich inmitten der Dinge und es ist, als sängen sie einem alle ihr Entzücken entgegen. Es kommt eine Zeit, wenn es im Leben um dich sehr vertraut wird. Natürlich muss ich einräumen, dass es etwas schwieriger ist, es in einem Menschenwesen zu spüren, weil es alle ihre Mental- und Vital-Formationen gibt, die in das Wahrnehmungsfeld kommen und es stören. Es gibt zu viel von dieser Art egoistischer Schroffheit, die sich unter die Dinge mischt, und so ist es schwieriger, an das Entzücken zu rühren. Aber selbst in Tieren fühlt man es, wenn auch schon ein wenig schwieriger als in Pflanzen. Aber in Pflanzen, in Blumen ist es so wunderbar! Sie sprechen alle ihre Freude aus und bringen sie zum Ausdruck. Wie ich bereits sagte: In allen vertrauten Gegenständen, in allen Dingen um dich herum, die du gebrauchst, gibt es einen Bewusstseinszustand, in dem jedes glücklich ist zu sein, wie es gerade ist. In diesem Moment weiß man, dass man an das wahre Entzücken gerührt hat. Und das ist nicht bedingt, ich meine … es ist von nichts abhängig. Es hängt nicht ab von äußeren Umständen, es hängt nicht ab von einem mehr oder weniger günstigen Zustand, es hängt nicht ab von irgend-

> etwas; es ist eine Kommunion mit der *raison d'être* des Universums.[17]

Selbst-Suchen

Ein weiteres Merkmal des Ego-Bewusstseins, dessen sich spirituell Strebende oft nicht bewusst sind, ist ein Suchen nach im Grunde *persönlicher* Befriedigung oder Erfüllung. Im gewöhnlichen Leben äußert es sich als ein Begehren verschiedener Dinge. Doch Eckhart weist darauf hin, dass *alles* Trachten ein Teil des Ego-Bewusstseins ist, also müsse man aufhören, ein Suchender zu sein, um ein wirklich spirituelles Leben zu führen. Die Mutter sagte zu einem Aspiranten, der sie über Yoga fragte:

> Wozu willst du den Yoga? Um Macht zu erlangen? Um zu Frieden und Ruhe zu gelangen? Um der Menschheit zu dienen?
>
> Keines dieser Motive reicht aus, um zu zeigen, dass du für den Pfad bestimmt bist.
>
> Die Frage, die du beantworten musst, ist vielmehr: Willst du den Yoga um des Göttlichen willen? Ist das Göttliche die höchste Tatsache in deinem Leben, so sehr, dass es dir geradewegs unmöglich ist, ohne es zu sein? Fühlst du, dass deine tiefste *raison d'être* das Göttliche ist und es ohne das Göttliche keinen Sinn in deiner Existenz gibt? Nur wenn dem so ist, kann man sagen, dass du zu dem Pfad berufen bist.
>
> Dies ist das Erste, was nottut – das Streben nach dem Göttlichen.[18]

---

17 Die Mutter, *Gespräche 1957*, S. 30 f. (Neuübers.)

18 The Mother, *Questions and Answers*, vol. 3, p. 1 (Im Anhang des engl. Bandes 1929, nicht im dt. *Gespräche 1929*)

Während das Begehren dem Ego entspringt, kommt das, was Die Mutter als Aspiration bezeichnet, aus dem innersten Selbst, der Seele. Legen wir also zusammen, was Eckhart und Die Mutter sagen, liegt es auf der Hand, dass man, um ein wahrhaft spirituelles Leben zu führen, mit der Selbst-Suche aufhören muss und nur nach der Gegenwart trachten solle – dem Göttlichen. Mit anderen Worten, wahre Spiritualität besteht darin, sich selbst zu *geben* und sein Ego zu verlieren, anstatt etwas für sich selbst anzustreben. Denn die Triebkraft hinter der Evolution des Bewusstseins – von der sowohl Eckhart als auch Sri Aurobindo sprechen – geht hin zur Manifestation des göttlichen Bewusstseins, welche nur mit dem Verschwinden des Egos stattfinden kann.

Mentaler Lärm

Eine Eigenheit des menschlichen Geistes, über die Eckhart wohl mehr gesprochen hat als jeder andere Lehrer, ist das Geplapper oder der mentale Lärm, der im Kopf fast ununterbrochen stattfindet – ein weiter gefasster Aspekt dessen, was Sri Aurobindo „das Stimmengewirr[19] des physischen Mentals" nennt.[20] Eckhart vergleicht dieses Übel mit dem Niedertreten des Gaspedals, ohne dass ein Gang eingelegt ist: Lärmend verbrennt man Treibstoff und gelangt doch nirgendwohin. Diese Beschreibung des mentalen Lärmes als eines Energieverschwenders hat mich besonders nachhaltig beeindruckt.

19 Sri Aurobindo, *Briefe über den Yoga,* Bd. 2, S. 373

20 Sri Aurobindo unterscheidet drei Hauptarten des gewöhnlichen Mentals: Das eigentliche Mental *[mind proper],* welches vor allem das Denken oder der Intellekt ist; das vitale Mental *[vital mind],* gekennzeichnet durch dynamischen Willen, Aktion und Verlangen; und das physische Mental *[physical mind],* das nur mit physischen Dingen befasst und auf das physische Sehen und Erleben von Dingen begrenzt ist. Eng verbunden mit dem physischen Mental ist das mechanische Mental *[mechanical mind],* welches alles Geschehene weiter wiederholt.

Das Heilmittel, von dem Die Mutter im Folgenden spricht, ist zwar überaus radikal, aber nicht leicht zu erlangen:

> Das Mental muss lernen, still zu sein – ruhig zu bleiben, aufmerksam, ohne Lärm zu machen. Wenn du versuchst, dein Mental unmittelbar zum Schweigen zu bringen, ist dies eine schwere, fast unmögliche Aufgabe; denn der materiellste Teil des Mentals hört mit seiner Tätigkeit niemals auf – er läuft weiter und weiter wie ein Endlos-Aufnahmegerät. Er wiederholt alles, was er aufzeichnet, und da es keinen Schalter zum Anhalten gibt, geht dies fort und fort ohne Ende. Wenn es dir jedoch gelingt, dein Bewusstsein in einen höheren Bereich zu lenken, über das gewöhnliche Mental hinaus, dann beruhigt dieses Öffnen zum Licht den Geist, er rotiert nicht weiter, und die so erlangte mentale Stille kann von Dauer sein. Wenn du einmal in diesen Bereich eingetreten bist, dann brauchst du wohl nie wieder daraus hervorkommen – das äußere Mental bleibt immer ruhig.[21]

Eckhart lehrt ein Heilmittel, das leichter zu erlangen ist. Es besteht einfach darin, präsent zu sein und zum bewussten Zeugen der mentalen Aktivität zu werden, anstatt sich unbewusst mit dem Mentalen zu identifizieren.

21 Die Mutter, *Gespräche 1950*, S. 175. (Neuübers.)

Wahrnehmung durch den Schleier mentalen Lärmes

Das Thema mentaler Lärm ist in verschiedenen spirituellen Schulen und Disziplinen zu finden, die sich damit befassen, das mentale Geplapper zur Ruhe zu bringen. Das Neue an Eckharts Lehre ist, dass sie den „mentalen Lärm" weiter und tiefer definiert: Er umfasst nicht nur den konstanten Strom von Gedanken, sondern auch alle mentale Aktivität beim Wahrnehmen der Wirklichkeit, einschließlich selbst der rudimentären Tätigkeit des Verstandes beim Bezeichnen von allem, was man wahrnimmt. So ist zum Beispiel das Wahrnehmen einer Blume, das Erkennen dieser Blume als, sagen wir, eine Rose, und ihre gedankliche Bezeichnung als Rose, aus Eckharts Sicht mentaler Lärm. Dabei sieht man nicht das Wesen, das die Rose ist, sondern nur ihre oberflächliche Gestalt durch den Schleier eines Etiketts mit der Bezeichnung „Rose", die wiederum eine mentale Abstraktion ist. Alle diese mentalen Aktivitäten – *Bezeichnen, Beurteilen, Analysieren, Vergleichen, Zuordnen, Deuten, Theoretisieren* und dergleichen – erzeugen „mentalen Lärm", der einen daran hindert, die Wirklichkeit als das zu sehen, was sie wahrlich ist. Allein durch die Stille jenseits des Mentalen vermag man die Wirklichkeit zu sehen, wie sie ist, sagt Eckhart. Diese Lehre vermittelt einen ernüchternden Blick darauf, in welchem Umfang unsere Kontakte mit der Welt gänzlich durchdrungen und durchsetzt sind von mentalem Lärm, wie Eckhart ihn in einem tieferen Sinne des Begriffes empfindet. Seine inspirierende Botschaft hierzu lautet: „Allem und jedem durch Stille zu begegnen statt durch mentalen Lärm, ist das größte Geschenk, das du dem Universum darbringen kannst. Ich nenne es Stille, doch es ist ein Juwel mit vielen Facetten; diese Stille ist auch Freude, und sie ist Liebe.“[22]

Die tiefere Bedeutung, die Eckhart dem mentalen Lärm zumisst, ließ mich den Unterschied besser verstehen, den Die Mutter zwischen einem *mentalen Phänomen* (an dem Denken beteiligt ist) und einem *Bewusstseins-Phänomen* (das von mentaler Stille oder Gedankenabwesenheit charakterisiert ist) erkennt. Sie sagte:

> … Du musst zu unterscheiden lernen zwischen einem Bewusstseinsphänomen und einem mentalen Phänomen. Man kann eines Erlebnisses *bewusst* sein dergestalt, dass dieses Bewusstsein nicht in einen Gedanken oder in Gedanken formuliert ist. Dies ist sehr wichtig, wenn das Mental absolut still bleiben und schweigen soll.[23]

In diesem Zusammenhang handelt eine von Eckharts Lehren, die mich am meisten angesprochen hat, vom Kultivieren dessen, was er „gedankenloses Gewahrsein“ nennt oder Bewusstsein ohne Denken.

DIE BEOBACHTENDE GEGENWÄRTIGKEIT

Die *beobachtende Gegenwärtigkeit* zu pflegen, ist das Heilmittel, das Eckhart nicht nur zum Ausschalten des mentalen Lärmes empfiehlt, sondern auch, um sich von allen anderen typischen Zeichen des gewöhnlichen Bewusstseins zu befreien, wie Angst, Begehren und alle Formen von egozentrischem Widerstand gegen das Leben. Wenn ich mich recht entsinne, schrieb ich im ersten Brief, den ich Eckhart vor einigen Jahren schickte,

22 Eckhart Tolle, Hollyhook Retreat, Kanada, September 2000
23 The Mother, *Words of the Mother,* vol. 14, p. 371

zwei Dinge: Einmal, wie *er*mutigend ich seine Lehre fand, dass die beobachtende Gegenwärtigkeit nicht Teil des alten Bewusstseins ist, sondern vielmehr das Aufsteigen des neuen Bewusstseins anzeigt, und zweitens, wie *ent*mutigend ich es empfand, mich, ungeachtet meines Praktizierens der beobachtenden Gegenwärtigkeit seit einer Reihe von Jahrzehnten –, immer noch fast ebenso sehr an das gewöhnliche Bewusstsein gebunden zu fühlen wie zuvor. Diese konträren Gefühle der Ermutigung und Entmutigung hinsichtlich der Macht der beobachtenden Gegenwärtigkeit brachten mich dazu, mich mit dem beobachtenden Bewusstsein im Lichte Sri Aurobindos zu befassen. Diese Studie bildet Kapitel Vier des vorliegenden Buches.

Meine Untersuchung führte mich zu der Erkenntnis, dass man die beobachtende Gegenwärtigkeit, von der Eckhart spricht, aus buddhistischer Perspektive als einen Zustand der Erleuchtung betrachten kann: Sobald die beobachtende Gegenwärtigkeit erlangt ist, braucht man der Macht der Gegenwärtigkeit nur zu erlauben, den Zustand der Erleuchtung immer weiter zu vertiefen. Deshalb finde ich weiterhin Ermutigung in Eckharts Lehre, dass das Empfinden, nicht ganz auf den jetzigen Augenblick eingestellt zu sein, nicht ein Teil dieses Nicht-ausgerichtet-Seins ist, sondern vielmehr ein Hervortreten aus dem Nicht-ausgerichtet-Sein in die Gegenwärtigkeit. Aus der Sicht der Hindu-Tradition wiederum, die Befreiung als die Auflösung und das Freisein von der Bindung an das Ego versteht, ist das beobachtende Bewusstsein nur der erste Schritt. Befreiung vom gewöhnlichen Ego-Bewusstsein kann nur nach einem langen Prozess eintreten, in dessen Verlauf der Beobachter sich nicht nur zu einem unbeteiligten Betrachter, sondern auch zum Meister des Seins entwickeln wird. Dieser Punkt wird in Kapitel Vier, „Sri Aurobindo und das beobachtende Bewusstsein“, auszuarbeiten sein.

KEINE PROBLEME IM JETZT

Geradezu eine Offenbarung ist Eckharts Lehre, die er oft wiederholt: Im Jetzt gibt es niemals irgendwelche Probleme. Was vielen Menschen eher verwirrend erscheinen mag, dürfte angesichts zweier unterschiedlicher Bedeutungen des Jetzt zu verstehen sein. Die eine, offensichtliche Bedeutung des Jetzt ist der gegenwärtige Augenblick. Das Ego-Bewusstsein, dem es äußerst schwerfällt, im jetzigen Moment zu leben, und das die meiste Zeit den nächsten Augenblick oder eine fernere Zukunft vorwegnimmt, neigt dazu, dem gegenwärtigen Augenblick um so mehr zu entfliehen, wenn etwas „schiefgeht" und das Leben ein „Problem" präsentiert. Was er als Problem wahrnimmt, projiziert der Verstand instinktiv in die Zukunft und stellt sich dabei alle Arten von katastrophalen künftigen Eventualitäten vor. Diesen Zug des Menschen hat auch Die Mutter trefflich beschrieben:

> …Wenn ein Tier leidet aufgrund eines Unfalles oder einer Krankheit, wird dieses Leiden auf ein Mindestmaß reduziert durch die Tatsache, dass es das Leiden nicht beobachtet, nicht in sein Bewusstsein oder in die Zukunft projiziert und sich über seine Krankheit oder seinen Unfall keine Vorstellungen macht.
>
> Beim Menschen hat dieses ständige Sorgen angefangen, was geschehen werde, und dieses Sorgen ist der Hauptgrund, wenn nicht die alleinige Ursache seiner Pein. Mit diesem vergegenständlichenden Bewusstsein hat die Ängstlichkeit begonnen, die leidvollen Vorstellungen, die Sorge, die Qual, die Vorwegnahme künftiger Katastrophen mit dem Ergebnis, dass die meisten Men-

> schen – und nicht die am wenigsten bewussten, sondern die am meisten bewussten – in ständiger Pein leben.[24]

Wenn man im Jetzt lebt anstatt in der Zukunft, verschwinden alle Probleme, sagt Eckhart. Alles, was „schiefgeht", sieht man dann einfach als eine Herausforderung, und man ergreift geeignete Maßnahmen, um ihr zu begegnen.

Eine andere, verwandte Bedeutung, die Eckhart mit dem Jetzt assoziiert, ist der Zustand des *wahren* Bewusstseins, der Zustand der Gegenwärtigkeit. In einem solchen Zustand gibt es keine Probleme. Die Mutter sagte schon:

> … wenn du das wahre Bewusstsein erlangst, dann gibt es kein Problem mehr zu lösen. Was du zu sein hast, das wirst du. Was du wissen musst, das weißt du. Und was du zu tun hast, dazu hast du die Kraft. Und daraus folgt natürlich, dass all jene sogenannten Schwierigkeiten augenblicklich verschwinden.[25]

PFORTEN ZUR ERLEUCHTUNG

Ein einzigartiger Aspekt von Eckharts Lehre, den ich als besonders hilfreich erkannt habe, bezieht sich auf das, was er „Pforten" nennt, nämlich Zugänge, die das *direkte und unmittelbare* Eintreten in das Bewusstsein jenseits des Verstandes erlauben – ohne den üblichen Rückgriff auf die Praxis gewisser Techniken[26] – sowie das Erleben dessen, was Eckhart als einen „Vorge-

---

24 Die Mutter, *Gespräche 1958,* S. 63. (Neuübers.)

25 Die Mutter, *Gespräche 1955,* S. 367. (Neuübers.)

26 Wie Eckhart trefflich beobachtet, haben Techniken einen ernsten Nachteil: Das Praktizieren einer Technik verlangt Zeit und verleitet deshalb leicht dazu, dass der Übende gedanklich in der Zukunft lebt statt im gegenwärtigen Augenblick.

schmack von Erleuchtung" durch Verbundenheit mit dem Sein beschreibt. Eckhart nennt verschiedene solcher Pforten:

> Das *Jetzt,* die Gegenwart, betrachtet er als die wichtigste Pforte; sie bildet einen Aspekt von jeder anderen Pforte. In das Jetzt einzutreten heißt, aus seinem Verstand und dessen unaufhörlichem Gedankenstrom auszutreten.
>
> *Hingabe* – das heißt das Ablassen vom Widerstand gegen das, was *ist* – ist ein andere Pforte. Sie ermöglicht den Zugang zu etwas in einem selbst, das von den Umständen des Lebens nicht beeinträchtigt ist.

Drei besondere Pforten, auf die Eckhart hinweist, sind:

> *Stille* – Wenn man auf Stille in der äußeren Welt achtet, schafft man Stille im Inneren. Denn nur innere Stille vermag der äußeren Stille zu lauschen.
>
> *Raum* – Der Raum, in dem alles existiert, ist gestaltlos. Unsere wahre Natur ist gestaltloses Bewusstsein. Indem man des Raumes gewahr wird, wird man zugleich des reinen Bewusstseins gewahr. Denn nur das Gestaltlose im Inneren vermag des leeren Raumes im Äußeren gewahr zu werden.
>
> *Der innere Körper* – Indem man seine Aufmerksamkeit auf den inneren Körper richtet, auf das unsichtbare Energiefeld, das dem physischen Körper Leben gibt, baut man Verbundenheit auf mit dem Sein.

Eine Pforte, die mir als besondere Offenbarung erschien, ist, *Unterbrechungen in dem konstanten Strom der Gedanken zu schaffen,* besonders mit der Hilfe der Natur. Die von Eckhart häufig erwähnte *Pforte der Natur* hat mich als das vielleicht einfachste Mittel beeindruckt, Unterbrechungen in dem Strom des Denkens zu schaffen und Stille im Inneren zu erfahren. Eine Blume oder einen Baum zu betrachten und ihre Stille wahrzunehmen heißt, selbst still zu werden, sagt Eckhart.

In Eckharts Konzept von den Pforten habe ich neue und inspirierende Wege gefunden, um aus dem gewöhnlichen Bewusstsein auszutreten und im täglichen Leben zu erleben, was Eckhart als Verbundenheit mit dem Sein bezeichnet. Ich muss jedoch zugeben, dass es mir noch nicht gelungen ist, die Pforten so zu durchschreiten, dass ich Stille im Inneren und Lebendigkeit in allen Aspekten meiner Umgebung erlebe – was, laut Eckhart, den Zustand der Erleuchtung charakterisiert. Die Pforte des inneren Körpers halte ich für fast außerhalb unserer Reichweite. Ich kann mich des Gefühls nicht erwehren, dass man einen langen Pfad inneren Wachstums zu beschreiten hat, bevor man diese Pforte auch nur zu sehen bekommt.

DER SCHMERZKÖRPER

Manche von Eckharts psychologischen Einsichten, denen ich höchsten praktischen Wert attestiere, beziehen sich auf das, was er den „Schmerzkörper" nennt. Anfänglich hatte ich etwas Mühe, die Bedeutung des Schmerzkörpers richtig zu verstehen, weil ich diesen zu nichts in Beziehung setzen konnte, was mir in den Lehren anderer Meister schon früher begegnet war. Doch nach einiger Zeit vermochte ich leicht die Ähnlichkeit zwischen dem Schmerzkörper und einigen Aspekten dessen zu erkennen, was Sri Aurobindo die *Lebensnatur* oder das *Vitale* nennt, einen bestimmten Teil des menschlichen Wesens, wie er es beschrieb. Lebensenergie ist schön, sagt Eckhart, wenn sie frei fließt; wenn sie aber gefangen ist, erzeugt sie Kontraktion und Schmerzen. Der Schmerzkörper ist Lebensenergie, die im inneren Raum vorübergehend steckengeblieben und nicht mehr am Fließen ist.

Alle Formen des Unglücks, sagt Eckhart, sind Manifestationen des Schmerzkörpers. Manche Formen des Unglücks – wie Angst, Furcht und Niedergeschlagenheit – sind von jedermann leicht als schmerzlich zu empfinden. Doch viele Menschen erkennen nicht, dass Dinge wie Eifersucht, Gereiztheit, Ungeduld und Wut ebenso Formen von Schmerz sind. Es erfordert einige psychologische Einsicht, um zum Beispiel zu sehen, dass jeder Wut ein Schmerz zugrunde liegt. Deshalb ist der erste Schritt beim Umgang mit dem Schmerzkörper, ihn an den Zeichen seiner Manifestation erkennen zu lernen, das heißt des Schmerzkörpers *bewusst* zu werden, wann immer er sich zeigt.

Obwohl der Schmerzkörper als eine unsichtbare Wesenheit in jedermann ständig existiert, ist er nicht immer wahrzunehmen, außer in einem zutiefst unglücklichen Menschen. Von höchstem praktischen Wert in Eckharts Lehre über den Schmerzkörper ist die Erkenntnis, dass dieser bei den meisten Menschen zwei Daseinsmodi hat – schlummernd oder aktiv. Von Zeit zu Zeit wird er aktiv, wenn er einer Aufladung bedarf durch Erfahrungen, die seiner eigenen Art von Energie entsprechen, seien es Wut, Angst, Niedergeschlagenheit oder irgendeine andere Form des Schmerzkörpers. Während einer aktiven Phase wird er durch den geringsten Anlass ausgelöst. Ein unbedeutendes Ereignis, eine unschuldige Bemerkung oder auch nur ein harmloser Gedanke können eine Attacke des Schmerzkörpers herbeiführen. Wenn der Schmerzkörper im Aktiv-Modus ist, muss man also noch mehr auf der Hut und achtsam sein, um sich nicht mit dem Schmerzkörper zu identifizieren und infolgedessen in Unbewusstheit zu fallen.

Laut Eckhart ernährt sich der Schmerzkörper auf zwei verschiedene Weisen: Zum einen kann er ins Denken aufsteigen und die Gedanken beherrschen. Sobald eine Emotion, die mit dem Schmerzkörper verwandt ist, ins Denken einfließt, wird der Schmerz intensiviert. Den Schmerzkörper zu beobachten – durch Gegenwärtig-Werden, sobald er sich meldet –, ist der erste Schritt zur Freiheit von ihm, denn Präsenz hindert den Schmerzkörper daran, das Denken zu beherrschen.

Die zweite Art, wie der Schmerzkörper sich Nahrung zu verschaffen versucht, ist durch Hervorrufen und Herauslocken emotioneller Reaktionen von anderen Menschen. Der Schmerzkörper, sagt Eckhart, ist äußerst gerissen, wenn es gilt, Möglichkeiten zu finden, von anderen Menschen emotionale Reaktionen hervorzulocken, um sich selbst zu nähren. Er weiß, wie die richtigen Knöpfe zu drücken sind. Also gilt es, in zwischenmenschlichen Beziehungen wachsam zu sein, um den Schmerzkörper zu erkennen, wenn er sich in jemandem meldet, den wir kennen. Indem man gegenwärtig bleibt, kann man sich einer Reaktion enthalten und liefert so kein Feedback für den Schmerzkörper der anderen Person.

Den Schmerzkörper zu beobachten, wenn er beginnt, sich in einem selbst zu melden, mag den Schmerz nicht gänzlich und augenblicklich auflösen. Dann gilt es, den Schmerz einfach weiterhin zu beobachten und ihn zu *fühlen,* anstatt zu versuchen, ihn zu bekämpfen – ihm zu erlauben zu sein und den Zustand der Gegenwärtigkeit aufrechtzuerhalten. Jedes Mal, wenn man dem Schmerzkörper mit Gegenwärtigkeit begegnet, verliert er seine Energieladung, und das Empfinden von Gegenwärtigkeit nimmt zu. So dient der Schmerzkörper als Treibstoff für die Verstärkung der Gegenwärtigkeit. Damit wird der Schmerzkörper, der zuerst ein Hindernis für die Gegenwärtigkeit war, im

Laufe der Zeit zu einer Hilfe, da er Motivation für eine überaus starke Praxis liefert.

Schmerz entsteht, wenn man nicht präsent ist und sich unbewusst mit dem Schmerzkörper identifiziert. „Unbewusstheit erschafft ihn; Bewusstheit verwandelt ihn in sich selbst, in Bewusstheit.“[27] Ihn zu beobachten heißt, ihn als einen Teil dessen zu akzeptieren, was im gegenwärtigen Augenblick *ist.*

DAS PARADOX DER ERLEUCHTUNG UND ZEIT

Alle spirituellen Lehren enthalten Paradoxa, weil jegliche mentale Formulierung einer Wahrheit nur eine Perspektive der Wahrheit zu vermitteln vermag, während die gegensätzliche Perspektive ebenso gültig ist; dies führt zu einem scheinbaren Widerspruch. Die Mutter sagte:

> Die Standpunkte, die Blickwinkel sind unzählig. Man kann die gegensätzlichsten Dinge sagen, ohne dass man Lügen gestraft würde oder sich widerspräche; alles hängt davon ab, wie man es betrachtet. Und sogar wenn wir alles gesehen haben, von allen Gesichtspunkten aus, die uns rings um die zentrale Wahrheit zugänglich sind, so haben wir immer noch nur einen knappen Blick erhascht – die Wahrheit entschlüpft uns auf allen Seiten zugleich. Wenn wir dagegen die Erfahrung eines einzigen Kontaktes mit dem Göttlichen haben – eine wahrhafte Erfahrung, spontan und aufrichtig –, dann wissen wir in diesem Augenblick, in dieser Erfahrung alles insgesamt.[28]

---

27 Eckhart Tolle, *Jetzt! Die Kraft der Gegenwart,* S. 50

28 Sri Aurobindo, *Gedanken und Aphorismen (mit Erläuterungen Der Mutter),* S. 58 f.

Eckhart hat mir geholfen, eines der großen Paradoxa zu verstehen – den scheinbaren Widerspruch zwischen der buddhistischen und der hinduistischen Sicht der Zeit in Beziehung zur spirituellen Verwirklichung. Laut Eckhart ist Erleuchtung im Hier und Jetzt zu finden, im gegenwärtigen Augenblick; sie ist nicht etwas, das es in der Zukunft zu erlangen gilt. Damit bringt er im Wesentlichen eine buddhistische Sicht zum Ausdruck. Aus dieser Sicht ist Zeit nicht nur *unnötig,* sondern auch ein *Hindernis* für die Erleuchtung. Alle Negativität und Leiden, die einen Zustand von Nicht-Erleuchtung anzeigen, haben ihre Wurzeln in der Zeit, so Eckhart.

Die hinduistische Perspektive gibt ein Gespräch im *Mahabharata* wieder, auf das Sri Aurobindo sich bezieht; hier ist die Zeit eine der vier Hilfen auf dem Pfad zur Selbstverwirklichung:

> *Yoga-siddhi,* die Vollkommenheit, die man durch die Ausübung des Yoga erlangt, kann am besten durch das kombinierte Wirken von vier großen Instrumenten erreicht werden. Das ist in erster Linie das Wissen der Wahrheiten, der Prinzipien, Mächte und Prozesse, welche die Verwirklichung lenken, *shastra.* Dann kommt ein geduldiges und beharrliches Handeln nach diesen Grundlinien, das durch das Wissen und die Kraft unseres persönlichen Bemühens bestimmt ist, *utsaha.* Hier greift drittens die direkte Anregung, das Vorbild und der Einfluss des Lehrers, *guru,* ein, der unser Wissen und Bemühen in den Bereich der spirituellen Erfahrung emporhebt. Zuletzt kommt die Funktion der Zeit, *kala;* denn in allen Dingen herrscht ein Zyklus ihrer Aktion und ein periodischer Ablauf der göttlichen Bewegung.[29]

29 Sri Aurobindo, *Die Synthese des Yoga,* S. 63

Selbstverwirklichung wurde in den hinduistischen spirituellen Traditionen also stets als ein langer Prozess betrachtet, der sich über eine lange Zeit intensiver und anhaltender Praxis erstreckt. Deshalb gilt Zeit nicht nur als eine Hilfe, sondern auch als Notwendigkeit. Aus dieser Sicht muss in Fällen, in denen die Verwirklichung anscheinend plötzlich eingetreten ist – wie bei Eckhart – eine lange und anhaltende Praxis in einem früheren Leben vorausgegangen sein. Sri Aurobindo sagt:

> Einige wenige große Seelen, vorbereitet in früheren Leben oder auf andere Weise die durchschnittliche spirituelle Veranlagung überschreitend, können die Verwirklichung rascher erreichen; einige können erhebende Erfahrungen in einem frühen Stadium haben, doch muss für die meisten die *siddhi*[30] des jeweiligen Pfades das Ende eines langen, schwierigen und beharrlichen Unterfangens sein.[31]

Chronologische Zeit und psychologische Zeit

Die Erklärung des Paradoxes, dass Zeit sowohl eine Hilfe ist als auch ein Hindernis, liegt in der Unterscheidung zwischen chronologischer Zeit und psychologischer Zeit, die Eckhart trifft: Die chronologische oder Uhr-Zeit wird bei allen praktischen Aufgaben natürlich gebraucht, wie beim Erlernen einer Sprache, beim Klavierspielen oder selbst beim Bereiten einer Tasse Tee. Während wir bei all diesen praktischen Aufgaben mit der Zeit zu rechnen – und zum Teil sogar für die Zukunft zu planen – haben, betont Eckhart, ist es notwendig, sofort zum Gewahr-

30 Vollendung oder Erfüllung im Yoga
31 Sri Aurobindo, *Briefe über den Yoga*, Bd. 4, S. 397

sein des gegenwärtigen Augenblicks zurückzukehren, wenn die praktische Angelegenheit erledigt ist. Zeit wird zum Hindernis, wenn man das Gewahrsein des jetzigen Moments verliert und durch ständiges Projizieren auf ein zukünftiges Ziel in der psychologischen Zeit lebt, wobei man das *Jetzt* auf ein bloßes Mittel für die Zukunft reduziert.

Brauchen wir Uhr-Zeit, um von der psychologischen Zeit frei zu sein? Eckharts Antwort auf diese Frage bietet ein weiteres Paradoxon: Einerseits sagt er, dass Zeit uns nicht von Zeit befreien kann. Andererseits sagt er, dass die Freiheit von dem zeitgebundenen Bewusstsein zwar in seltenen Fällen (wie in seinem eigenen) plötzlich kommt, die meisten Menschen jedoch „daran arbeiten" müssen. „Daran arbeiten" impliziert natürlich den Bedarf an Uhr-Zeit. Die Auflösung des Paradoxons liegt in dem Unterschied zwischen der buddhistischen und der hinduistischen Sicht der Erleuchtung.

Erleuchtung – Befreiung

Aus der im Buddhismus vorherrschenden Sicht ist Erleuchtung in erster Linie ein Leben im Gewahrsein des gegenwärtigen Augenblicks. Um in einen solchen Zustand einzutreten, bedarf es keiner Zeit. Aus einer anderen, eher im hinduistischen Denken anzutreffenden Sicht, ist Erleuchtung – gewöhnlich Mukti oder Befreiung genannt – ein Zustand, in dem das zeitgebundene, illusorische Selbst des Egos abgelegt ist; an seine Stelle tritt das wahre und ewige Selbst, welches das Selbst aller Wesen und die eine Wirklichkeit des Universums ist. Aus ersterer Sicht besteht Erleuchtung im *Eintreten* in den Zustand des Gewahrseins des gegenwärtigen Augenblicks, während letztere Sicht Erleuchtung als ständiges und anhaltendes *Verweilen* im Bewusstsein des ewigen Jetzt betrachtet. In den Zustand des Gewahrseins des gegenwärtigen Augenblicks einzutreten bedeutet, *Verbundenheit* mit der Quelle, dem Ursprung herzustellen; sich in jenem Zustand permanent aufzuhalten bedeutet, eine unauflösliche *Verbindung* – Yoga heißt Verbindung – mit der einen Wirklichkeit zu haben. Im Zustand der Verbundenheit mit dem Ursprung gibt es eine partielle und eine temporäre *Aufhebung* des Egos. Im Zustand der Vereinigung mit dem wahren Selbst wird das Ego unwiderruflich vernichtet und durch das Selbst ersetzt. Man kann in den Zustand der Erleuchtung *eintreten,* wann immer man sich dafür entscheidet, gegenwärtig zu werden. Um in einen solchen Zustand der Erleuchtung einzutreten, bedarf es keiner Zeit. Aus der hinduistischen Sicht jedoch kann ein solcher Zustand der Erleuchtung oder Präsenz, wie Eckhart ihn nennt – in den man eintritt, indem man lediglich vorübergehend das Ego verlässt, ohne es permanent aufzuheben –, niemals von Dauer sein. Die Gegenwärtigkeit wird wieder und immer wieder von der unbewussten Identifikation mit dem Ego beeinträchtigt sein. Solche partiellen und vorübergehenden Erleuchtungszustände werden meist nicht als solche empfunden oder erkannt, weil sie nicht mit der Stille, Lichtheit, Liebe und Freude einhergehen, die wir gewöhnlich mit Erleuchtung assoziieren. Um *beständig* im Zustand der Gegenwärtigkeit zu leben, muss man das Ego durch die Entdeckung des wahren Selbst aufgelöst haben. Die Hindu-Weisen, die einen solchen Zustand der Befreiung vom Ego erlangt haben, sagen, dass das Freiwerden vom Ego eine sehr lange Zeit erfordere, die sich über viele Leben erstrecke, in denen man sich anhaltend dem Verfolgen des spirituellen Zieles widmete. Sri Aurobindo stellt fest: „Selbst viele Yogis einer hohen spirituellen Verwirklichung sind nicht frei von ihm [Ego und Begehren].“[32]

---

32 Sri Aurobindo, *Briefe über den Yoga,* Bd. 4, S. 135

Sri Aurobindo sprach nicht über die Befreiung vom Ego, sondern auch von einer integralen Transformation aller Teile des Wesens – das Physische, das Vital, das Mental –, und sagte, dass sich eine solche Transformation des ganzen Wesens in Stufen vollziehe und über eine lange Zeit erstrecke. In einem Brief an einen Schüler schrieb er:

> Wie ich dir immer gesagt habe, kannst du nicht erwarten, dass alles [alle Teile des Wesens] sofort erleuchtet werden. Selbst die größten Yogis können nur schrittweise vorankommen, und erst am Ende teilt die ganze Natur das wahre Bewusstsein, das sich zuerst im Herzen oder dahinter oder im Kopf oder darüber einstellt. Es kommt herab oder dehnt sich aus und erfasst dabei langsam jede Schicht des Wesens, eine nach der anderen, aber jeder Schritt benötigt Zeit.[33]

Auch Eckhart sagt sinngemäß: Völlig bewusst zu werden – also die unbewusste Identifikation mit dem Verstand gänzlich zu überwinden und die Gegenwärtigkeit zu einem konstanten Zustand zu machen – ist ein Vorgang, der sich allmählich vollzieht und über eine längere Zeit erstreckt: Zuerst merkt man, dass man, von seltenen Ausnahmen abgesehen, nicht im gegenwärtigen Augenblick lebt. Dann entscheidet man sich, gegenwärtig zu sein, vermag aber nur vorübergehend im Jetzt zu verweilen, bevor man es wieder verliert. Immer häufiger kehrt man in den jetzigen Augenblick zurück und kann allmählich längere und immer längere Phasen darin leben. Man wechselt also wiederholt zwischen dem bewussten Zustand der Gegenwärtigkeit und dem zeitgebundenen Zustand der Unbewusstheit, bis

33 Sri Aurobindo, *Briefe über den Yoga*, Bd. 4, S. 445 (Neuübers.)

die Präsenz zum vorherrschenden Zustand wird. Erst am Ende dieses Prozesses ist der unbewusste Zustand der Identifikation mit dem Verstand definitiv aufgehoben und vom bewussten Zustand der Gegenwärtigkeit abgelöst.

Das Bedürfnis nach chronologischer Zeit wird noch offenkundiger, wenn wir Erleuchtung als einen Zustand völliger innerer Stille betrachten im Gegensatz zu dem Normalzustand der Identifikation mit dem Verstand, der von ununterbrochenem mentalem Lärm geprägt ist. Laut Sri Aurobindo ist Stille der Höhepunkt eines langen Prozesses der Erlangung aufeinander folgender Zustände: *Schweigen, Ruhe, Frieden, Stille.* Er definiert diese Zustände folgendermaßen:

> Ruhe ist ein Zustand, in dem es keine Rastlosigkeit oder Unruhe gibt. … Ruhe ist eher negativ – es ist die Abwesenheit von Unruhe. Ruhe ist, wenn das Mental oder Vital[34] nicht unruhig oder rastlos ist und nicht von Gedanken oder Gefühlen fortgerissen oder bedrängt wird. Wir sprechen von einem ruhigen Mental oder Vital besonders dann, wenn beide losgelöst sind und Gedanken und Gefühle als Oberflächenbewegung betrachten.
>
> *Stille* ist ein regloser, unbewegter Zustand, den keine Unruhe beeinträchtigen kann – es ist ein weniger negativer Zustand als Ruhe. … Stille ist eine positive Ruhe, die trotz oberflächlicher Störungen vorhanden sein kann. … Stille ist eine starke und positive Ruhe, fest und solide – gewöhnliche Ruhe ist reine Verneinung, einfach die Abwesenheit von Störung. … Wenn eine klare, große oder kraftvolle Ruhe eingetreten ist, die nichts stört oder stören kann, sagen wir, dass die Stille gefestigt ist.

34 von Begehren beherrschte Lebensnatur

> *Friede* ist ein noch positiverer Zustand; er bringt das Gefühl einer gefestigten und harmonischen Ruhe und Befreiung mit sich. … Friede ist eine Stille, die sich in etwas sehr Positives vertieft, das beinahe an einen ruhigen, unbewegten *Ananda* heranreicht. … Friede ist positiver als Stille … er bringt nicht nur wie die Stille ein Freiwerden mit sich, sondern auch ein bestimmtes Glücksgefühl, einen *Ananda* seiner selbst.
>
> *Schweigen* ist ein Zustand, in dem es keine Regung des Mentals oder des Vitals gibt, vielmehr eine große Stille, die keine Oberflächenbewegung durchdringen oder verändern kann. … Schweigen ist das Fehlen jeglicher Gedankenbewegung oder einer anderen Schwingung von Aktivität.[35]

Es gibt also verschiedene Grade der Abwesenheit von mentalem Lärm und Störung des Vitals. Was Eckhart Stille nennt oder „Gewahrsein ohne Gedanken", ist dem verwandt, was Sri Aurobindo als Schweigen beschreibt. Für die meisten Menschen gilt der Normalfall: Es dauert eine sehr lange Zeit, bis man schließlich die völlige Stille erlangt hat. Die meisten Yogis, sagt Sri Aurobindo, finden die Stille „am Ende eines langen Yogas".[36]

Hier sei am Rande bemerkt, dass Eckhart generell als Schweigen [äußere Stille] bezeichnet, was in der äußeren Welt existiert, und [innere] Stille nennt, was man im Inneren erfahren kann. Sri Aurobindo spricht meistens von der Stille im Inneren, erwähnt aber auch Stille in der äußeren Welt in ähnlichem Sinne wie Eckhart. So schreibt er:

---

35 Sri Aurobindo, *Briefe über den Yoga*, Bd. 2, S. 278-280
36 Sri Aurobindo, Über sich selbst, S. 84

Es gibt eine Stille hinter dem Leben ebenso wie in seinem Inneren, und nur in dieser geheimeren, anhaltenden Stille können wir die Stimme Gottes klar vernehmen. Im Lärm der Welt können wir nur entstellte und gestörte Echos von ihr hören. … [37]

Auf dem Schweigen hinter dem Kosmos beruht alle Bewegung des Universums. …

In einem mehr äußeren Sinn wird das Wort Schweigen auf den Zustand angewandt, in dem es keine Gedankenbewegung, kein Gefühl usw. gibt, sondern nur die große Stille des Mentals. Im Schweigen aber kann eine Tätigkeit stattfinden, genauso ungestört, wie die universale Tätigkeit im kosmischen Schweigen stattfindet.[38]

DIE EINFACHHEIT DER ERLEUCHTUNG

Wenn wir zu dem Paradoxon zurückkehren, dass Erleuchtung sowohl eine augenblickliche Erfahrung sein als auch am Ende eines langen Weges kommen kann, müssen wir die Wahrheit beider gegensätzlicher Perspektiven verstehen, um das Paradoxon zu lösen.

Dass die Erleuchtung eine augenblickliche Erfahrung ist, die keine Zeit erfordert – was mir recht unvorstellbar schien, bevor ich mit Eckharts Lehren in Berührung kam –, wird durch eine Parabel wunderschön illustriert, auf die ich „zufällig" gestoßen bin, während ich an diesem Teil des vorliegenden Buches schrieb:

---

37 Sri Aurobindo, *The Hour of God and Other Writings,* SABCL, vol. 17, p. 174
38 Sri Aurobindo, *Briefe über den Yoga,* Bd. 2, S. 283

Ein Schüler fragte seinen Meister: „Wie lange dauert es, zur Erleuchtung zu gelangen?“ Der Meister antwortete mit folgender Geschichte:

Eine Löwin kam an einen Fluss, um ihren Durst zu stillen. Während sie trank, kam ein Jäger des Weges, tötete die Löwin, zog ihr das Fell ab und ging fort. Ein *dhobi,*[39] der im Fluss Kleidungsstücke gewaschen hatte, sah dies alles. Er näherte sich dem toten Tier und stellte fest, dass es hochträchtig war. Er nahm das Junge heraus und nahm es mit nach Hause. Als der kleine Löwe heranwuchs, lernte er, seinem Herrn zu helfen und trug wie dessen Esel Kleiderbündel auf dem Rücken. Eines Tages, als der *dhobi* wieder am Fluss wusch, während seine Esel und der zahme Löwe friedlich grasten, kam ein wilder Löwe auf der Jagd nach Beute. Er war erstaunt, einen Artgenossen zu erblicken, der Gras fraß, während seine naturgemäße Nahrung gleich daneben weidete. Der wilde Löwe sprang aus dem Gebüsch mitten in die kleine Herde. Die Esel und der zahme Löwe gerieten in Panik und flüchteten in alle Richtungen. Der wilde Löwe verfolgte und fing den zahmen Löwen. Er packte ihn am Nacken und sprach: „Du bist ein Löwe. Was tust du hier unter all den Eseln?“

„Nein, mein Herr, ich bin ein Esel“, antwortete der zahme Löwe. „Bitte lass mich zu meiner Herde zurück.“

„Du bist ein Löwe“, wiederholte der wilde Löwe. „Lass uns zum Fluss gehen, und dort betrachtest du dein Spiegelbild und meines.“

Beim Blick auf das Wasser war der zahme Löwe überrascht, zwei sehr ähnliche Bilder zu sehen.

39 ein Waschmann in Indien

„Und nun“, sagte der wilde Löwe, „öffne das Maul und brülle.“

Der Meister hielt inne. Dann sagte er zu dem Schüler: „Erleuchtung ist deine wahre Natur. Du brauchst nur das Maul zu öffnen und zu brüllen.“

Die Gnade des Gurus

Eine andere Version der Geschichte kannte Sri Ramakrishna von seinem Guru und erzählte sie später seinen Anhängern:

> Eine Tigerin griff eine Herde Ziegen an. Als sie sprang, um eine der Ziegen zu reißen, gebar sie ein Junges und starb. Das Tigerkind wuchs unter den Ziegen auf. Es fraß Gras, meckerte wie die Ziegen und ergriff wie sie die Flucht, wenn sich ein wildes Tier näherte. Eines Tages griff ein wilder Tiger die Herde an. Erstaunt, einen Tiger Gras fressen zu sehen, packte er das zahme Tier, schleppte es zum Wasser uns sagte: „Du bist ein Tiger und frisst Gras! Betrachte dich im Wasser; dein Gesicht sieht genau so aus wie meines.“ Und der wilde Tiger steckte dem anderen einen Brocken Fleisch ins Maul.
>
> Zuerst wollte der grasfressende Tiger das Fleisch nicht fressen. Doch als er auf den Geschmack des Blutes kam, begann er, den Brocken zu kauen. Da sagte der wilde Tiger: „Wie du siehst, gibt es also keinen Unterschied zwischen dir und mir. Nun folge mir in den Wald.“

In seinen Anmerkungen zu dieser Geschichte sagte Sri Ramakrishna:

> Gras zu fressen, das ist wie „Weib und Gold“[40] zu genießen. Wie eine Ziege zu meckern und fortzulaufen heißt, sich wie ein gewöhnlicher Mensch zu verhalten. Mit dem neuen Tiger fortzugehen, das ist wie Unterkunft bei dem Guru zu finden, der dein spirituelles Gewahrsein weckt, und ihn allein als deinen Verwandten zu erkennen. Das eigene Antlitz richtig zu sehen heißt, dein wahres Selbst zu erkennen.[41]

Sri Ramakrishna erzählte diese Geschichte, um die Kraft der Gnade des Gurus zu illustrieren, die dem Schüler helfen kann, die Unwissenheit über seine wahre Natur zu zerstreuen. An einer anderen Stelle sagte er: „Durch die Gnade des Gurus können alle Schwierigkeiten schwinden, und zwar in einem einzigen Augenblick, so wie tiefe Dunkelheit schwindet, sobald ein Streichholz aufflammt.“ Von einem Schüler gebeten, etwas darüber zu sagen, schrieb Sri Aurobindo:

> Ich glaube, dieser Ausspruch Ramakrishnas drückt ein bestimmtes, charakteristisches Geschehen in der Sadhana[42] aus und kann nicht in einem allgemeinen und absoluten Sinn gedeutet werden, denn dann würde er nicht mehr stimmen. …Was vielleicht stimmt ist, dass die innere Schwierigkeit durch einen gewissen Kontakt zwischen dem Guru und Schüler verschwinden kann.

---

40 Sri Ramakrishna gebrauchte diese (im Bengalischen alliterative) Redewendung häufig als Synonym für „Lust und Gier“.

41 *The Gospel of Sri Ramakrishna,* vol. 1, p. 360

42 spirituelle Praxis

> Was aber ist mit der Gnade gemeint? Wenn das allgemeine Mitleid und die Gnade des Gurus damit gemeint sind, dann, sollte man denken, walten sie immer über dem Schüler; die Tatsache, dass er angenommen wird, ist als solche ein Akt der Gnade, und es ist Sache des Schülers, die Hilfe anzunehmen. Doch die Berührung durch die göttliche Gnade, die direkt oder über den Guru erfolgt, ist ein besonderes Phänomen mit zwei Seiten – einerseits die Gnade des Gurus oder des Göttlichen, tatsächlich beide zusammen, und andererseits ein „Zustand der Gnade" im Schüler selbst. Dieser „Zustand der Gnade" wird häufig durch lange *tapasya*[43] oder Läuterung vorbereitet, in der nichts Entscheidendes zu geschehen scheint, vielleicht einige Berührungen, etwas Flüchtiges oder bestenfalls einige vorübergehende Erfahrungen – und dann tritt er plötzlich ohne vorherige Warnung ein.[44]

An einer anderen Stelle schreibt Sri Aurobindo und wiederholt damit, was gerade über die Kraft der Gnade und die Notwendigkeit von *tapasya* gesagt worden ist:

> Zudem habe ich immer festgestellt, dass tatsächlich eine lange unbemerkte Vorbereitung stattfand, bevor die Gnade eingriff; und auch nach diesem Eingreifen muss man immer noch einen gut Teil Arbeit einsetzen, um das, was man erhielt, zu bewahren und zu entwickeln – so wie es mit allen anderen Dingen ist –, bis man

---

43 Persönliche Anstrengung, das gewöhnliche Bewusstsein zu kontrollieren und zu wandeln.

44 Sri Aurobindo, *Briefe über den Yoga*, Bd. 2, S. 257 f.

> die vollkommene *siddhi*[45] erreicht hat. Dann natürlich hört die Arbeit auf, und man hat einen sicheren Besitz erlangt. Daher ist *tapasya* der einen oder anderen Art unvermeidlich.[46]

Auch Sri Ramakrishna spricht von der Notwendigkeit der Läuterung. Um die für die Selbst-Verwirklichung unverzichtbare Notwendigkeit der Läuterung zu betonen, verwendet er häufig das Bild von einer Nadel, die mit Schlamm bedeckt ist: Ein Magnet kann sie nicht anziehen. Auch in seiner gerade zitierten Geschichte gab der grasfressende Tiger seine nicht artgemäße Ernährungsweise (Begehren nach „Weib und Gold") nur allmählich auf und wechselte zu einem Verhalten nach seiner wahren Natur. Nachdem er von dem Lehrer über seine wirkliche Natur unterrichtet wurde, muss der Schüler an der Läuterung der falschen Natur arbeiten, welche die wahre Natur verdeckt, bis die intellektuelle Unterweisung, die er von dem Lehrer erhalten hat, zur spirituellen Erkenntnis werden kann. (Aus Eckharts Sicht ist Gegenwärtigkeit ein direkter Weg zur Erleuchtung – der keine Stufen, Schritte oder Phasen vorausgehen.)

Erleuchtung – langsam oder plötzlich?

Paradoxerweise ist der Wechsel vom gewöhnlichen Bewusstsein, in dem man mit seinem illusorischen Selbst identifiziert ist, zu dem wahren Bewusstsein der Identifikation mit seinem wirklichen Selbst – eine „Umkehr des Bewusstseins", wie Die Mutter es nannte –, sowohl ein langsamer Prozess als auch ein plötzliches Geschehen. Dieses Paradox hat Die Mutter trefflich

---

45 Vollendung oder Erfüllung im Yoga

46 Sri Aurobindo, *Briefe über den Yoga,* Bd. 2, S. 248

erklärt und dabei die Metapher vom Ausbrüten eines Eies gebraucht. Sie sagte:

> Dieser Wandel des Bewusstseins und seine Vorbereitung ist oft mit der Bildung des Kükens im Ei verglichen worden: Bis zur letzten Sekunde bleibt das Ei sich gleich, es zeigt keine Veränderung, und erst wenn das Küken vollständig gebildet und lebendig ist, schlägt es selbst mit seinem Schnäbelchen ein Loch und kommt heraus. Etwas Entsprechendes geschieht im Augenblick des Bewusstseinswandels. Lange Zeit habt ihr den Eindruck, dass nichts geschieht, dass euer Bewusstsein das gewohnte ist; und habt ihr eine starke Sehnsucht, so spürt ihr sogar einen Widerstand, als würdet ihr gegen eine Wand stoßen, die nicht nachgeben will. Seid ihr aber inwendig bereit – eine letzte Anstrengung, der Schnabelschlag in die Schale des Wesens, und alles tut sich auf: Ihr tretet in ein anderes Bewusstsein ein.[47]

Betrachten wir also das tatsächliche *Geschehen* der Umkehr des Bewusstseins, bedarf die Erleuchtung überhaupt keiner Zeit: Sie ist *nicht* ein allmählicher Prozess, der sich über eine längere Zeit erstreckt. Die Mutter sagte:

> Das ist nicht wie die Genesung nach einer Krankheit: Man muss in einer anderen Welt leben. Solange dein Geist für dich real ist, solange deine Art zu denken für dich etwas Wahres, Wirkliches, Konkretes ist, beweist das, dass du noch nicht dort bist. Man muss zuerst auf die andere Seite hinüber. …

---

47 Die Mutter, *Gespräche 1950,* S. 24

> Es ist nicht wahr, dass man nach und nach verstehen kann, so ist es nicht. Diese Art Fortschritt ist anders. Wahrer ist es, dass man in einem Gehäuse eingeschlossen ist und dass in dem Gehäuse etwas geschieht, wie beim Küken im Ei. Es ist dabei, sich da drin vorzubereiten. Es ist da drin. Man sieht es nicht. In der Schale geht etwas vor sich, aber außen sieht man nichts. Und erst wenn man bereit ist, kommt die Befähigung, das Gehäuse zu durchstoßen und in den helllichten Tag hineingeboren zu werden. …
>
> Dies kann plötzlich geschehen, spontan, völlig unerwartet.
>
> Ich glaube nicht, dass man allmählich hindurchgehen kann. Ich glaube nicht, dass es etwas ist, das sich abnutzen, sich immer mehr abnutzen kann, bis man hindurchsieht. Ich hatte bis jetzt kein Beispiel dafür. Es ist vielmehr eine Art Ansammlung von Kraft im Inneren, eine Intensivierung des Bedürfnisses und eine Ausdauer in der Anstrengung, die frei wird von aller Furcht, von aller Angst, von allem Kalkül; ein so zwingendes Bedürfnis, dass man sich nicht um die Konsequenzen sorgt.
> Man ist wie Explosivstoff, dem nichts widerstehen kann, und man springt aus seinem Gefängnis hinaus in ein blendendes Licht.[48]

Diese Sicht, dass ein dimensionaler Wandel des Bewusstseins eher ein plötzliches Geschehen als ein gradueller Vorgang ist, scheint mit Eckharts Sicht übereinzustimmen, der bei mehr als einer Gelegenheit bemerkte, dass man keine Verdienste für die Befreiung ansammeln könne. Ich war getroffen von der Häu-

---

48 Die Mutter, *Gespräche 1957*, S. 139 f.

figkeit, mit der Eckhart – sowohl in seinen Schriften als auch in seinen Vorträgen – das Wort „plötzlich“ verwendet, wenn er über eine Veränderung des Bewusstseins spricht.

ERLEUCHTUNG – LEBEN IM GEGENWÄRTIGEN AUGENBLICK

Auf dem spirituellen Weg, zum Beispiel dem Yoga-Pfad, der ein fernes Ziel im Blick hat, ist man geneigt, den Blick auf den gegenwärtigen Augenblick zu verlieren und besessen zu sein von dem Ziel einer definitiven Erleuchtung, die in der fernen Zukunft liegt. Was Eckhart uns vor Augen zu führen versucht, ist die psychologische Tatsache, dass eine Voreingenommenheit in Bezug auf die Zukunft und ein mangelndes Gewahrsein in Bezug auf den jetzigen Moment typische Charakteristika des Ego-Bewusstseins sind, das Erfüllung in der Zukunft sucht statt im gegenwärtigen Augenblick. Weil aber die Zukunft niemals ankommt, lebt man – ob man sich dessen bewusst ist oder nicht – in einem Zustand ständiger Unzufriedenheit und innerer Rastlosigkeit – außer für kurze Phasen, wenn ein Verlangen Befriedigung findet. Diese Lehre Eckharts hat mir mehr den je bewusst gemacht, wie sehr man dazu neigt, im „nächsten“ Augenblick oder in der Zukunft zu leben. Das unverzichtbare Korrektiv für diesen Zustand ist der Blick, der die Erleuchtung als ein Gewahrsein des gegenwärtigen Moments betrachtet. Dies ist die Botschaft, die Eckhart uns machtvoll und schön vermittelt: „Deine äußere Reise kann eine Million Schritte weit sein; deine innere Reise braucht nur einen: den Schritt, den du jetzt gerade tust.“[49]

---

49 Eckhart Tolle, *Jetzt! Die Kraft der Gegenwart*, S. 99

Eckharts zwei zentrale Botschaften sind offenbar:

1. Verweile im Jetzt, denn das Jetzt ist dein wahres Zuhause. Nicht im Jetzt zu weilen heißt, sich nicht zu Hause zu fühlen, sondern heimatlos; es heißt, sich ständig unwohl zu fühlen, es heißt, sich in einem Zustand des Leidens zu befinden.
2. Gib dich hin an das, was *ist;* sage „ja" dazu und erlaube dem, was *ist,* zu sein. Hingabe und Präsenz, sagt Eckhart, gehören zusammen – die passive, sanfte Gegenwärtigkeit, die diesem Augenblick erlaubt zu sein, und die aktive, klare Präsenz der wachen Aufmerksamkeit, die Gewahrsein ohne Gedanken ist, Frieden und Stille.

Eckhart hat diese beiden Botschaften in vier mantrischen Worten zusammengefasst: „jetzt", „ist", „ja", „erlaube".

2 INTERVIEW MIT ECKHART

PONDICHERRY (INDIEN), FEBRUAR 2002

(Dr. D. E. Mistry beteiligte sich an dem Gespräch. Eckharts Antworten wurden so weit wie möglich Wort für Wort abgeschrieben und nur minimal überarbeitet. Die Fragen wurden größtenteils zusammengefasst oder anders überarbeitet.)

DALAL: *„Geistesgegenwart" ist ein Begriff, den das Wörterbuch definiert als die „Fähigkeit, ruhig, rasch und vernünftig zu reagieren". Bedeutet diese Geistesgegenwart etwas, das mit dem verwandt ist, was Sie Präsenz nennen?*

ECKHART: Bei Wörtern oder Ausdrücken geht es sehr häufig darum, wie ein Begriff verwendet wird. Manchmal gebrauchen verschiedene Menschen den gleichen Ausdruck oder das gleiche Wort, meinen damit aber unterschiedliche Dinge. Es ist durchaus möglich, dass das, was manchmal herkömmlich Geistesgegenwart genannt wird, sich auf einen Bewusstseinszustand bezieht, der *jenseits* des Geistes ist … Was entsteht, das ist ein Zustand von Präsenz, den ich niemals als Geistesgegenwart bezeichnen würde, denn in der Terminologie, die ich in der Lehre verwende, sind Gegenwart und Geist gar nicht gleichbedeutend. [schmunzelt]

In meiner Terminologie ist „Geistesgegenwart" ein Widerspruch in sich, denn Geist bedeutet in dieser Lehre die Abwesenheit von Präsenz. [schmunzelt] Deshalb habe ich diesen

Ausdruck niemals gebraucht, noch würde ich ihn je verwenden. Wird der Begriff nun im herkömmlichen Sinne gebraucht, kann er sich auf etwas beziehen, das viel oberflächlicher ist als der tatsächliche Zustand von Gegenwärtigkeit, oder es mag der Fall sein, dass … weil dies geschehen kann – bei Menschen, die niemals von Präsenz gehört haben oder von der Befreiung vom Verstand –, [dass] fast zufällig, in bestimmten Situationen, ein Bewusstseinszustand dasein kann, der jenseits des Denkens ist, und der in einem Menschenwesen in einer bestimmten Situation aufkommen kann. Und dann spricht später jemand darüber oder die Person spricht selbst darüber und bezeichnet es als „Geistesgegenwart", aus der rechtes Handeln folgte. So ist es möglich, dass [dieser] Ausdruck gelegentlich in jenem tieferen Sinne gebraucht wird, obwohl ich ihn niemals so verwenden würde. Es gibt Geist, Verstand und es gibt Präsenz, Gegenwärtigkeit. Präsenz ist ein Bewusstseinszustand, der weiter geht als das Denken, ein Zustand von Intelligenz, Wachheit, Wachsamkeit, der über das Denken hinausgeht. Es gibt viele Ausdrücke, Wörter, Begriffe, bei denen Verwirrung entsteht, weil sich häufig die Frage stellt, wie der Begriff verwendet wird? Was bedeutet er für dich? Die Menschen haben Probleme mit Wörtern wie Ego und so weiter, und sie meinen unterschiedliche Dinge. Manchmal fangen sie dann an, über Konzepte zu diskutieren, ohne zu merken, dass sie sich noch gar nicht festgelegt haben, was das Wort für sie bedeutet. [schmunzelt]

So sagen die Leute beispielsweise zu mir: „Natürlich braucht man ein Ego, um in dieser Welt zu funktionieren." Sie sagen: „Man kann das Ego nicht loslassen, weil man sonst nie funktionieren könnte." So geben sie dem Wort Ego eine ganz andere Bedeutung. Wenn ich das Wort Ego verwende, meine ich Identifizierung mit dem Verstand. [schmunzelt] Wenn sie das Wort

Ego verwenden, meinen sie vielleicht die Befähigung, in dieser Welt als eine Form-Identität zu funktionieren. Und das verliert man natürlich nicht, wenn man nicht mehr mit dem Verstand identifiziert ist.

Manchmal stellt man vielleicht fest, dass in einem Wort oder Ausdruck eine Menge Weisheit enthalten sein kann, weil eine Sprache manchmal selbst Weisheit enthält. So ist es zuweilen nützlich, den Ursprung eines Wortes oder Ausdrucks betrachten zu können – aber es kann auch irreführend sein. Also, um es zusammenzufassen: Geistesgegenwart kann sich manchmal einfach auf einen Zustand der Reaktionsbereitschaft beziehen, und ein andermal *könnte* es sich auf einen Zustand der Gegenwärtigkeit beziehen. Es hängt vom Zusammenhang ab, von der Person, die das Wort gebraucht.

DALAL: *Der Verstand scheint die Macht zu haben, Dinge objektiv zu betrachten, wie man es in der wissenschaftlichen Beobachtung übt. Kann der Verstand mit innerem Abstand beobachten und zum Zeugen werden?*

ECKHART: Wenn bei der normalen Tätigkeit des Verstandes auch nur das geringste kreative Element beteiligt ist, bedeutet dies, dass etwas Präsenz hindurchkommt, auch wenn immer noch eine fast vollständige Identifikation mit Strömen des Denkens bestehen mag. Gleichwohl: Im Moment des Blickens auf ein Objekt – sei es auch der Blick auf eine Situation oder ein Problem, [wie] wenn sich zum Beispiel ein Wissenschaftler einem Problem nähert –, ist da ein Augenblick, in dem er schaut … Und in jenem Blick auf das Problem – und ich gebrauche das Wort in einem weiteren Sinne, nicht unbedingt auf die Augen beschränkt –, in jenem Zuwenden von Aufmerksamkeit, in jenem Akt des

Aufmerksamkeit-Schenkens, da gibt es, und sei er noch so kurz, einen Moment absoluter Stille. Es mögen nur eine Sekunde oder zwei sein, so dass der Betrachter sich dessen vielleicht niemals gewahr ist, dass dies[e Stille] tatsächlich da ist. Aber sie ist da. Und dann kommt sofort das Denken wieder ins Spiel. Aber das Denken, das nach einem noch so kurzen Zwischenraum von Nicht-Denken aufsteigt, kommt von einer tieferen Ebene und nun wird eine neue Einsicht sein, ein kreativer Gedanke.

Alle kreativen Menschen haben die Fähigkeit, in einem Zustand wacher Präsenz und Stille zu blicken. Aber dieses Blicken kann so kurz sein, dass sie gar nicht merken, dass dies die Art und Weise ist, wie der schöpferische Prozess vonstatten geht. In jedem schöpferischen Prozess gibt es irgendwo diese Pause oder Lücke, aus der dann der Gedanke aufsteigt. Bei einem nichtschöpferischen Menschen fehlt jene Fähigkeit, völlige Aufmerksamkeit zu geben, eben die Aufmerksamkeit, die über das Denken hinausgeht. Bei einem nichtschöpferischen Menschen ist jene Fähigkeit nicht vorhanden; der Strom des Denkens ist alles-durchdringend. Es ist dicht. Auch bei einem schöpferischen Menschen kann die Dichte vorhanden sein, doch es gibt kleine Öffnungen im Gedankenstrom. Und die Öffnung in der Dichte des Gedankenstroms ist die aufkommende Gegenwärtigkeit. Das einfach ist die Fähigkeit, etwas – einem Problem oder einer Situation – völlige Aufmerksamkeit zuzuwenden, und dann folgt eine Erkenntnis, eine Einsicht, eine neue, kreative Idee. Auf diese Weise kann im normalen Denken selbst bei Menschen, die sich dessen nicht bewusst sind, Präsenz bereits vorhanden sein: informierendes, inspirierendes Denken.

Künstler, Wissenschaftler, Psychiater, ein Berater, ein Arzt … Menschen kommen mit ihren Problemen, und so lautet die Frage: Wendet dieser Arzt oder Wissenschaftler das erworbene

Wissen an – und es gibt nichts darüber hinaus? Er greift einfach auf das in seinem Verstand gespeicherte Wissen zu und sagt: „Okay, das ist dieser Befund“ … tick, tick, tick. Das könnte fast auch ein Computer tun – wahrscheinlich besser. Also, beziehe dich auf erworbenes Wissen und dann handele auf dieser Basis. Dann gibt es auch andere, die ganze Aufmerksamkeit geben können – und dann sprechen oder handeln. So tun es diejenigen, die wahrlich effektiv sind. Man könnte fast sagen, sie sind trotz eines großen Berges erworbenen Wissens effektiv – denn das tragen sie immer noch in sich. Bei Psychologen und Psychiatern passiert es manchmal, dass sie nach vielen Jahren der Praxis dazu kommen, einfach volle Aufmerksamkeit geben zu können. Und dann werden sie plötzlich sehr effektiv. Heilung findet auch statt bei der Zuwendung von Aufmerksamkeit. Es ist nicht so, dass lediglich inspiriertes Denken daraus entsteht. Auch viele andere Dinge entstehen daraus. Es ist auch eine Quelle der Heilung. Weil es herausstrahlt … auch wenn er nur von kurzer Dauer ist, hat jener Zustand eine gewisse Ausstrahlung.

So, nun sind wir von der ursprünglichen Frage abgekommen, aber es hängt alles zusammen. Es ist wichtig zu erkennen, dass es Lücken im Strom des Denkens gibt, wenn bei konventionellen Denkvorgängen ein Element von Kreativität oder Neuheit dabei ist. Und aus diesen Lücken [kommen] die Inspiration und die Einsichten, und die Kraft – es mag ein Gedanke sein, aber es könnte ein Gedanke voller Kraft sein.

DALAL: *Ist man also präsent, wenn man seine Gedanken in einer Verfassung inneren Abstandes leidenschaftslos beobachtet?*

ECKHART: Ja, die Fähigkeit, einen Schritt zurückzutreten, seinen eigenen Verstand zu beobachten und den Strom der Gedanken

… das bedeutet, dass Stille ist – die wiederum ein Aspekt der Präsenz ist – die entsteht, und jene Stille sieht, und weiß … es ist ein Wissen in der Stille. Durch die Stille weißt du, was da ist, aber es gibt keine reaktive Beziehung dazu. Es ist zugelassen. Stille lässt zu, dass es da ist. So entsteht Gegenwärtigkeit. Wenn Sie Ihre eigenen Gedanken beobachten, entsteht bereits Gegenwärtigkeit. Sie kann also da sein … da ist der Strom des Denkens … da sind kleine Unterbrechungen im Strom des Denkens. Gegenwärtigkeit kann auch da sein – jetzt gebrauchen wir Sprache und müssen Acht geben, denn Sprache bezieht sich auf die sinnlich erfahrbare Welt, deshalb verwenden wir sie nur metaphorisch. Manchmal kann Präsenz auch von unterhalb der Gedankenströme kommen, nämlich als Fähigkeit, die Gedankenströme zu beobachten. [schmunzelt]

Bei manchen Menschen kommt sie durch Meditation. Bei manchen Menschen kommt sie, weil der Strom des Denkens allzu schmerzhaft ist, und dessen werden sie sich plötzlich bewusst. Bei manchen Menschen kommt sie durch New-Age-Praktiken. Sie beobachten sich und merken plötzlich, wie negativ ihr Denken ist, und sie erkennen, dass achtzig Prozent ihrer Gedanken negativer Art sind: Sie verdammen, verurteilen, kritisieren. Selbst dann entsteht einige Gegenwärtigkeit, und nur sie vermag das Denken von negativ zu positiv zu wandeln. Auch da ist natürlich einige Präsenz vorhanden, aber man ist immer noch vorwiegend am Bereich des Denkens interessiert. Der Wechsel vom negativen zum positiven Denken ist also für viele Menschen eine Zwischenstufe. Er zeigt an, dass irgendwo bereits eine gewisse Gegenwärtigkeit entstanden ist; andernfalls würde man nicht einmal merken, dass negatives Denken vorhanden ist. Die Wahrnehmung, dass negatives Denken vorliegt, ist bereits dem Aufkommen der Präsenz zu danken.

Wenn sie nun zum Positiven wechseln, stellen sie vielleicht fest, dass ihr Leben sich bessert, weil ihre äußeren Umstände und Denkvorgänge zur Form verbunden sind. Doch dann kommt eine Zeit, in der sie beobachten, dass ihr Leben zwar besser wird, sie selbst aber immer noch Hochs und Tiefs erleben, Auf und Ab.

Dann ist der nächste Schritt, vom Denken ganz und gar zurückzutreten und die Polaritäten des Denkens hinter sich zu lassen, nicht länger in den Polaritäten gefangen zu sein oder zu denken, dass man durch Verändern seiner Denkvorgänge in einen Zustand dauernden Friedens gelangen könne. Aber das funktioniert nicht [lacht]. Du kannst dein Leben hier und da verbessern, aber du wirst durch positives Denken nicht in einen Zustand dauerhaften Friedens gelangen [lacht].

DALAL: *Zur Bedeutung des „Etikettierens“: Wenn man seine Reaktion beobachtet und sie als eine Reaktion des, sagen wir, Zorns erkennt, der Niedergeschlagenheit oder Angst, ist das Etikettieren?*

ECKHART: Da mag ein Etikett auf der Oberfläche kleben, das ist ein Gedanke. Der Gedanke mag sein: „Da ist Wut.“ Das ist der Gedanke an der Oberfläche. Aber unter der Oberfläche, da ist das Feld der Aufmerksamkeit. Und nachdem der Oberflächen-Gedanke gesagt hat „Hier ist Wut“, ist da vielleicht einfach das Feld der Aufmerksamkeit, das Feld der Wachsamkeit, in dem die Wut passiert. Und dann entsteht vielleicht ein anderer Gedanke, der sagt: „Wut geht immer noch durch meinen Körper und meinen Sinn.“ Das Licht der Aufmerksamkeit scheint weiter. Und dann mag ein Punkt kommen, an dem das gedankliche Etikett, das es „Wut“ benannt hat, nicht mehr aufkommt, und da ist nur noch die Aufmerksamkeit, die auf das gerichtet wird, das nun kein Etikett mehr trägt. Nun könnte man es Turbulenz nennen, aber das ist dann ein anderes Etikett. Aber da ist kein Etikett – lediglich Aufmerksamkeit auf das, was da im Inneren ist. Da ist also das, und da ist die Aufmerksamkeit. Im höchsten Zustand der Wachsamkeit gibt es nur die wache Aufmerksamkeit und das, was passiert – ob nun gelegentlich ein mentales Etikett kommt und das Beobachtete als „etwas" bezeichnet oder nicht.

Manchmal missverstehen Menschen, die diese Dinge lesen, das Etikettieren als Wachsamkeit, als die wachsame Präsenz, und dann sagen sie zu sich selbst: „Da ist Wut, da ist Wut, da ist Wut, da ist Wut." Und das verdeckt, worum es wirklich geht, nämlich den Zustand der wachen Aufmerksamkeit. Aber wenn es nur ein gelegentliches Etikett ist, mit dem der Verstand daherkommt, stört es die direkte Beobachtung nicht wirklich. Im Zustand der wachen Aufmerksamkeit ist es also relativ unwichtig, was der Verstand sagt. Das ist wie eine Kleinigkeit auf der Oberfläche. Es kommt und geht. Das Etikett mag dort sein oder nicht. Es ist eine schöne Sache, wenn du jenen Zustand nicht länger mehr zu etikettieren brauchst.

Ich weiß nicht, ob … ich vielleicht schon [früher] darüber gesprochen habe. Da war ein Retreat in Kanada am Meer, und das Meer dort ist sehr kalt. Ich sah jemanden ins Meer gehen und schwimmen. Am Abend fragte ich sie: „Warst du das?" Sie antwortete: „Ja." Ich meinte: „Das muss aber sehr kalt gewesen sein!" Und sie erwiderte: „Nein, wenn es der Verstand nicht so etikettiert hat" – das war ihre spirituelle Praxis –, „wenn der Verstand es nicht so etikettiert hat, dann war es nicht einmal kalt. Es fühlte sich intensiv lebendig an, aber da war keine Kälte. Da war einfach eine Sinneswahrnehmung. Es gab nichts Negatives daran, auch nichts Positives." Sie war wirklich ganz im

Beobachten. Es war nicht mehr „kalt"! Da war völlige Stille … und ich sagte: „Das ist eine so herrliche Lehre!"

DALAL: *Zur Bedeutung des „Analysierens": Wenn man einer Reaktion gewahr geworden ist und sie als, sagen wir, Wut oder Angst erkannt hat, und nun zu verstehen versucht, wie sie entstanden ist, was sie hervorgebracht hat, ist das Analysieren?*

ECKHART: Wenn man die Wut betrachtet, dann ist das Wichtigste, sie zu *betrachten.* Aus diesem Zustand des Betrachtens – dem beobachtenden Bewusstsein, der Gegenwärtigkeit – kommen sehr häufig Erkenntnisse. Und während man jene emotionelle Regung betrachtet – was alles ist, das nötig ist –, erkennt man auf einmal, zum Beispiel, mit welcher unbewussten reaktiven gedanklichen Regung im Inneren jene Emotion verknüpft ist, und man sagt plötzlich: „Oh, da kommt es also her, von jener gedanklichen Regung!" Oder in manchen Fällen erkennt man plötzlich, dass es da eine Ursache gegeben haben könnte, die man vergessen hat, irgendetwas, das vielleicht in der Kindheit geschehen ist, und man sagt plötzlich: „Oh, das ist es also!" Eine Frau erkennt vielleicht, dass sie in ihren Beziehungen mit Männern irgendein Muster aus der Kindheit wiederholt, das mit ihrem Vater zu tun hat. Was sie aber sah – und dies ist nur eines von vielen möglichen Beispielen –, geschah durch den Akt des beobachtenden Bewusstseins. Das Erste ist, präsent zu bleiben bei dem, was hier ist, und Aufmerksamkeit darauf zu geben. Das Zweite sind gewisse Einsichten in Form von Gedanken, Erkenntnissen, die aus jenem primären Zustand emporkommen können. Das ist sekundär. So, das ist häufig der Fall. Ich würde also nicht sagen, dass Sie die Betonung auf das Analysieren legen und die Frage, woher es kommt; dies würde den Blick ablenken von dem, was *ist,* und ihn in die Vergangenheit richten. Der Blick bleibt auf dem, was *ist,* und dann, als eine sekundäre Regung, als Nebenprodukte, mögen Erkenntnisse kommen. Und das ist häufig der Fall.

DALAL: *In einem Vortrag sagten Sie, dass man das eigene Selbst nicht transformieren könne. Alles, was man tun könne, sei, einen Raum zu schaffen, damit Transformation geschehen kann, eine Pforte zu öffnen, durch welche die Gnade eintreten kann. Welcher Art ist die Bemühung, die mit dem Öffnen der Pforte verbunden ist?*

ECKHART: Nun, das ist verwandt mit der Frage, ob es irgendetwas gibt, das man tun kann [schmunzelt] oder ob es gänzlich Gnade ist. In letzterem Falle es nichts gibt, das man tun kann [schmunzelt], und jegliches Tun würde das Wirken der Gnade behindern. Nun, es ist wichtig, die Grenzen des Denkens zu erkennen – das auch Sprache ist –, was diesen Punkt anbelangt. Weder die Feststellung „Es gibt nichts, was du tun kannst" noch die Aussage „Es liegt alles an dir" ist die ganze Wahrheit. Es gibt einige Lehren, die ganz und gar das eine vertreten: „Nein, es gibt keinen Tugenden." [schmunzelt] Der Lehrer sagt: „Geh nach Hause." Und dann gibt es den anderen Ansatz, der sagt: „Wenn Du nicht entschlossen bist, frei zu werden – so entschlossen wie der Ertrinkende, der nach Luft schnappt –, solange du also nicht so viel Entschlossenheit besitzt, kannst du nicht befreit werden." Und hier haben wir zwei einander scheinbar gänzlich widersprechende Aussagen über die Befreiung: „Kein Tun ist möglich" und „Ja, tue es!"

Nur wenn Sie beide umfassen – und ich werde ein wenig darüber sprechen, um zu sehen, was das bedeutet [schmunzelt] … Sie müssen beide umfassen und sehen, dass beide etwas Wahrheit in sich tragen, aber keine von beiden Aussagen ist allein genügend. Dies gilt für alles Denken und alle Sprache. Jeder Gedanke ... deshalb ist es so schwierig, über diese Dinge zu sprechen, denn das ist das bruchstückhafte Wesen des Denkens und das reduktionistische Wesen des Denkens. Denken bedeutet immer, dass man bereits eine Position eingenommen hat. Denken ist geformt. Sie haben bereits versucht, was weit und formlos ist, in Form einzufangen ... Sie versuchen, es in eine Form zu bringen, und Sie haben eine Position *hier*. Sie sind nicht mehr überall, Sie sind hier. Sie haben sich mit dem Gedanken identifiziert. So [auch] im spirituellen Diskurs ... und das ist der Grund, warum spirituelle Lehren oft Widersprüche aufzuweisen scheinen. Und das ist eine gute Sache, weil man nur durch das Umfassen scheinbar gegensätzlicher Perspektiven zur Wahrheit gelangen kann, die dahinter liegt.

Seien Sie stets misstrauisch gegenüber Lehren, die völlig logisch sind. Es ist für den Verstand sehr befriedigend, wenn etwas gänzlich folgerichtig und logisch ist und keinerlei innere Widersprüche zeigt. In Wirklichkeit halten Sie da ein hübsch und sauber aufgebautes Konstrukt für die Wahrheit. Betrachten Sie einmal den Buddha. Ich glaube, seine letzten Worte waren angeblich: „Arbeitet mit Fleiß an eurer Erlösung." Und nun könnten Sie sagen: Erarbeitet euch eure Erlösung selbst! Wer wird seine Erlösung selbst erarbeiten? Hat er nicht gesagt, das Selbst sei eine Täuschung? Wird also ein Trugbild seine Erlösung selbst erarbeiten? Wie kann eine Täuschung ihre Erlösung erarbeiten? Ist es nicht genug, das Wesen der Täuschung zu durchschauen und zu erkennen, dass es keine Erlösung zu erarbeiten gibt – dass Sie bereits erlöst sind? Das ist eine andere Sicht [lacht], und doch ist „Arbeitet an eurer Erlösung" ebenfalls wahr. [lacht] Wir können diese Gegensätze also durch Denken nicht wirklich versöhnen, aber ich werde Sie – durch Denken – ein wenig näher zur Versöhnung der Gegensätze führen.

Die Frage könnte auch neu gefasst werden als eine Frage nach dem Wesen oder Bedürfnis zu suchen. Müssen wir suchen? Ich sage oft: Das letzte Hindernis ist, dass du immer noch ein Suchender bist. Was heißt, dass du dein Gefühl von Fülle und Erfüllung in der Zukunft siehst und nach etwas suchst, das du dem hinzufügen kannst, der du bist – was eine Täuschung ist. Eine andere Lehre sagt: „Nein, nein, suche, suche!" Um die beiden widerstreitenden Lehren zusammenzubringen, sage ich: Suche weiter, aber bringe dein Suchen ins Jetzt. Ich spreche jetzt über die Bedeutung des Suchens.

In seiner herkömmlichen Bedeutung impliziert „suchen", dass man nach etwas in der Zukunft Ausschau hält. Aber wenn Sie die Intensität, die hinter dem Suchen steckt, in das Jetzt bringen, dann wird die Intensität zu Aufmerksamkeit, die Sie in diesen Augenblick, in dieses Jetzt legen. Das, was vorher gesucht hatte, bringt das Suchen ins Jetzt. „Suche im Jetzt, statt in der Zukunft zu suchen." Dies scheint auf den ersten Blick keinen Sinn zu haben. Wie kann ich im Jetzt suchen? Bringen Sie die Intensität, die hinter dem Suchen steht, in diesen Augenblick. Lassen Sie aus dem Suchen Wachsamkeit werden. Suchen Sie – ah! – , als ob Sie zuhörten, fast warteten. Jene offene Wachsamkeit … nicht ein Warten im konventionellen Sinne, sondern ein Warten in einem Zustand wacher Gegenwärtigkeit – solche Intensität wird gebraucht. Aber selbst hier geraten wir in die Falle des Denkens und in die relative Natur des Denkens. Jene Intensität ist da, oder sie ist nicht da. Die Präsenz, die entstehende Präsenz … nun, Gegenwärtigkeit entsteht, wenn sie entstehen will.

Aber ich sage, dass Sie Präsenz wählen müssen, weil sie eine hilfreiche Perspektive ist – nicht die Wahrheit, nicht die höchste Wahrheit, sondern eine hilfreiche Perspektive. Wenn Sie fühlen, dass Sie Gegenwärtigkeit wählen, treten Sie aus dem Denken in das Jetzt herüber. Es ist großartig, wenn Sie das tun können! Was dabei wirklich geschieht? Die Präsenz selbst wählt, durch diese Form hervorzukommen. Sie denken, dass Sie das tun. Warum nicht? [schmunzelt] Das Paradox bleibt bestehen. Es hat keinen Sinn, das Paradox auslöschen zu wollen. Bleiben Sie bei dem Paradox, dass es nichts gibt, das Sie tun können, und dass es alles gibt, was Sie tun können. Beides ist wahr. Und blicken Sie hinter die scheinbar widersprüchlichen Perspektiven – auf die Wahrheit.

Ich sage oft *wählen,* weil es hilfreich ist. Die Gegenwärtigkeit sagt es. Es kommt aus der Gegenwärtigkeit. Die Präsenz sagt also: „Wähle." Innerhalb der Ganzheit gibt es natürlich nicht eine Wesenheit, die wählt. Alles ist ganz miteinander verbunden. Die Ganzheit bewegt sich durch Sie hindurch. Gleichwohl ist es aus der Sicht dieser begrenzten Form … aus dieser Perspektive ist es wahr, dass Sie wählen können. [lacht] Das ist durch Denken also nicht zu erfassen. Erlauben Sie dem Paradox, fortzubestehen. Und erlauben Sie den Widersprüchen, fortzubestehen. Blicken Sie dahinter. Sie alle sind Perspektiven.

DALAL: *Ramakrishna sprach über zwei Einstellungen zum spirituellen Pfad – die Kätzchen-Haltung und die Äffchen-Haltung. Das Kätzchen liegt einfach auf dem Boden und lässt sich von seiner Mutter tragen, wohin diese will. Das Äffchen wiederum klammert sich an seine Mutter. Sri Aurobindo spielt darauf an in seinem Unterscheiden zwischen dem Pfad der Hingabe und dem Pfad der Bemühung …*

ECKHART: Ja.

DALAL: *Sri Aurobindo sagt, dass es einer Kombination beider bedürfe…*

ECKHART: Ja.

DALAL: *Anfänglich überwiegt die Bemühung…*

ECKHART: Ja.

DALAL: … *und erst allmählich macht sie der Hingabe Platz.*

ECKHART: Ja.

DALAL: *Und dann tut das Göttliche alles.*

ECKHART: Ja, das ist richtig: Hingabe … Man muss dazu bereit sein. Nicht jeder kann da auch nur zuhören. Es wäre – jedenfalls noch für viele Menschen – sinnlos zu verlangen: „Nimm diesen Augenblick an, wie er ist." Viele Menschen können das noch nicht hören. Und sie kommen nicht, also hören sie es nicht. Und so kommt plötzlich eine Zeit, da man die Möglichkeit der Hingabe erkennt, oder die Hingabe geschieht spontan, gewöhnlich durch Leiden oder eine Kombination von beidem. Da ist Leiden, da ist ein gewisses Maß an Hingabe. Und dort ist die spirituelle Lehre. Und da ist eine Vertiefung der Hingabe. Also wiederum eigene Anstrengung, für eine ganze Zeit … Eigenes Bemühen bedeutet, man will irgendwo hingelangen, einen Zustand erreichen, wachsen, vollkommener werden, reiner, heiliger, erleuchteter werden – was es auch sei, es ist wahrscheinlich ein *Mehr* von irgendetwas. [schmunzelt]

Nach einiger Zeit setzt Frustration ein, denn – ganz gleich, wieviel reiner und heiliger – der Versuch, ein reines und heiliges Leben zu führen, bedeutet immer noch zu versuchen, ein Selbstbild zu verwirklichen – und darauf folgt Leiden. Wann immer man in der Falle sitzt ... selbst der Heilige, der versucht, ein Selbstbild zu verwirklichen, ohne es zu kennen, um ganz und gar heilig zu werden – er wird leiden, weil er am Denken hängt. Es geschieht also oft durch Leiden, dass dies dann fortgeht. Und dann wirst du ... wenn du keine Anstrengung mehr unternimmst, die in die Zukunft gerichtet ist ... dann tritt Hingabe ein. Und all die Bemühung, die [eine] in die Zukunft gerichtete Bewegung war – jener enorme, schwächende, Gedankenenergiestrom – wird intensive Gegenwärtigkeit im Jetzt.

Es ist wichtig zu erkennen, dass Hingabe auch ein sehr dynamischer Zustand ist. Sie ist passiv und aktiv in einem. Sie ist nicht das eine *oder* das andere. Und dieses Paradox – das Tao-Te-Ching spricht oft darüber – [lautet:] Der Weise tut nichts mehr, und in diesem Nichts-Tun wird alles getan. [lacht]

Gegenwärtigkeit, die ein wesentlicher Aspekt des Zustandes der Hingabe ist – der Zustand der Hingabe und der Präsenz sind eins – jene Gegenwärtigkeit hat auch scheinbar widersprüchliche, gegensätzliche Qualitäten ... Eine Eigenschaft der Präsenz ist enorme Sanftheit ... umfassende, weite Sanftheit. Der andere Aspekt von Gegenwärtigkeit ist scharf wie eines Messers Schneide. Tschuh! Und beide sind eins. [schmunzelt] Sie sind beide da wie eins. Die Gegensätze verschmelzen in der Gegenwärtigkeit. Bei manchen Lehrern dominiert ein Aspekt der Präsenz, doch der andere kann gelegentlich mit einfließen. Der andere Aspekt ist immer im Hintergrund vorhanden. So sind manche Lehrer scharf und heftig. Sie schneiden durch das Ego. Manchmal scheinen sie das Ego sogar anzugreifen, um es zu knacken. Sie sind so scharf wie ein Zen-Meister. Das ist der ungestüme Aspekt, aber unter dieser Schärfe ist die Sanftheit. In sehr guten Abbildungen von Zeichnungen der Zen-Meister kann man die äußere Härte und die zugrundeliegende Sanftheit sehen. Andere Lehrer wiederum verkörpern vor allem den sanften Aspekt der Gegenwärtigkeit, doch gelegentlich kann die Härte hindurchkommen. Im Hintergrund ist sie immer noch vorhanden, und vielleicht, gelegentlich … tschuh! … schneidet sie sogar durch die Sanftheit. [lacht]

DALAL: *Zu der Lehre, dass man sich über die Früchte seiner Handlungen nicht sorgen solle: Im gewöhnlichen Bewusstsein sorgt man sich fast immer über die Früchte seines Handelns, weil fast alles Handeln von Begehren motiviert ist. [ECKHART: Ja.] An Stelle des Begehrens als motivierender Kraft zum Handeln lehrt die Bhagavad-Gita Selbstaufopferung und dass man all sein Tun dem Herrn weiht. Was tritt in Ihrer Lehre als motivierende Kraft an die Stelle des Begehrens?*

ECKHART: Natürlich ist das in meiner Lehre nicht anders. Es ist lediglich eine andere Sicht der Dinge. Das Begehren ist nicht länger die motivierende Kraft zum Handeln, denn Begehren bedeutet Selbst-Suche durch Handeln. Damit wird man abhängig vom Resultat, und das Selbstgefühl hängt an dem Resultat. Dann wird Ihr Selbst durch das Resultat Ihres Tuns auf- oder abgewertet. [schmunzelt] Begehren und Angst gehen also Hand in Hand. Eine Abwertung des Selbst durch das Resultat wird befürchtet, die Aufwertung des Selbst durch das Resultat wird begehrt. Damit handelt es sich um selbst-suchendes Tun, das zur Selbstvollendung und zum Selbstschutz der Zukunft bedarf. Letzten Endes bewegt sich dies alles im Bereich der Täuschung.

Nun kommt aber Gegenwärtigkeit auf, und der motivierende

Faktor, kann man sagen … Man kann [im Grunde] gar nicht von einem anderen motivierenden Faktor sprechen. Aber eine andere Art, es auszudrücken – vielleicht ist das eine tiefere Sicht der Dinge – ist, dass es da keinen motivierenden Faktor gibt. Da entsteht einfach spontanes Handeln als Antwort auf die Erfordernisse des jetzigen Augenblicks. Sobald das spontane Handeln entsteht, fließt das Energiefeld, aus dem es kommt – nämlich das Feld der Gegenwärtigkeit – in das Handeln ein. Man könnte sagen – ich verwende das Wort nicht gern, aber ich gebrauche es an dieser Stelle –, dass Liebe ins Handeln einfließt, weil das Tun ganz „geehrt" und nicht auf ein Mittel zu einem Zweck reduziert ist. Liebe fließt also mit ein. Freude – subtile Freude – ist ebenfalls ein Aspekt jeglichen Handelns, das nicht Mittel zu einem Zweck ist. Es ist schön! Und Sie lieben, was Sie gerade tun. Ihr Tun ist nicht irgendeinem begehrten künftigen Geschehen untergeordnet. Wir können also sagen, dass ein neuer motivierender Faktor hereingekommen ist – das ist ein Ausdruck, mit dem wir es beschreiben können –, und das heißt, der motivierende Faktor ist Freude und Liebe.

Eine andere Perspektive finden wir in der Bhagavad-Gita. Hier ist der motivierende Faktor ein Geschenk an Gott. Es ist das Gleiche, nur auf eine andere Weise gesehen. Oder man kann noch eine andere Sicht annehmen und sagen – was Sie vielleicht sogar noch tiefer bringt –, dass es keinen motivierenden Faktor als solchen gibt. Es kommt spontan.

Zum Beispiel haben Leute mir erzählt – Menschen, die häufig kommen und der Unterweisung zuhören –, dass es da anscheinend gewisse Veränderungen gibt. Es scheint im Laufe der Jahre eine Art von Evolution der Lehre stattzufinden. Da kommen Veränderungen, und die Leute sagen: „Heute war Ihr Vortrag anders als sonst. Warum haben Sie nun so gesprochen und jenes gesagt?“ Und ich antworte: „Ich weiß es nicht; es ist ein Ansprechen auf die Gruppe und den jetzigen Augenblick. Es gibt nie eine planende Absicht hinter dem, was hervorkommt, das geschieht also ohne vorherige Intention. Man könnte sagen, es gibt keinen motivierenden Faktor. Es geschieht einfach. Wir müssen uns immer wieder vor Augen halten, dass das Denken nie mehr als eine Perspektive ist. Und so sage ich weiterhin: Es gibt eine gültige Perspektive, die sagt, dass der motivierende Faktor, [da/wie] er sich wandelt, Liebe wird. Aus einem anderen Blickwinkel kann man auch sagen, dass es keinen motivierenden Faktor gibt. Das sind unterschiedliche Betrachtungsweisen, von hier, von da, von dort. [schmunzelt]

DALAL: *Sie haben mehr als einmal gesagt, dass Begehren und Angst die beiden Hauptursachen des Leidens sind. Sie lehren Hingabe als das Heilmittel für die Angst. Was ist das Heilmittel für Begehren? Beim Umgang mit dem Begehren scheint etwas anderes als Hingabe vonnöten zu sein.*

ECKHART: Begehren impliziert, dass man sich mit dem Denken identifiziert. Anstatt also zu versuchen, vom Begehren frei zu werden, das heißt … [Nun,] wir sind noch nicht wirklich bis zur Wurzel vorgedrungen. Man könnte sagen, Begehren ist die Auswirkung des Problems, es ist nicht die Wurzel und Ursache. Manchmal versuchen Menschen in ihrer spirituellen Praxis, das Begehren zu eliminieren – es ist fast unmöglich [schmunzelt] –, ohne zu erkennen, dass die Ursache des Begehrens ihre Identifikation mit dem Verstand und dem physischen Körper ist. In erster Linie [ist es] die Identifikation mit dem mental erschaffenen Selbstgefühl, das niemals vollständig ist; es will und braucht immer mehr. Daraus erwächst eine enorme Menge von Wünschen auf jener Selbst-Suche. Solange man nicht seine Identifikation mit dem Verstand erkennt …

Es gibt natürlich eine weitere Ebene des Begehrens, die der physischen Befriedigung dient und auf der Identifikation mit dem physischen Vehikel beruht. Da kann es Begehren geben – insbesondere sexuelles –, das ist das eingebaute, natürliche Bedürfnis des Organismus. Das ist an sich gar nicht so problematisch, doch es fließt in das erdachte Selbstbild ein, und ist dann mit ihm verbunden. Und so verschmelzen die psychologischen Bedürfnisse mit den physischen Begierden, und daraus entsteht eine Menge Leid. „Gib dem Begehren nicht nach" oder „bedenke, dass du frei werden musst vom Begehren" – das sage ich niemals. Werde frei vom Verstandesdenken, dann ist Begehren kein Problem mehr. Und Sie werden frei vom Verstandesdenken, indem Sie aus den Strömen der Gedanken austreten. Hingabe wiederum *ist* die Antwort, denn aus der Identifikation mit den Gedankenströmen hinauszutreten bedeutet, mit dem Suchen über die Zukunft aufzuhören. Erst wenn das falsche Selbst genügend Leiden erzeugt hat, kommen Sie ans Ende des Begehrens.

Es gibt Menschen, die sich auf die spirituelle Praxis verlegen mit dem Wunsch, ihr Begehren loszuwerden, ohne dabei zu erkennen, dass sie ihre Wünsche um einen weiteren vermehrt haben – nämlich wunschlos zu werden. Weil sie wirklich frei werden wollen vom Begehren, um etwas anderes *mehr* zu werden – spiritueller, heiliger, vollkommener, mehr davon – was ein weiteres Begehren ist! [lacht] Und dann kann dies kollidieren mit anderen Wünschen, die noch vorhanden sind. Und sie geraten in einen schlimmeren Zustand als zuvor [lacht], weil sie vielleicht sogar die Existenz ihrer anderen Wünsche *leugnen*, da diese nicht länger zu ihrem vorherrschenden Selbstbild eines spirituellen Menschen passen. Also leugnet man andere Begierden, die man in sich trägt, die aber nicht zum aktuellen Selbstbild passen. Und wenn Sie die Begierden, die Sie haben, sogar vor sich selbst leugnen, werden diese mächtiger. Plötzlich platzen sie in Ihr Leben und bewirken ein Chaos. Und Sie wissen nicht mehr, wie ihnen geschieht. Sie [stellen fest, dass] Sie etwas Schreckliches angerichtet haben! [schmunzelt]

Oft passiert dies spirituellen Menschen. Plötzlich haben sie ein enormes Trauma in ihrem Leben, das sie selbst erschaffen haben. Ich sage es noch einmal: Zu versuchen, frei vom Begehren zu sein, zu versuchen, spirituell zu sein, das funktioniert nicht; geben Sie also keine Aufmerksamkeit auf das Ausmerzen Ihres Begehrens. Gelangen Sie zu der Wurzel des Begehrens, das bedeutet, zu dem trügerischen Selbstbild, das Sie mit Ihren Gedanken erschaffen haben. Die Begierden des Körpers sind nicht wirklich Ihr Begehren. Sie sind Gefühle, sie sind sexuelle Gefühle. Wenn ein sexuelles Gefühl in das Gedankengebilde Selbst fließt, wird das sexuelle Gefühl zu einem sexuellen Begehren. Jetzt will es das Selbst. Und tatsächlich vergrößert es jenes Selbstempfinden und macht es stärker. Und das wird problematisch. Ein sexuelles Gefühl ist nicht problematisch. Sie können es einfach beobachten und seine Natur erkennen. Es bewegt sich nicht vom Fühlen in eine Zukunft des Wollens. Ein Mann könnte eine Frau sehen und ein sexuelles Gefühl erleben, ohne es zu wollen [schmunzelt] und einfach erkennen, dass dieses Gefühl vorhanden ist; es ist völlig unproblematisch. Es ist in der Tat ganz angenehm. Es ist ein angenehmes Gefühl. Es ist eine von vielen Arten, wie körperliche Manifestationen geschehen: Man fühlt es. Es ist da. Die nächste Bewegung findet nicht statt, die Bewegung vom Fühlen zum Begehren, das „mehr brauchen“ bedeutet. [schmunzelt] So können Sie sich einrichten mit der Sexualität, weil sie tatsächlich in Ordnung ist. Sie braucht nicht mehr. Sie ist, was sie ist. [schmunzelt]

DALAL: *Ist also eine der vier edlen Wahrheiten des Buddha – die nämlich sagt, dass Begehren die Ursache alles Leidens sei – eine begrenzte Sicht der Dinge?*

ECKHART: Jede Aussage ist eine begrenzte Sicht der Dinge. Es kann keine Aussage geben, die nicht begrenzt ist. Und auch jeder Wegweiser birgt diese. Sie erkennen nicht seine Begrenztheit und glauben, dass er die ganze Wahrheit enthalte. Das kann er nicht. Es zeigt immer nur eine Perspektive, ganz gleich, wessen Wegweiser es ist – des Buddha, Krishnas, wessen auch immer. Er muss begrenzt sein, das liegt in seiner Natur.

DALAL: *In Bezug auf den Umgang mit einer Reaktion, zum Beispiel der Wut, scheinen Sie zu empfehlen, Gegenwärtigkeit aufzurufen. Manchmal aber ist die Reaktion sehr stark und nimmt die Gestalt eines Impulses an, die Wut entweder verbal oder sogar körperlich zum Ausdruck zu bringen. In einem solchen Fall scheint man keinen Zugang zur Präsenz zu haben und man fühlt das Bedürfnis, seine „Willenskraft" einzusetzen, die eine Kraft des Verstandesdenkens ist. Spielt der Verstand irgendeine Rolle beim Umgang mit negativen Reaktionen?*

ECKHART: Was Wut betrifft, so kann diese für einige Zeit im Zaum gehalten werden, doch das ist nicht sehr lange möglich. Sie sind vielleicht im Stande, die Wut bei dieser Gelegenheit zu zügeln, es mag Ihnen auch beim nächsten Mal gelingen. Und beim übernächsten Mal. Aber die Wut ist da. Und plötzlich fliegt der Deckel vom Wasserkocher. [schmunzelt] Willenskraft scheint zuweilen Erfolge zu erzielen, aber sie sind niemals von Dauer.

Gewöhnlich ist Willenskraft mit einem Bedürfnis zu assoziieren, das Selbstbild eines vollkommeneren, spirituelleren Menschenwesens aufrechtzuerhalten, das keine Wut mehr kennt [lacht]. Bringen Sie also Gegenwärtigkeit ein. Wenn diese verdeckt wird, besonders im Falle von Wut, die schon seit vielen Jahre in Ihnen gelebt hat – die Schmerzkörper mancher Menschen sind vor allem wütend –, kann die Wut so plötzlich hervorkommen, dass Sie augenblicklich überwältigt sind und Ihre Wut die Gewalt über den Verstand übernimmt. Wenn dann alles vorüber ist, „erwachen" Sie und sagen: „Da war es wieder. Ich war völlig unbewusst. Ist das nicht erstaunlich?!" [schmunzelt]

Was eher geschieht, wenn Gegenwärtigkeit entsteht und wächst, ist, dass die Lücke – die kleine Unterbrechung, nachdem es passiert ist –, dass die Verzögerung bis zum Erwachen nach der Schmerzkörper-Attacke kürzer wird. Manchmal kann es zwei Stunden später sein, dass Sie plötzlich erkennen, was passiert ist. Dann wird die Verzögerung kürzer, da Gegenwärtigkeit sich ausdehnt in einem solchen Maße, dass Sie sich des Geschehens augenblicklich gewahr sind: In dem Moment, da es abklingt, erwachen Sie. Selbst wenn es noch nicht ganz abgeklungen ist, wird Ihnen vielleicht plötzlich klar: „Da war es wieder! Etwas von der Energie ist immer noch da."

Während Ihre Gegenwärtigkeit zunimmt, erleben Sie das Wunder des Erwachens mitten im Identifiziert-Sein damit. Plötzlich wissen Sie es … Da haben wir die beobachtende Präsenz mitten in dem Augenblick der Unbewusstheit. *Plötzlich* erwachen Sie irgendwo im Hintergrund, und Sie beobachten es und Sie *wissen.* Dieses Wissen ist das Aufsteigen der Präsenz. Sie können es nicht anhalten, aber Sie wissen es. Es agiert sich immer noch aus, und allmählich ist genügend Präsenz vorhanden, während es emporkommt, und man begegnet ihm bereits im Zustand der Präsenz. Die Wut kommt hervor, und Sie sind voll da, während der Schmerzkörper erwacht. Dann kann er mit Ihrem Denken nichts mehr anfangen. Und die Wut wird nicht lange bleiben, weil der Schmerzkörper weiß, es hat keinen Sinn, er kann sich nicht mehr davon nähren. Sie unterdrücken es also nicht. Sie bringen einfach Ihre intensive Wachheit ein.

Der Schmerzkörper, der eine eigene Intelligenz besitzt, weiß, dass er hier keine Nahrung findet, und so verweilt er nur kurz, dann ist er wieder fort. Das ist nicht Unterdrückung. Das ist – intensive Wachheit einzubringen. Der Schmerzkörper mag das nicht, und er zieht sich schnell zurück. Was tut er aber? Er wartet auf eine bessere Gelegenheit, wenn Sie gerade nicht bewusst sind. Wenn er keinen besseren Augenblick findet, wird er es wieder versuchen. Er wird hervorkommen, und wieder begegnen Sie ihm mit intensiver Wachheit. Und er bleibt eine kurze Zeit lang, dann verzieht er sich. Aber jedes Mal, wenn dies geschieht, verliert er etwas von seiner Energieladung. Er wird nicht mehr genährt, und darüber hinaus findet die Verwandlung bereits statt, wenn Sie der Emotion im Schmerzkörper in einem Zustand der Präsenz begegnen. Die Gegenwärtigkeit löst sie auf. Jedes Mal, wenn die Emotion auf Präsenz trifft, löst sie sich in die Präsenz auf. Es ist nicht anders.

Bewusstsein, so könnte man sagen, ist letztlich die höchste Schwingungsfrequenz, und dann gibt es noch andere Schwingungsfrequenzen – Bewusstsein, das als etwas erscheint. Da haben wir die Frequenz einer schweren Emotion, und sie wird – tschuh! – in Gegenwärtigkeit verwandelt. Darum können Menschen mit sehr schweren Schmerzkörpern manchmal früher erwachen als andere, weil gerade der Schmerzkörper den Treibstoff für die Präsenz liefert. Sowie dies geschehen ist, können Sie dem Schmerzkörper im Zustand der Präsenz begegnen. Die Verwandlung vollzieht sich rasch. Da gibt es kein Selbst mehr in der Emotion. Und ohne Selbst, also ohne die unbewusste Identifikation mit ihm, ohne das Trugbild des Selbst, kann er nicht lange überleben. Der Schmerzkörper braucht zum Überleben das Trugbild des Selbst, das sich als Sie ausgibt. [schmunzelt] Wie gesagt, ohne das Gedankengebilde Selbst löst sich der Schmerzkörper rasch auf. Er braucht dessen illusorische Wesenheit, um selbst in Gang zu bleiben. [lacht] Es ist ein Teil jener illusorischen Wesenheit, so sind sie miteinander verbunden.

DALAL: *Sie haben gesagt, dass die Auflösung des Schmerzkörpers Zeit brauche. Auch Transformation, sagen Sie, sei ein allmählicher Vorgang. Lücken der Verstandesgedankenlosigkeit zu erschaffen, ist ebenfalls ein Prozess, in dessen Verlauf die Lücken allmählich länger und länger werden. [ECKHART: Ja.] All diese Dinge scheinen zu implizieren, dass Zeit eine Rolle spielt. [ECKHART: Ja.] Und was ist es, das keine Zeit erfordert?*

ECKHART: Es gibt oft ein scheinbares Paradox, wenn wir über den zeitlosen Zustand des Bewusstseins sprechen. Selbst wenn ich sage, dass sich dieser zeitlose Bewusstseinszustand vertiefe, ist dies wahr, aber bereits hier scheint es ein Paradox zu geben, denn wenn ich sage: „Der zeitlose Zustand des Bewusstseins vertieft sich", muss das Vertiefen eine Zeit beanspruchen. [lacht] Jedesmal, wenn wir darüber sprechen, stoßen wir schon bald auf ein Paradox.

Ich begann einmal einen Vortrag – ich glaube, er ist auf einer CD –, mit den Worten, dass es ein Paradox sei, dass wir nun einen ganzen Tag oder einen ganzen Nachmittag – wir werden hier vier Stunden verbringen – dafür verwenden, tief in die Dimension der Zeitlosigkeit einzutauchen. [lacht] Um sich darin als in einem fortgesetzten Zustand aufzuhalten – bevor Sie darin als in einem Dauerzustand verweilen –, mag Zeit vonnöten sein. Doch um in jenen Zustand *einzutreten,* braucht es keine Zeit. Sie können den Zustand nur jetzt betreten. Vielleicht können Sie nur fünf Sekunden lang darin verweilen, bevor Sie ihn wieder verlieren, aber es gilt immer: In den Zustand der Gegenwärtigkeit können Sie nur *jetzt* eintreten. Dafür brauchen Sie keine Zeit. Sie brauchen keine Zeit, weil die vornehmste spirituelle Praxis darin besteht, die *Ist*-heit dieses Augenblicks anzunehmen und sich ihr innerlich hinzugeben. Dies ist die wichtigste spirituelle Praxis: Die völlige innere Akzeptanz dessen, was auch immer *ist.* Dies bedarf keiner Zeit.

Nun, es mag sein, dass Sie nur einmal in der Woche annehmen können, was *ist.* [schmunzelt] Vielleicht können Sie jede Woche eine Minute lang die *Ist*-heit dieses Augenblicks ganz annehmen. Nächstes Jahr können Sie dann jede Woche drei Minuten lang akzeptieren, was *ist.* [schmunzelt] Und in zwanzig Jahren können Sie vielleicht – das ist in der Tat ein lustiges Beispiel – jede Woche einen Tag lang in einem Zustand der vollständigen Übereinstimmung sein mit dem, was *ist.* Das erfordert Zeit. [lacht] Aber jedes Mal, wenn es geschieht, brauchen Sie keine Zeit. Für diese spirituelle Übung brauchen Sie keine Zeit, um „ja" zu sagen zu dem, was *ist.* Welche Zeit würden Sie dazu benötigen? [lacht] Sie sehen also, [es scheint] Zeit [zu brauchen], bevor es vielleicht ein permanentes „Ja" wird, ein ständiges „Ja", in welchem Falle sogar *Hingabe* – das Wort Hingabe – verschwindet, denn wenn Hingabe Ihr natürlicher Zustand ist, gibt es keine Hingabe mehr.

Hingabe impliziert einen Übergang vom Widerstand zum

Nichtwiderstand. Der Übergang ist die Hingabe. Darum spreche ich darüber. Sowie Hingabe zu Ihrem normalen, natürlichen Zustand geworden ist, verschwindet das Hingeben. Nur [auf dem Weg] vom Widerstand zum Nichtwiderstand wird hingegeben. So, und damit haben wir schon das Ende der Hingabe erreicht. [lacht] Dies ist eine Art, die Sache zu betrachten. Wenn Ihnen andere Wörter besser gefallen, können Sie auch sagen, dass Sie in einem Zustand ständiger Hingabe leben. Das ist eine andere Sicht. Es ist vielleicht eine tiefere Perspektive. Zu sehen, dass keine Hingabe mehr nötig ist, ist wahre Hingabe. [schmunzelt]

DALAL: *In einem Ihrer Vorträge sagten Sie: „Eines aber erfordert keine Zeit, nämlich zu wissen, wer du bist.“ [*ECKHART: *Ja.] Im Osten sagt man, sein Selbst zu erkennen – das heißt: Selbsterkenntnis –, benötige Lebenszeiten. Ist Selbsterkenntnis etwas anderes als das, was Sie Erleuchtung nennen?*

ECKHART: Nein, aber denken Sie daran – ich habe das vielleicht gestern [in einem öffentlichen Vortrag] gesagt – es braucht Zeit, bis Sie erkennen, dass es keiner Zeit bedarf. Diese Aussage enthält ein Paradox. Sie können das Paradox nicht daraus entfernen: Es braucht Zeit, bis Sie erkennen, dass es keine Zeit braucht. Die Erkenntnis der Nicht-Zeit braucht Zeit. Die Menschheit als Ganze hat einen langen Weg hinter sich, durch Äonen und Zeitalter, und durch den zeitgebundenen Zustand des Bewusstseins wurde gewaltiges Leid erzeugt. Gewisse Aussagen, die in der Vergangenheit gemacht wurden, vielleicht vor langer Zeit, treffen vielleicht nicht mehr ganz zu, weil man, wie ich sagte, Zeit braucht, bis man erkennt, das man keine Zeit mehr braucht.

Die Menschheit hat bis heute eine Menge Zeit gehabt. Und die Menschheit hat bis heute eine Menge Leid gehabt. Sie brauchen diese Zeit, bis die Erkenntnis kommt, dass Sie sie nicht brauchen. Diese Lehre ist vielleicht jetzt so wichtig. Sie hat Kraft, weil sie eine Antwort ist auf die unmittelbare Not der Situation auf diesem Planeten, der spirituellen Bedürftigkeit des Planeten heute. Aussagen, die in der Vergangenheit gemacht wurden, sind nicht falsch. Es ist wahr, dass es Zeit braucht, bis zu einem bestimmten Punkt. Selbsterkenntnis ist an sich ein Erkennen des Zeitlosen in dir. Sie sehen also, dass alle Perspektiven wahr sind. Und so ist es nichts anderes. Es gibt nur *eine* Selbsterkenntnis.

DALAL: *Es gibt eine verblüffende Ähnlichkeit zwischen dem, was Sie und Sri Aurobindo über eine Sache sagen, über die wenige andere Lehrer gesprochen haben, nämlich die Evolution des Bewusstseins und das Aufkommen eines neuen Bewusstseins auf dem Planeten. Sri Aurobindo sagt, dass das Bewusstsein sich aus einem Zustand der Unbewusstheit entwickelt habe und zuerst als Materie, dann als Leben, dann als Mental hervorgetreten sei und sich nun vorbereite, in ein Bewusstsein hervorzutreten, das er als Supramental bezeichnet, also* „über *dem Mental*". *[*ECKHART: *Ja.] Was sagen Sie über das Emporkommen eines neuen Bewusstseins, basiert es auf einer ähnlichen Vision oder ist es einfach etwas, das Sie um sich herum geschehen sehen?*

ECKHART: Ja, ich sehe, wie es geschieht, und es ist die nächste Dimension der Evolution, der nächste Evolutionssprung, mehr als ein allmähliches Weiterschreiten. Manchmal gibt es Sprünge in der Evolution. Dies ist die nächste Stufe in der menschlichen Evolution. Ich sehe es als solche, aber der Hauptgrund, warum ich es sage, ist nicht so sehr eine bestimmte Sicht der Dinge. Ich kann sehen, dass es geschieht. Es ist durch diese Form geschehen, und ich kann sehen, wie viele Menschen von der Lehre angezogen werden, weil sie dafür bereit sind. Und es geht weiter. Das heißt nicht, dass das alte Bewusstsein, unsere mit dem Verstand identifizierte Evolutionsstufe, bereits zu einem Ende gekommen sei. Es hat seine letzte Phase erreicht, und in seiner finalen Phase könnte es zuweilen sogar noch verrückter werden, bevor es schließlich seinen Platz räumt, sei es durch heftige Umwälzungen oder auf eine allgemeine Weise. Wer weiß? Das hängt wahrscheinlich davon ab, wie viele Menschen für das neue Bewusstsein, das hervortreten will, offen sind. Wenn genügend Menschen für das neue Bewusstsein offen sind, verringert sich die Notwendigkeit heftiger Umwälzungen auf dem Planeten.

Da könnte es Gewalt geben von Menschen gegen andere Menschen, von Menschen gegen den Planeten. Es könnte sogar Gewalt in der Natur geben. Naturphänomene, die Teil sind der Zerstörung all jener Strukturen, die das alte Bewusstsein erschaffen hat, äußerer Strukturen. Und dann kommt auch die Zerstörung jener Strukturen im Inneren. Und dies geschieht bereits – natürlich auf eine sanfte Weise – durch die Lehren. Bei jenen Menschen, die offen sind, machen die alten Strukturen einfach Platz für die neuen. Andere, die nicht offen sind, könnten zunehmende Verwirrung erleben, Desorientierung, schreckliches Unglück, Verrücktheit. Es sind interessante Zeiten, in denen wir leben. [lacht]

DALAL: *Sie haben gesagt, das Bewohnen des Körpers sei immer ein essenzieller Aspekt des Gegenwärtig-Bleibens. Bedeutet dies, dass man nicht wahrlich präsent ist, wenn man nicht das Gefühl hat, einen Körper zu bewohnen?*

ECKHART: Das ist eine sehr subtile Sache. Gegenwärtigkeit ist eine intensive Lebendigkeit – der Zustand der Präsenz. Und diese intensive Lebendigkeit ist sowohl innerlich als auch äußerlich. Auf eine sehr subtile Weise durchdringt er den ganzen Körper. Es ist wie eine sehr sanfte Energiebewegung. Energie, *Lebendigkeit.* So, ja … ich würde sagen, wenn Sie das nicht fühlen können, ist die Präsenz noch nicht sehr tief. [Zu Dr. Mistry gewandt:] Sie sagen mir, dass Ihnen das sehr schwerfalle.

Dr. Mistry: *Ja.*

Eckhart: Ich gebe manchmal kleine Tipps: Können Sie Ihre Hand spüren?

Dr. Mistry: *Ja.*

Eckhart: Ja, also sind Sie in dem Körper.

Dalal: *Im physischen Körper?*

Eckhart: Im physischen Körper. Zuerst fühlen Sie die Lebendigkeit des physischen Körpers, und dann kommt es zu einer Vertiefung. Es ist gerade eben ein allgemeines Gefühl von Lebendigkeit. Nicht so viel, nicht mehr, als zu fühlen, dass dies der Körper ist und das andere der Rest der Welt. Es ist einfach ein Aspekt jener totalen Lebendigkeit, die Sie im Zustand der Präsenz leben. [Eckhart spricht sehr leise. Unhörbare Worte werden durch … markiert.] Das ganze Universum ist lebendig. Ihm liegt das Unmanifestierte zugrunde … Die Unterscheidung zwischen dem Beobachtenden und dem Beobachteten hört auf. Wenn Sie in den Körper tief eintauchen, dann gibt es nicht mehr das Gefühl: „Ich beobachte den inneren Körper." Dann gibt es nicht mehr das Gefühl: „Ich spüre den inneren Körper." Die Dualität verschwindet Sie *sind* präsent im ganzen Körper, so wie Sie präsent sind in allem und durch alles, was jenseits des Körpers ist. … Was auch immer Sie wahrnehmen, sind Sie selbst. Und dieses Erkennen kommt nicht aus dem Verstand, sondern durch Präsenz. Der schnellste Weg, aus dem Verstandesdenken auszutreten, ist, mit Ihrer Aufmerksamkeit in den Körper einzutreten. Anfangs gibt es da einen Beobachtenden und ein Beobachtetes, nämlich den Körper. Wenn Sie dann die Augen schließen und in das Erspüren des Energiefeldes Ihres Körpers einsinken, mit ihm eins werden, dann sind Sie nicht länger als der Beobachter in Ihrem Kopf – Sie *sind* das –, und da hört das Denken auf. Sie *sind* die Präsenz, die den ganzen Körper durchzieht.

Und dann verschwindet das mentale Bild des physischen Körpers, weil Ihre Aufmerksamkeit ganz in der lebendigen Gegenwärtigkeit ist, weil sie jene lebendige Gegenwärtigkeit *ist:* Die Aufmerksamkeit *ist* die lebendige Präsenz. Das Bild von sich selbst als einem physischen Körper, das die Menschen selbst dann noch vor Augen haben, wenn diese geschlossen sind – sie stellen sich den physischen Körper immer noch bildlich vor – nun, dieses Bild verschwindet. Was übrig bleibt, ist nicht mehr ein Beobachter und das Beobachtete. Da gibt es nicht länger das Bild von einem physischen Vehikel. Da ist nun einfach ein Feld intensiver Lebendigkeit, in dem es keine Dualität gibt, also auch keinen Körper mehr.

Indem Sie in den Körper eintreten, lassen Sie den Körper hinter sich. Er wird eine kleine Pforte ins Sein, in das Unmanifestierte, weil alle Gestalt vorübergehender Ausdruck des Unmanifestierten ist – alles in der Manifestation. Aber alles Manifestierte ist im Kern immer noch eins mit dem Unmanifestierten. Es ist eine schöne Meditation, tief in den Körper zu gehen, bis der Körper verschwindet, bis alles, das zurückbleibt, das Feld intensiver Lebendigkeit ist … kein Körper. Und das ist Stille, und das ist Gegenwärtigkeit.

Wenn Sie *jetzt* sagen, dass Sie im Körper seien, ist das nicht mehr wahr. Es war nur vorübergehend wahr. [schmunzelt] Der Körper war nur die Pforte, und Sie hängen jetzt nicht mehr vor dem Eingang herum. Und es ist seltsam: Sowie Sie sich als *das* erkennen, können Sie die Augen öffnen … und das Feld intensiver Lebendigkeit, die Gegenwärtigkeit, ist immer noch da. Aber Sie können wahrnehmen … was aller Sinneswahrnehmung zugrunde liegt, ist da als dieses Feld wunderschöner Lebendigkeit, Stille, Präsenz. Aus ihm oder in ihm steigt Wahrnehmung empor. Und was Sie jetzt wahrnehmen – nicht mehr durch den Verstand, der die Dinge mit den Etiketten seiner Benennungen versieht –, wird nicht etikettiert. Es wird innerhalb des Feldes von enormem Frieden und Lebendigkeit wahrgenommen. Und es ist alles schön, wunderschön. Man könnte fast sagen, dass *dadurch* alles, was Sie wahrnehmen, nach Hause zurückkehrt … Und Sie wissen, dass dieses Feld der Kern jeder Form ist. Es ist schier unmöglich, darüber zu sprechen … Das Schöne daran ist, dass der innere Körper eine Pforte in das Selbst werden kann, in das Sein, in Gott.

DALAL: *Gibt es außer dem inneren Körper nicht noch weitere Pforten?*

ECKHART: Ja, es gibt noch weitere Pforten, aber Sie gehen durch eine Pforte in Gott hinein, und in gewissem Maße sind alle anderen Pforten auch dort. Manchmal spreche ich vielleicht sogar im Rahmen eines vierstündigen Vortrages nicht über den inneren Körper, ich erwähne ihn vielleicht nicht einmal. Ich erwähne vielleicht nur den Zustand der Hingabe an das, was *ist*. In jüngerer Zeit – bedingt durch die Art und Weise, wie die Lehre sich entwickelt hat – ist Hingabe gerade die Pforte, die zur Zeit im Vordergrund steht. Aber ganz gleich durch welche [Pforte] Sie gehen: An einem Punkt werden Sie erkennen, dass die anderen Pforten auch dort sind – aber im Hintergrund.

Ich könnte mich auch gänzlich auf den inneren Körper konzentrieren und den Zustand der Hingabe nie erwähnen – und es würde auch auf diesem Wege funktionieren. [schmunzelt] Wenn Sie im Zustand der Hingabe leben, wird alles, einschließlich dieser physischen Form und der Welt um Sie herum, lebendiger, weil vorher durch die Verbegrifflichung alles abgetötet war. Da wissen die Leute vielleicht nicht einmal, dass sie ihren inneren Körper fühlen. Das ist eine seltsame Sache. [schmunzelt] Ich habe Menschen kennengelernt, die sich hingegeben haben, und sie gefragt: „Können Sie Ihren Körper fühlen?" Sie fragten zurück: „Meinen Körper?" Da redete ich etwas mehr und sagte: „Nun, was ich wirklich meine …" Und nach einer kleinen Weile sagten sie: „Oh, jetzt weiß ich, was Sie meinen. Ja! Ich fühle ihn die ganze Zeit!" [lacht] Noch etwas anderes ist mir passiert, nachdem mir diese Transformation des Bewusstseins zugestoßen ist, die ich nicht verstand. Ich wusste nur, dass ich im Frieden war: Mein Verstand, meine Denktätigkeit, war um vielleicht achtzig Prozent reduziert. An jenem Morgen wachte ich also auf und ging spazieren, und alles war zutiefst friedlich und lebendig. Erst viel, viel später erkannte ich: „Hoppla, ich denke gar nicht mehr. Das ist der Grund!" [schmunzelt] Doch lange, lange Zeit gab es da wenig Gedankenaktivität. Ich wusste nicht, dass da kein Denken mehr war. Ich glaube, es fiel mir auf, als ich Lehrern oder Lehren zuhörte. [Ich begriff, als] Ich ging, um einem buddhistischen Lehrmönch zuzuhören, der über das

Aufhören des Denkens sprach: „Oh, *das* ist es also!“ [lacht] So … wie gesagt: Pforten sind nur eine Art von Zugang …

DR. MISTRY: *Eine Pforte kann sich auch wieder schließen? Das ist mir passiert.*

ECKHART: Ja, bis Sie sich da dauerhaft eingerichtet haben, kann eine Pforte offen sein und eines Tages … es ist weniger, dass die Pforte sich schließt … [Dr. Mistry macht eine unhörbare Bemerkung.] Ja [schmunzelt], der Torweg ist immer da. [lacht]

DALAL: *In Big Sur [Retreat im Esalen-Institut in Kalifornien] hatte ich Sie gefragt, ob es unterschiedliche Grade von Präsenz gebe, und Sie hatten dies bejaht. Noch eine ähnliche Frage zur Präsenz ist mir in den Sinn gekommen, nämlich ob es unterschiedliche Typen von Präsenz gibt. Samkhya, eines der sechs Systeme der indischen Philosophie, spricht von zwei Aspekten von Wirklichkeit, nämlich Purusha (das bewusste Sein) und Prakriti (Natur). Es werden drei Aspekte der Natur unterschieden, nämlich Materie, Leben und Geist. Mit diesen drei Aspekten der Natur (Prakriti) korrespondieren drei Aspekte des bewussten Seins (Purusha), nämlich physisches bewusstes Sein [Annamaya Purusha], vitales bewusstes Sein [Pranamaya Purusha] und mentales bewusstes Sein [Manomaya Purusha]. Das bewusste Sein oder Purusha wird als der Zeuge oder Beobachter [Sakshi] betrachtet. Gibt es unterschiedliche Typen von Präsenz, die den drei Purushas entsprechen – physisch, vital und mental?*

ECKHART: Es gibt viele Weisen, diese Dinge zu betrachten. Dies ist keine Unterteilung, die ich verwende. Auf die Frage, ob es unterschiedliche Arten von Präsenz gibt, würde ich mit „nein" antworten, aber es gibt die beobachtende Präsenz, die entsteht. Und das ist für viele Menschen … Wenn die Gegenwärtigkeit aufkommt, erkennen sie, dass sie Beobachter sein können; die Gegenwärtigkeit ist der Zeuge. Man ist sich der Präsenz noch nicht sehr bewusst. Da ist eine beobachtende Fähigkeit, während die Präsenz aufkommt, mit welcher ein gewisses Maß an innerer Distanz zu allem aufkommt, was aufsteigt, mental oder äußerlich, emotional. Gegenwärtigkeit entsteht also als der Beobachter, und dann – ich sage dies jetzt, ich sage es vielleicht nie wieder … Es ist sehr schwierig, darüber zu sprechen. Da lauert die Gefahr, dass daraus ein permanentes System wird. Ich ziehe es vor, einen Blick darauf oder einen Zugang dazu einmal, zweimal oder einige wenige Male zu vermitteln und dann andere Fingerzeige zu verwenden. Was die Menschen mit einigen Lehrern machen – und vielleicht hat man dies bei dem Lehrer gemacht, den Sie eben erwähnten, natürlich –, ist aufzuschreiben, was er oder sie sagt. Da besteht die Gefahr, dass ein Wegweiser zu einem permanenten Gebäude wird. Wegweiser funktionieren besser, wenn sie als vorübergehende Mittel genutzt und dann verworfen werden, wenn sie nicht mehr notwendig sind oder um sie durch einen anderen Wegweiser zu ersetzen, der für diese Situation in diesem Augenblick für diese Person seinen Zweck erfüllt. Ihre Wahrheit entzieht sich der Sprache und ist nicht in dauerhafte Form zu gießen. Der Hinweis oder Wegweiser, der in einer dauerhaften Form gefangen ist, ist nicht länger eine Hilfe, sondern ein Hindernis. Ein kluger Umgang mit Wegweisern ist also nicht, sie zu einem starren System zur Beurteilung von Zuständen zu machen, sondern sie als eine nur vorübergehende Perspektive zu nutzen, als eine vorübergehend hilfreiche Perspektive. Es ist wichtig, dies zu erkennen. Andernfalls werden

Wegweiser starr, und anstatt zu funktionieren, dienen sie nur noch dem Selbstzweck.

Nun lassen Sie mich dies sagen: Es gibt einen Beobachter, der aufkommt – und ich gebe dies als einen Hinweis, ich werde es nicht als eine permanente Lehre formulieren. [schmunzelt] Es ist eine von vielen möglichen Arten, es zu betrachten: Es gibt den Zeugen, er ist das Nichtverhaften an der aufkommenden Form, das heißt eine gewisse Fähigkeit, das zuzulassen, was ist. Dann tritt eine Vertiefung ein, wenn jenes Gewahrsein, jene Gegenwärtigkeit, sich selbst erkennt – selbstgewahr wird. Es ist nicht mehr so sehr, dass Sie an dem interessiert sind, was gerade beobachtet wird. Sie sind nun interessiert an – das ist nicht das richtige Wort – Sie kennen sich selbst als das zugrundeliegende Feld. Dann ist das, was gerade beobachtet wird, relativ unwichtig. Vorher waren Sie, wenn Sie beobachteten, immer noch sehr interessiert an dem, was gerade beobachtet wurde; sie kannten nicht das Feld, den Beobachter selbst. [schmunzelt]

Somit können Sie sagen, es hat ein Wechsel stattgefunden vom Beobachter zum Gewahren des Gewahrseins. Zuerst war die Identifikation mit Gegenständen der sinnlichen Wahrnehmung und Gedanken – also Selbstidentifikation. Dann kommt das Zurücktreten und die beobachtende Qualität in Bezug auf Sinnesobjekte, Gedanken, Emotionen. Mit einem weiteren Zurücktreten folgt ein Gewahrsein des Gewahrseins selbst. Zuerst also der trügerische Zustand, dann das beginnende Aufkommen von Präsenz, und dann Gegenwärtigkeit, die sich selbst kennt, Gewahrsein, das sich selbst als Gewahrsein erkennt. Dann wird die Welt der Form relativ unwichtig für Sie, weil Sie das Formlose sind: Sie erkennen sich selbst als das Formlose.

DALAL: *Auf welcher Stufe kommen Freude, Liebe und Lebendigkeit auf?*

ECKHART: Wohlan, das Beobachten bedeutet, dass Sie nicht mehr so sehr leiden. Mit dem Aufkommen des Zeugen kommt die Verminderung des Leidens. Die leidende Wesenheit tritt zurück, und Sie erhaschen vielleicht bereits eine Ahnung von Freude und Lebendigkeit und Liebe, da der Beobachter heraufkommt. Dann gehen Sie tiefer, und dort ist es. Erst wenn Sie über die Form hinausgehen, können Freude und Liebe sein. Sie sind nicht Form. Nur missverstandene Liebe ist Liebe einer bestimmten Form. Das ist nicht [was man Liebe nennen kann].

DALAL: *Das heißt, dass Liebe unpersönlich ist?*

ECKHART: Ja, sie ist völlig unpersönlich. Und was ich gerade gesagt habe – die drei Phasen – vergessen Sie jetzt wieder. [schmunzelt]

DALAL: *Danke für Ihre Zeit und Präsenz.*

DR. MISTRY: *Ich habe noch eine Frage.*

ECKHART: Ja.

DR. MISTRY: *Sie sind in gerade dieser Inkarnation an Ihren derzeitigen Stand der Entwicklung gelangt. Es muss ein Wesen gegeben haben, das in früheren Inkarnationen gewachsen ist, bis es in der derzeitigen Inkarnation als Sie erblühte. Es könnte nicht sein, das die Ganzheit plötzlich Eckhart Tolle in diesem derzeitigen Leben hervorgebracht hat. Sie könnten eine Inkar-*

nation von Meister Eckhart sein![50] *[Eckhart lacht.] Gibt es eine einzigartige Individualität in jeder Person, die in jeder Inkarnation wieder und wieder kommt, bis sie zum vollen Bewusstsein erblüht? Gibt es ein Wesen in jeder Person, das über die Erdenleben hinweg Bestand hat, bis es volle Blüte erlangt?*

ECKHART: Nun, es gibt die Form so lange, wie es das Selbst gibt – Selbst-Identifikation mit der Form. Was Bestand hat, ist die Illusion von Form. Die überlebende Wesenheit ist die Illusion. Irgendwann löst die Illusion sich auf. Und dies geschieht nicht immer nach dem Anhäufen vieler Verdienste in vielen Inkarnationen. Sie könnte sich plötzlich auflösen, selbst in einer Inkarnation, die nicht viele Verdienste ausweist … einfach extremes Leiden. Es gibt also keine speziell ausgewählte Form. Es ist nie so, dass die Ganzheit sagt: „Ich wähle dich aus, damit du dies bist."

Der Ganzheit ist es gleich, durch welche Form sie erblüht. Sie sucht nur die Öffnung, durch welche sie erblühen kann. Es ist nicht so, dass die Form auf irgendeine Weise besonders ist. Das Gegenteil ist wahr: Durch die Erkenntnis der Nichtheit dieser Form, ihrer Nichtigkeit, ihrer Nicht-Besonderheit, kommt plötzlich, wo eine Form gewesen war, eine Transparenz. Es ist die Bestimmung der Form, dafür transparent zu werden.

Ja, die Leute fragen mich … jemand schrieb mir einmal: „Sie sagen irgendwo in dem Buch: ‚Du bist hier, um den göttlichen

---

50 Nach diesem Interview schreibt Peter Occhio Grosso in einem Artikel über das „Leben im Jetzt" (veröffentlicht in der Ausgabe Juli/August 2002 des *Body & Soul Magazine)* über Eckhart interessanterweise: „Er erzählte von einem Traum einige Jahre nach seiner Transformation. ‚Jemand nannte mich „Eckhart". Ich sah Bücher, von [Meister] Eckhart geschrieben, und ich wusste, dass ich sie geschrieben hatte. Ich erkannte, dass dies ein Zeichen und jenes mein Name war.'" Wenig später legte er seine Vornamen Ulrich Leonhard ab und nahm den Namen an, den er heute verwendet.

Zweck des Universums zu befähigen, sich zu entfalten. Das zeigt doch, wie wichtig du bist.‘ Irgendwo anders in dem Buch sagen Sie dann, dass alle Formen unwichtig seien. Also muss eine dieser Aussagen falsch sein. Sie widersprechen sich.“

Hier kommen wir an den gleichen Punkt: Erst durch Erkennen Ihrer Nichtigkeit ist plötzlich etwas Unendliches, Unglaubliches da. Erst wenn die Form ihre Nichtigkeit erkennt und wie unwichtig sie ist … Es wartet einfach darauf, dass die Öffnung erscheint. Gott kennt Personen nicht einmal. Gott will durch die Öffnungen gehen … Es hält Ausschau – das ist nun bildlich gesprochen – es ist wie ein Licht, das leuchtet und Ausschau hält, wo das Loch ist, durch das es scheinen kann. Und meistens kann es die Löcher nicht finden, weil eine Dichte die potenziellen Löcher verdeckt. Es gibt zahlreiche potenzielle Löcher, aber sie sind alle blockiert. [lacht] Und gelegentlich ist dann ein Loch da … Und plötzlich löst sich die Blockade auf … tschuh! Das Loch erkannte seine essenzielle Natur, seine Nichtigkeit. Und so geschah es. [schmunzelt]

3 FRAGEN UND ANTWORTEN IN ESALEN

(Eckharts Antworten auf schriftliche Fragen des Verfassers während eines Vortrages im Rahmen eines Retreats im Esalen-Institut am 1. und 2. Juni 2001. Die Antworten wurden vom Verfasser umgeschrieben und gekürzt.)

DALAL: *Kann man den Zustand der Hingabe, in dem man „ja" sagen kann zu allem, was* ist, *erlangen, solange noch ein Gefühl eines separaten Ichs oder Egos besteht?*

ECKHART: Ego und Hingabe können in der Tat nicht koexistieren. Die Fähigkeit, „ja" zu dem zu sagen, was *ist,* kommt nicht vom Ego. Jemand, der im Ego fest verwurzelt ist, würde noch nicht einmal verstehen, was es bedeutet, „ja" zu sagen zu dem, was *ist.* Die Tatsache, dass Sie fähig sind, die Bedeutung eines „Ja" zu dem, was *ist,* zu verstehen und ihre Wahrheit zu erkennen, zeigt, dass sich die Ego-Strukturen in Ihnen bereits gelockert haben und schon ein tieferes Bewusstsein in Ihnen hervortritt, obwohl die Ego-Strukturen sich von neuem Geltung verschaffen und Sie nicht jederzeit „ja" sagen können. Das Ego selbst kann nicht „ja" sagen.

DALAL: *Gibt es Abstufungen von Gegenwärtigkeit, so wie es verschiedene Grade von Unbewusstheit gibt? Der Zustand der Präsenz, in dem man das Empfinden hat, ein Beobachter zu sein, der sich nicht mit den Formen identifiziert, scheint relativ einfacher zu erlangen und aufrechtzuerhalten zu sein, während ein Zustand von Gegenwärtigkeit, der auch ein Zustand von Freude und Liebe ist, nicht in bequemer Reichweite zu liegen scheint. Wie lässt sich der Zustand der Präsenz vertiefen, so dass er mehr ist als nur die Verfassung eines innerlich distanzierten Zeugen?*

ECKHART: Der Gegenwärtigkeitszustand kommt auf, wenn man sich der eigenen Gedanken bewusst wird. Bei der Lektüre über positives und negatives Denken in einem New-Age-Buch wird man sich beispielsweise plötzlich der eigenen negativen Denkmuster bewusst; das ist der aufkommenden Präsenz zu verdanken. Beobachter seines Verstandesdenkens und seiner ererbten Konditionierungen zu werden, ist die erste Stufe der Gegenwärtigkeit. Wenn man zum Zeugen wird, erkennt man auch, dass man eine Wahl treffen und sein Denken ändern kann durch verschiedene New-Age-Methoden wic Affirmation und Visualisierung. Aber einen Zustand des permanenten Glücks kann man nicht durch bloßes Affirmieren erlangen. Nach einiger Zeit erkennt man, dass man durch Verändern seines Denkens zwar Dinge verändern, aber nicht aus der Polarität oder den Gegensätzen von Hoch und Tief im Leben ausbrechen kann, solange man nicht über das Verstandesdenken hinausgelangt. Man kann die Polarität der Gegensätze nur durch Transzendieren des Denkens und Aufsteigen auf eine Bewusstseinsebene jenseits des Verstandes überwinden. In der äußeren Form wird man auch weiterhin die Polarität von Lust und Schmerz erleben, aber sie wird milder und weniger extrem sein. Man muss die Polarität *zulassen* als Teil dessen, was *ist*, denn die Polarität lässt sich nicht ganz und gar abschaffen, solange es das Universum gibt.

Zu der Frage nach Abstufungen der Gegenwärtigkeit: Ja, es

gibt Grade der Präsenz. Wir sprachen über das Aufkommen der Präsenz, wenn man Zeuge und Beobachter der eigenen Gedankenstrukturen wird. Diesen Vorträgen zuzuhören, ist ein Weg zur Vertiefung der Gegenwärtigkeit. Je öfter man sich für die Präsenz *entscheidet,* indem man sich daran erinnert, aus seinem Verstandesdenken auszutreten und aus dem mentalen Lärm in Wachheit und Gegenwärtigkeit hinüberwechselt, desto mehr vertieft sich die Präsenz. Wie lange man im Zustand der Präsenz *bleiben* kann, ist nicht von Belang. Was zählt, ist, wie oft man in die Gegenwärtigkeit *zurückkehrt.* Die echte Vertiefung erfolgt, wenn man vom Erwachen und vom Gewahren der Dinge weitergeht und *seines Gewahrseins selbst gewahr* wird, des Gewahrseinsfeldes, das wir abwechselnd Stille, Bewusstsein oder Gegenwärtigkeit nennen. Das geschieht. Man muss nur *zulassen,* dass es geschieht.

DALAL: *Ist nicht spirituelle Praxis notwendig, um ein spirituelles Leben zu führen? Hat spirituelle Praxis nicht auch mit Zeit zu tun? [Eckhart hat gesagt, dass Zeit das größte Hindernis im spirituellen Leben sei.]*

ECKHART: Es mag für *Sie* notwendig sein, eine spirituelle Praxis zu pflegen, aber es ist nicht für jedermann absolut notwendig, eine spirituelle Praxis zu verfolgen, um eine Transformation zu erfahren. Es gibt Personen, die *ohne* irgendeine spirituelle Praxis eine Transformation erfuhren. Ramana Maharshi erlangte die Befreiung nach einem kurzen, tiefgreifenden Erlebnis im Alter von sechzehn oder siebzehn Jahren, und da war keine spirituelle Praxis vorausgegangen. Nun könnte man sagen, dass es in solchen Fällen eine spirituelle Praxis in früheren Erdenleben gegeben haben muss. Das ist möglich. Aber die Tatsache bleibt bestehen, dass die spirituelle Praxis bei manchen nur aus dem Leid bestehen kann, durch das sie gehen. Das war bei mir der Fall. Leiden war mein Lehrer, aber ich hatte mich nicht bewusst mit irgendeiner spirituellen Praxis befasst. Es ist wahr, das solche Fälle einer plötzlichen und definitiven Befreiung selten sind. In den meisten Fällen ist die Befreiung mit einem Pfad der spirituellen Praxis verbunden. Aber selbst in solchen Fällen erfolgt der letzte Schritt, wenn man von allem loslässt, auch von der spirituellen Praxis. Es ist unwahrscheinlich, dass die Befreiung als direktes Ergebnis einer spirituellen Praxis eintritt; sie ist nicht wie ein Fortbildungsprogramm, das man Stufe um Stufe bis zum Ende und Abschluss des Kurses absolviert. Der Buddha ging viele Jahre durch Praktiken aller Arten. Aber er wurde erst erleuchtet, als er von allem abließ – auch von Zeit und Zukunft – und unter einem Baum saß. Die spirituelle Praxis mag also geeignet sein, aber sie ist weder für jeden unverzichtbar noch an sich selbst genügend.

Betrachten wir die Zeit, die mit der spirituellen Praxis verbunden ist; sie ist die Gefahr und der Haken bei vielen spirituellen Praktiken. Sie geben dir Zeit, um besser zu werden und immer besser, und um auf das zukünftige Ziel hinzuarbeiten, dich selbst zu *finden!* Doch es *gibt* auch einfache Praktiken, in welchen Zeit und Zukunft keine Rolle spielen. Wenn Sie auf den Klang des Meeres lauschen und des Gewahrseins gewahr werden, in dem jener Klang geschieht, könnte man sagen, dass Sie eine spirituelle Praxis üben. Betrachen Sie eine Pflanze im Zustand der Stille und sagen Sie „ja“ zu allem, was aufsteigt, kann man auch dies als spirituelle Praxis bezeichnen. Und es ist mehr als nur spirituelle Praxis. Es ist eine Art zu leben. Es ist die befreite Art zu leben.

Wenn man noch nicht ständig in der befreiten Art zu leben

wohnt, kommt sie von Zeit zu Zeit als Zustand von Gegenwärtigkeit hervor. Wieder und wieder wird sie verdeckt und verdüstert, und wieder und wieder entscheidet man sich für die Präsenz. Man geht zurück und voran von Unbewusstheit zu Bewusstheit, bis das Bewusstsein zum normalen Zustand wird. Jedes Mal, wenn Sie Gegenwärtigkeit wählen, üben Sie eine spirituelle Praxis, und wenn Präsenz zu Ihrem Normalzustand wird, bereitet sie der spirituellen Praxis ein Ende. Sie könnten auch sagen, dass Sie ganz und ständig in der spirituellen Praxis angekommen sind.

4 SRI AUROBINDO ÜBER DAS BETRACHTER-BEWUSSTSEIN

Das *Betrachter-Bewusstsein* ist ein Zustand, in dem man die eigenen Gedanken und Gefühle wie ein unbeteiligter Zeuge beobachtet. Dieser Bewusstseinszustand steht im Gegensatz zum gewöhnlichen Bewusstsein, in dem man mit seinen mentalen und anderen inneren Regungen mehr oder weniger vollständig identifiziert ist. Die Mutter bemerkte dazu gegenüber Schülern:

> Glaubt nicht, dass es so einfach sei [das eigene Denken zu beobachten], denn um eure Gedanken zu beobachten, müsst ihr erst Abstand von ihnen nehmen. In seinem gewöhnlichen Zustand unterscheidet der gewöhnliche Mensch nicht zwischen sich selbst und seinen Gedanken. Er weiß noch nicht einmal, was er denkt. Er denkt aus Gewohnheit. Und fragte man ihn plötzlich: „Was denken Sie gerade?“, weiß er nichts darüber zu sagen. Das heißt, in fünfundneunzig von hundert Fällen wird er antworten: „Ich weiß es nicht.“ Da besteht eine völlige Identifikation des Bewusstseins mit den Regungen des Denkens.[51]

Sri Aurobindo beschreibt den Zustand, in dem man mit seinem Denken identifiziert ist, als einen Zustand der Verwickelung oder Verstrickung des Bewusstseins und unterscheidet ihn von

51 The Mother, *Questions and Answers*, vol. 3, p. 184 (im Anhang des engl. Bandes 1929, nicht im dt. *Gespräche* 1929)

dem Zustand des *inneren Abstandes* oder der Nicht-Identifikation.

> Es (Bewusstsein) ist seiner Natur nach nicht von mentalen und anderen Tätigkeiten getrennt. Es kann getrennt sein, und es kann in sie verwickelt sein. Das menschliche Bewusstsein ist in der Regel immer verstrickt, doch hat es die Fähigkeit erlangt sich loszulösen – etwas, wozu die niedere Schöpfung nicht fähig zu sein scheint. In dem Maß, wie das Bewusstsein sich entwickelt, entwickelt sich ebenfalls diese Fähigkeit der Loslösung.[52]

Das Betrachter-Bewusstsein verlangt ein gewisses Maß an Abstand von mentalen und anderen inneren Tätigkeiten. Alle, die einiges Wachstum ihres inneren Lebens erfahren konnten, haben in geringerem oder größerem Maße die Fähigkeit entwickelt, sich als Beobachter der eigenen Gedanken und Gefühle von diesen innerlich loszulösen und Abstand zu nehmen. Man sagt, sie haben das Betrachter-Bewusstsein erlangt.

Im Samkhya, einem der sechs traditionellen Systeme der indischen Philosophie, ist der Begriff des Betrachter-Bewusstseins wohl am gründlichsten entwickelt worden.

Hier sei am Rande bemerkt, dass die sechs Systeme der indischen Philosophie Darshanas genannt werden – Darshan bedeutet „sehen“ –, weil sie nicht Produkte des Intellekts, sondern der spirituellen Erkenntnis sind.

In der Samkhya-Tradition besteht das Sein aus zwei Prinzipien, *Purusha* (Seele oder Bewusstes Sein) und *Prakriti* (Natur). Sri Aurobindo erklärt diese beiden Prinzipien der Existenz aus der Sicht des Yoga-Erlebens:

---

52 Sri Aurobindo, *Briefe über den Yoga*, Bd. 2, S. 324

> Wenn wir daran gehen, unser Selbst zu betrachten, anstatt in die Welt zu sehen, und unser subjektives Erleben zu analysieren beginnen, stellen wir fest, dass es zwei Teile unseres Wesens gibt, welche allem Anschein nach gänzlich voneinander getrennt werden können: Das eine ist ein Bewusstsein, das still und passiv und unterstützend ist, das andere ist ein Bewusstsein, das geschäftig und kreativ ist und unterstützt wird. Das passive, fundamentale Bewusstsein ist die Seele, Purusha, der Zeuge oder *sakshi,* das aktive und über-struktürliche Bewusstsein ist Natur, Prakriti, die prozessive oder kreative Energie des *sakshi.*[53]

Der Purusha ist das wahre Wesen, doch im gewöhnlichen Bewusstsein identifiziert es sich mit Prakriti. Deshalb verliert man im gewöhnlichen Bewusstsein das Gefühl, Purusha, der Zeuge, zu sein, und hält sich selbst für die aktive Prakriti – den Handelnden statt des Zeugen. Die Illusion, Subjekt all seines Handelns zu sein – eines der angeborenen Charakteristika des Ego-Bewusstseins – beruht auf der Identifikation des Betrachter-Bewusstseins des Purusha mit dem aktiven Bewusstsein der Prakriti. Wenn der Purusha mit der Prakriti identifiziert und von dieser verdeckt wird, „bleibt [er] als der unsichtbare Betrachter, der das Spiel der Unwissenheit stützt, im Hintergrund verborgen. Wenn es zutage tritt, empfindest du es als ein Bewusstsein im Hintergrund, still, zentral und nicht identisch mit dem Spiel, das von ihm abhängig ist. Es mag verborgen sein, aber es ist immer da."[54]

In den traditionellen indischen Yoga-Schulen werden zwei

---

53 Sri Aurobindo, *The Hour of God and Other Writings,* SABCL, vol. 17, p. 51
54 Sri Aurobindo, *Briefe über den Yoga,* Bd. 3, S. 137

sehr bekannte Wege zur Befreiung durch Überwinden der Identifikation des wahren Selbst mit dem Ego gelehrt, der Weg des Advaita (monistisches Vedanta) und der Weg des Samkhya. Sri Aurobindo erklärt die beiden Prozesse:

> Es gibt die Advaita-Methode, den Weg des Wissens: Man weist die Identifizierung mit dem Mental, Vital und Körper zurück, indem man fortwährend zu sich sagt: „Ich bin nicht das Mental. Ich bin nicht das Vital. Ich bin nicht der Körper", und diese Dinge als etwas von seinem wirklichen Selbst Getrenntes betrachtet: Nach einer gewissen Zeit empfindet man alle mentalen, vitalen und physischen Vorgänge, ja das eigentliche Bewusstsein des Mentals, Vitals und Körpers als etwas Äußeres, eine äußere Tätigkeit, während innen und abgelöst davon das Gefühl eines getrennten, für sich bestehenden Wesens wächst, das sich der Verwirklichung des kosmischen und transzendenten Geistes öffnet. Es gibt auch die Samkhya-Methode – eine sehr machtvolle Methode – , die Trennung des *Purusha* von der *Prakriti.* Man zwingt dem Mental die Haltung des Betrachters auf – jede Tätigkeit des Mentals, Vitals und Physischen wird zu einem äußeren Spiel, das nicht mein [wahres] Ich ist oder zu mir gehört, sondern der Natur angehört und einem äußeren Ich aufgezwungen wurde. *Ich* bin der Betrachter *Purusha; ich* bin still, losgelöst, durch keines dieser Dinge gebunden. Daraus reift im [menschlichen] Wesen eine Teilung heran; der *Sadhaka*[55] spürt in sich das Wachsen eines ruhigen, schweigenden, gesonderten Bewusstseins, das sich vom Oberflächenspiel des Men-

55 Jemand, der die Verwirklichung durch spirituelle Praxis anstrebt.

> tals und Vitals und der physischen Natur völlig getrennt fühlt.[56]

Die gerade zitierte Passage impliziert die psychologische Vorstellung des Yoga von zwei Zentren oder Teilen des Bewusstseins auf jeder Ebene unseres Wesens – dem Physischen, dem Vital und dem Mental. Ein Teil, der Purusha, ist ein Zeuge; der andere, Prakriti, ist der aktive Teil. Die Trennung des Betrachter-Bewusstseins des Purusha vom aktiven Bewusstsein der Prakriti ist im Hinblick auf das Mental schwieriger als in Bezug auf das Vital und den physischen Teil des Wesens, weil der Mensch mit seinem Mental am stärksten identifiziert ist. Sri Aurobindo sagt:

> … der Mensch, der in erster Linie ein Geschöpf der mentalen Prakriti ist, identifiziert sich mit den Bewegungen seines Mentals und kann sich von den Wirbeln und Strömungen des mentalen Strudels nicht mit einem Mal absetzen. Es fällt ihm verhältnismäßig leicht, seinem Körper eine Kontrolle aufzuerlegen, zumindest einem bestimmten Teil der Körperbewegungen; nicht so leicht, aber noch durchaus möglich, wenn er sich darum bemüht, ist es für ihn, seinen vitalen Impulsen und Begierden eine mentale Kontrolle aufzuerlegen; weniger einfach hingegen ist es, wie der tantrische Yogi am Fluss über dem Wirbel seiner Gedanken zu verharren. Immerhin, es ist möglich; alle mental entwickelten überdurchschnittlichen Menschen müssen auf die eine oder andere Weise oder zumindest zeitweilig und für bestimmte Zwecke die beiden Teile des Mentals trennen, den aktiven Teil, der eine Gedankenfabrik ist, und den,

56 Sri Aurobindo, *Briefe über den Yoga,* Bd. 3, S. 325 f.

> der der ruhige Meister und zugleich ein Betrachter und Wille ist, der sie [die Gedanken] beobachtet, beurteilt, zurückweist, eliminiert, akzeptiert, Richtigstellungen und Veränderungen anordnet – der der Herr im Hause des Mentals ist und der eigenen Herrschaft fähig …[57]

Ist das Bewusstsein eines Menschen relativ unentwickelt, ist dieser nicht nur außerstande, den Zeugen-Teil vom aktiven Teil des Bewusstseins zu trennen, sondern auch zwischen verschiedenen Arten von Bewusstsein – physisch, vital, mental etc. – zu unterscheiden. Alles Bewusstsein wird einfach als mentales Bewusstsein erlebt. Sri Aurobindo schreibt dazu:

> Für Menschen, die noch nicht tiefer in sich eingedrungen sind, sind Mental und Bewusstsein gleichbedeutend. Erst wenn man sich durch ein wachsendes Bewusstsein mehr und mehr erkennt, kann man verschiedene Abstufungen, Arten und Mächte des Bewusstseins sehen, mentale, vitale, physische, seelische[58] und spirituelle.[59]

Das Betrachter-Bewusstsein vom aktiven Bewusstsein zu tren-

---

57 Sri Aurobindo fährt fort: „Der Yogi geht noch weiter; er ist dort nicht nur Meister, sondern tritt, solange er gleichsam noch im Mental lebt, sozusagen daraus heraus und steht darüber oder ganz davon zurück und ist frei. Für ihn trifft das Bild der Gedankenfabrik nicht länger zu; denn er sieht, dass Gedanken von außerhalb kommen, vom universalen Mental oder von der universalen Natur, manchmal geformt und eindeutig, manchmal ungeformt, um dann irgendwo in uns Form zu erhalten. Die Hauptaufgabe unseres Mentals besteht darin, diese Gedankenwellen entweder anzunehmen oder zurückzuweisen (so wie auch die vitalen Wellen oder die feinstofflichen Energie-Wellen) oder der Gedanken-Substanz (oder den vitalen Bewegungen) aus der sie umgebenden Natur-Kraft persönlich-mentale Form zu geben." (Sri Aurobindo, *Briefe über den Yoga,* Bd. 4, S. 15 f.)

58 Dies bezieht sich auf das psychische Wesen oder die Seele.

59 Sri Aurobindo, *Briefe über den Yoga,* Bd. 2, S. 324

nen, ist weniger schwierig, als verschiedene Arten von Bewusstsein zu unterscheiden. Auch wenn man noch nicht in der Lage ist, bei sich selbst einen Unterschied zwischen physischem, vitalem und mentalem Bewusstsein auszumachen, kann es deshalb, einige Übung vorausgesetzt, durchaus gelingen, sein Bewusstsein von seinem Denken zu unterscheiden und dessen Beobachter zu sein. Sri Aurobindo schrieb:

> Das Göttliche wird als Sein, Bewusstsein, *ananda* beschrieben, es wird sogar nur als ein Bewusstsein *(chaitanya)* beschrieben, das eine Kraft oder Energie, *shakti,* hervorbringt, die die Welt erschafft. Das Mental ist ein modifiziertes Bewusstsein, das eine mentale Energie hervorbringt.
>
> Das Göttliche aber kann von seiner Energie zurücktreten und ihr Wirken beobachten, es kann der Betrachter, *Purusha,* sein, der die Werke der *Prakriti* beobachtet. Sogar das Mental vermag dies – ein Mensch kann in seinem Mental-Bewusstsein zurücktreten und die mentale Energie beobachten, wie sie Dinge tut, wie sie denkt, plant usw. Alle Innenschau gründet auf der Tatsache, dass man sich derart in ein beobachtendes Bewusstsein und in eine wirkende Energie teilen kann. Dies sind elementare Dinge, die jeder wissen sollte. Und jeder kann es mit nur ein wenig Übung selbst durchführen – derjenige, der seine eigenen Gedanken, Gefühle und Taten beobachtet, hat bereits begonnen, es zu tun. Im Yoga machen wir diese Teilung vollständig – das ist alles.[60]

60 ebd.

Die Trennung, von der gerade die Rede war, zwischen dem Zeugen Purusha und der aktiven Prakriti, vollzieht sich zunehmend mit dem Wachsen des Bewusstseins. Anfänglich, im Zustand völliger Unwissenheit und Bindung, ist Purusha, die Seele, gänzlich mit Prakriti, der äußeren Natur, identifiziert. In diesem Zustand …

> … [ist der] *Purusha* in uns passiv und erlaubt der Natur zu wirken, wobei er all das akzeptiert, was sie ihm auferlegt und erteilt ihr eine ständige automatische Zustimmung … die Seele in Mental, Leben und Körper, das mentale, vitale und physische Wesen in uns, [wird] unserer Natur untergeordnet, durch ihre äußere Gestalt regiert und durch deren Tätigkeiten angetrieben. Das ist der normale Zustand unserer Unwissenheit.[61]

Dieser Zustand, in dem der Purusha von den Aspekten der Prakriti angetrieben wird, denen er eine unbewusste und deshalb automatische Zustimmung erteilt, ist der Zustand der Gebundenheit. Der erste Schritt zur Befreiung des Purusha aus der Gebundenheit in Prakriti ist das Hervortreten eines Bewusstseins, in welchem der Purusha nicht länger mehr nur ein *schweigender* Zeuge *im Hintergrund* ist – wie gewöhnlich –, sondern ein *spürbarer* Zeuge im *Vordergrund* des Bewusstseins.

> Wenn *purusha* in uns seiner selbst als des beobachtenden Zeugens bewusst wird und von der Natur zurücktritt, ist dies der erste Schritt zur Freiheit der Seele. Sie distanziert sich von der Natur und kann sie und ihre Verfahren erkennen. Da wir nicht mehr in ihr Wirken verwickelt

61 Sri Aurobindo, *Das göttliche Leben*, Bd. II/1, S. 67

> sind, können wir es in aller Unabhängigkeit akzeptieren oder verwerfen. Wir geben die Zustimmung nicht mehr automatisch, sondern frei und effektiv. Wir können auswählen, was sie in uns tun oder nicht tun soll, oder wir können ganz hinter ihr Wirken zurücktreten und uns mit Leichtigkeit in das spirituelle Schweigen des Selbst zurückziehen. Wir können auch ihre gegenwärtigen Gestaltungen zurückweisen, uns in einen spirituellen Bereich des Seins emporheben und von dort her unser Dasein neu erschaffen. *Purusha* kann aufhören, untergeordnet, *anisha,*[62] zu sein und wird Herr seiner Natur, *ishvara.*[63]

> Das innere Betrachter-Bewusstsein einzunehmen, ist ein sehr wesentliches Stadium während des Fortschritts. … Es trägt zur Befreiung von der niederen *Prakriti* bei – nicht mehr in die gewöhnlichen Bewegungen der Natur verwickelt zu werden; es trägt zur Errichtung einer vollkommenen Stille und eines vollkommenen Friedens im Inneren bei, denn dann bleibt ein Teil des Wesens losgelöst und beobachtet, ohne durch die Störungen an der Oberfläche beunruhigt zu werden …[64]

Der Zeuge zu werden, ist jedoch nur der erste Schritt zur Befreiung. Um aus der Gebundenheit an den unbewussten Zustand der Identifikation mit der physischen, vitalen und mentalen Natur der Prakriti effektiv frei zu werden, muss der Purusha nicht nur als *Sakshi,* der Zeuge, hervortreten, sondern auch als *Anumanta,* der *bewusst* Zustimmende. Sri Aurobindo schreibt:

---

62 nicht der Herr (sondern ein Untertan)

63 Sri Aurobindo, *Das göttliche Leben*, Bd. II/1, S. 67

64 Sri Aurobindo, *Briefe über den Yoga,* Bd. 3, S. 138

> Der *Purusha* über uns ist nicht nur ein Beobachter, er erteilt die Zustimmung (oder hält sie zurück); wenn er beharrlich die Zustimmung zu einer Bewegung der *Prakriti* verweigert und sich davon losgelöst hält, verliert sie meist nach einer Weile ihre Kraft, selbst wenn sie noch eine Zeit lang durch ihren vorangegangenen Antrieb fortbesteht; sie wird schwächer, weniger beharrlich, weniger konkret und schwindet am Ende dahin. Wenn du in das Purusha-Bewusstsein eintrittst, sollte es nicht nur als der Zeuge sein, sondern als der *Anumanta,* der die Einwilligung zu den störenden Bewegungen verweigert und nur Friede, Stille, Reinheit und all das zulässt, was sonst noch Teil der göttlichen Natur ist. Diese Verweigerung der Zustimmung braucht nicht Kampf mit der niederen *Prakriti* zu bedeuten; es sollte eine ruhige, beharrliche und losgelöste Verweigerung sein, welche dem entgegengesetzten Wirken der Natur keine Unterstützung, Zustimmung oder Rechtfertigung gewährt oder ihm Bedeutung beimisst.[65]

Erst nachdem der Purusha sowohl als Zeuge als auch als Zustimmender hervorgetreten ist, kann die Seele, das bewusste Sein, fortschreitend zum eigenen Meister werden. Sri Aurobindo schreibt über diese drei Phasen in der Befreiung des Purusha von der Prakriti:

> … das bewusste Wesen, das, losgelöst von allen Bewegungen der Natur, zurücktritt, diese als der Zeuge und Wissende und schließlich als der Gewährende (oder Verweigernde) der Zustimmung beobachtet; im höchs-

65 Sri Aurobindo, *Briefe über den Yoga,* Bd. 3, S. 141

> ten Stadium der Entwicklung dann als der *Ishvara,* der reine Wille, Herr der gesamten Natur.[66]

Wir fassen zusammen: Im anfänglichen Zustand der Unwissenheit ist Purusha, die Seele, nur ein schweigender Zeuge, der *automatisch* Zustimmung zu den Bewegungen der physischen, vitalen und mentalen Natur erteilt. Die Seele, heißt es, ist *anisha* (Nicht-Herr, Untertan); Herr ist sie nur in der Theorie. Viel Strenge und Nüchternheit sind nötig, um den unbewussten Regungen der Natur die Zustimmung zu verweigern, bis die Seele wahrlich *ishvara* werden kann, Herr und Meister der Natur. Sri Aurobindo schreibt:

> Die Seele ist der Betrachter, der Erhalter, der Erfahrende – Meister hingegen ist sie nur theoretisch; in Wirklichkeit ist sie so lange nicht Meister, (sondern) *anisha,* wie sie der Unwissenheit zustimmt. Denn das ist eine allgemeine Zustimmung, die mit einbezieht, dass die *Prakriti* mit dem *Purusha* umhertanzt und mit ihm ganz und gar das tut, was sie will. Wenn er die Oberhand zurückgewinnen, die Theorie zur Praxis machen will, bedarf er einer großen Menge von *tapasya*[67]. [68]

Das Hervortreten des Purusha als Herr und Meister der Natur ist also zwangsläufig ein langsamer Prozess. Sri Aurobindo erklärt dies in einem Brief an einen Schüler mit folgenden Worten:

---

66 Sri Aurobindo, *Briefe über den Yoga,* Bd. 2, S. 309 f.

67 Bemühung und Konzentration von persönlichem Willen und Energie, um das physische, vitale und mentale Bewusstsein zu einem yogischen Zweck zu verändern.

68 Sri Aurobindo, *Briefe über den Yoga,* Bd. 3, S. 261

> Das Hervortreten des *Purusha* ist der Beginn der Befreiung. Es [das Purusha-Bewusstsein] kann aber auch langsam der Meister werden – langsam deshalb, weil die ganze Verhaltensweise des Egos und das Spiel der niederen Kräfte sich dagegen wehren. Dennoch vermag es zu diktieren, welch höheres Spiel die niedrigere Bewegung ersetzen soll, und dann findet der Vorgang jener Ersetzung statt, dass das Höhere kommt, während das Niedrigere darum ringt, zu bleiben und die höhere Bewegung wegzustoßen. Wie du richtig sagst, wird die ganze Sache durch die Selbst-Darbringung an das Göttliche verkürzt und wirksamer gemacht; meist aber kann sie aufgrund früherer Gewohnheit nicht auf einmal in ihrer Vollständigkeit durchgeführt werden, und die beiden Methoden[69] bestehen weiterhin nebeneinander, bis die völlige Hingabe möglich ist.[70]

Sri Aurobindos oben zitierte Aussagen über das Betrachter-Bewusstsein unterscheiden sich in zwei Punkten von Eckhart Tolles Sicht. Erstens betrachtet Eckhart das mentale Bewusstsein als einen Zustand von Unbewusstheit. Mit dem Mentalen identifiziert zu sein, heißt, sich in einem Zustand der Unbewusstheit zu befinden; wenn also die beobachtende Gegenwärtigkeit aufkommen soll, muss man aus dem Mentalen austreten. Sri Aurobindo hingegen unterscheidet zwei Dimensionen des Mentalen – das gewöhnliche Mental, das Teil der Prakriti oder Natur ist, ein aktives und verstricktes Bewusstsein, und ein inneres Mental, das

69 Die Methode der Tätigkeit des Purusha zum *Ersetzen* des Spiels der niederen Kräfte durch ein höheres Spiel, und die Methode, die niederen Bewegungen dem Göttlichen *darzubringen,* so dass sie durch die göttliche Kraft transformiert werden mögen.

70 Sri Aurobindo, *Briefe über den Yoga,* Bd. 3, S. 137

Teil des Purusha, des inneren Wesens, und ein losgelöstes, beobachtendes oder Betrachter-Bewusstsein ist. Zweitens lehrt Eckhart, dass man zur Transformation des gewöhnlichen Bewusstseins einfach die beobachtende Gegenwärtigkeit zu wählen und ihr zu erlauben habe, dass diese das Bewusstsein transformiert. Da gibt es kein *Zutun*, sondern einfach nur ein *Zulassen*. Ein unbeteiligter Zeuge zu werden, ist, laut Sri Aurobindos Lehre, wiederum nur der erste Schritt zur Befreiung. Um das gewöhnliche Bewusstsein zu verändern, muss der Purusha nicht nur zum bewussten Zeugen werden, sondern auch ein Zustimmender, der die rechten Bewegungen billigt und die falschen Bewegungen des gewöhnlichen Bewusstseins ablehnt. Dies erfordert viel *tapasya,* persönliche Anstrengung, wie Sri Aurobindo sagt.

Diese Punkte werden im nächsten Kapitel eingehender behandelt.

5 DIE LEHREN VON ECKHART TOLLE UND SRI AUROBINDO[71] – IM VERGLEICH

ICH, SELBST UND SEIN

Eckhart Tolle erwähnt einen Zen-Meister, der auf die Frage nach dem Buddhismus dessen Kern in vier Wörtern zusammenfasst: „Kein Selbst, keine Probleme." Der Buddhismus lehrt: Das Selbst ist eine Illusion und die Ursache allen Leidens. Auch Eckhart betrachtet die Illusion des Selbst als den „grundlegenden Irrtum" des gewöhnlichen Bewusstseins und beginnt die Mehrzahl seiner Vorträge mit Themen, die von der Natur des gewöhnlichen Bewusstseins und dem problematischen Selbst handeln. Die buddhistische Sicht der Wirklichkeit als Nichtsein oder Leere *(shunya),* ohne Selbst, ist auch bei Eckhart zu finden, der sich oft auf die Wirklichkeit als Nicht-Dinglichkeit *nothing* bezieht. Wie Sri Aurobindo, spricht auch Eckhart häufiger von Wirklichkeit in Begriffen von Sein als von Nichtsein.[72] „Sein ist dein tiefstes Selbst", sagt Eckhart; Sein ist „das ewig gegenwärtige *Ich bin* jenseits von Name und Form".[73] Das Selbst mit Name und Form – das Ego – ist ein Ersatz für das wahre Selbst, das „im Sein wurzelt".

71 Eine knappe Erklärung steht im Anhang 1: Sri Aurobindos Lehre und Methode der Praxis

72 Laut Sri Aurobindo ist Wirklichkeit Nichtsein oder Nichtselbst nur in Relation zum illusorischen Ego-Selbst.

73 Eckhart Tolle, *Jetzt! Die Kraft der Gegenwart,* S. 119

Auch wenn Eckharts Erleben des Seins das einer unpersönlichen Wirklichkeit ist, wie bereits das buddhistische Konzept des Nicht-Seins, spricht Eckhart – anders als der Buddhismus – der Wirklichkeit persönliche Attribute wie Intelligenz, Liebe und Wohlwollen zu sowie die Kraft, die im Universum wirkt und die einen Antrieb hat, sich durch eine Evolution des Bewusstseins zu manifestieren. Solch ein Konzept des Seins ist Sri Aurobindos Konzept des Göttlichen, des Höchsten Seins, eng verwandt. Doch während Eckhart vom Sein als einem unpersönlichen Unmanifestierten spricht, ist Sri Aurobindos Erleben des Göttlichen das des Höchstens Seins, das jenseits sowohl des Persönlichen als auch des Unpersönlichen ist. Er schreibt: „Jenseits des *avyaktam* [des Unmanifestierten] … ist das Höchste, der Purushottama [höchste göttliche Person] der Gita, der Parapurusha [höchste Person] der Upanishaden.“[74] Über „die persönliche Wahrheit und Präsenz“ des Purushottama der Bhagavad-Gita schrieb Sri Aurobindo:

> Dieser Gott ist nicht das abstrakte Absolute des Philosophen. Er ist nicht die unbeteiligte apersonale Gegenwart oder das erhabene Schweigen, das keine Beziehungen duldet. … [Er ist] der Gebieter unseres Wirkens, der Freund und Liebende unserer Seele, der vertraute Geist unseres Lebens, der in unserem Innern und über uns wohnende Herr all unseres personalen und apersonalen Selbst und unserer Natur. …[75]

Aus Eckharts Sicht beruht das falsche Ego auf einer Identifikation mit dem Verstandesdenken. Obwohl Eckhart von den

74 Sri Aurobindo, *Briefe über den Yoga,* Bd. 1, S. 65
75 Sri Aurobindo, *Essays über die Gita,* S. 528

körperlichen und emotionalen Aspekten des Egos spricht, betrachtet er dieses primär als das verstand-identifizierte Selbst. Was das wahre Selbst verbirgt, sagt er, ist der ständige Lärm, den das Verstandesdenken erzeugt, mit welchem wir uns identifizieren. Sri Aurobindo hingegen unterscheidet klar zwischen den physischen, vitalen[76] und mentalen Aspekten des Egos und betrachtet das Ego der *meisten* Menschenwesen als ein eher vitales, denn als ein mentales Ego. Der dichteste Schleier, der das wahre Selbst der meisten Menschenwesen verbirgt, ist laut Sri Aurobindos Lehre das vitale Ego, das aus instinkthaften Impulsen, Begierden und Emotionen besteht.

Ein weiterer signifikanter Unterschied zwischen den Perspektiven von Eckhart und Sri Aurobindo liegt in ihrer jeweiligen Sicht des wahren Selbst. Eckharts Sicht des wahren Selbst, das „im Sein wurzelt", ähnelt dem östlichen Begriff des Atman, des universalen Selbst. Sri Aurobindo äußert die gleiche Sicht in etwas anderen Worten. Das Selbst, sagt er, sei identisch mit Brahman, der höchsten Existenz oder dem höchsten Sein; das Selbst sei der subjektive Aspekt des Seins. Aber außer von Atman, dem universellen Selbst, spricht Sri Aurobindo von dem wahren *individuellen* Selbst, dem wirklichen „Ich", Jivatman, das in der Bhagavad-Gita bildlich als „ein ewiger Teil des Göttlichen" erwähnt wird. Er erklärt:

> Mit Jivatman meinen wir das individuelle Selbst. Essenziell ist es ein Selbst wie alle anderen, doch in der Vielheit des Göttlichen[77] ist es das individuelle Selbst,

---

76 Dies bezieht sich auf die Lebensnatur, bestehend aus Sinneswahrnehmungen, Impulsen, Begierden und emotionalen Gefühlen.

77 Die Vorstellung von der Vielfalt des Göttlichen im Vishishta-Advaita (qualifizierter Monismus), eine der drei Hauptschulen des Vedanta – die beiden anderen Schulen sind die Advaita (Nicht-Dualismus oder Monismus) und Dvaita (Dualismus). Sri Aurobindos integraler Ansatz umfasst alle zusammen. Der

ein individuelles Zentrum des Universums – es erkennt alles in sich und sich in allem oder beides zugleich, je nach seinem Bewusstseinszustand oder Gesichtspunkt.[78]

Das Selbst, der Atman, ist seinem Wesen nach entweder transzendent oder universal (Paramatman, Atman). Sobald es sich individualisiert und zum zentralen Wesen wird, ist es der Jivatman. Der Jivatman empfindet sein Einssein mit dem Universalen und gleichzeitig sein innerstes Getrenntsein als Teil des Göttlichen.[79]

Die individuelle Seele ist das spirituelle Wesen, das manchmal als ein ewiger Teil des Göttlichen beschrieben wird, aber ebenso als das Göttliche selbst beschrieben werden kann, das seine Manifestation als die Vielen aufrechterhält.[80]

Diese fortdauernde Seelen-Existenz ist die wirkliche Individualität, die hinter den ständigen Mutationen dessen steht, was wir unsere Personalität nennen. Sie ist nicht ein begrenztes Ego, sondern etwas in sich selbst Unendliches. Sie ist in Wahrheit das Unendliche selbst, das sich von einer bestimmten Ebene seines Seins herniederlässt, um sich in einer fortdauernden Seelen-Erfahrung widerzuspiegeln. … Wir sind aber nicht nur Masse eines Mental-, Vital- und Körper-Stoffs, die sich

---

qualifizierte Monismus erkennt die letztliche Einheit des unendlichen universellen Selbst und des endlichen individuellen Selbst an, erklärt aber, dass es gleichwohl eine Unterscheidung zwischen den beiden gebe sowie eine gewisse Begrenzung des Einsseins, und dass diese Begrenzung nicht vorübergehend, sondern ewig sei.

78 Sri Aurobindo, *Briefe über den Yoga,* Bd. 1, S. 277

79 ebd.

80 Sri Aurobindo, *Briefe über den Yoga,* Bd. 1, S. 46

> dauernd verändert und von Geburt zu Geburt verschiedene Formen des Mentals, des Lebens und des Körpers annimmt, so dass es zu keiner Zeit ein reales Selbst oder einen bewussten Grund für ein existentes Wesen hinter diesem ganzen Dahinströmen oder nichts anderes gibt, als nur das Schweigende Sein, das sich um keines dieser Dinge kümmert. Es gibt eine wirkliche und beständige Macht unseres Wesens hinter der fortwährenden Mutation unserer mentalen, vitalen und physischen Personalität. Diese Macht müssen wir erkennen und in unserem Bewusstsein bewahren, damit sich der Unendliche nach Seinem Willen durch sie offenbaren kann, in welchem Bereich und für welche Zwecke Seiner ewigen kosmischen Aktivität auch immer.[81]

Der *Jivatman* wird nicht geboren; er steht über persönlicher Evolution und verändert und entwickelt sich nicht. Was in die Geburt herabkommt und in der Evolution von Leben zu Leben wächst und die physische, vitale und mentale Natur unterstützt, ist das psychische Wesen (griech. psyché = die Seele), die der *Jivatman* repräsentiert.

In Eckharts Lehre – wie im Buddhismus – ist die Vorstellung eines *persönlichen* Selbst völlig illusorisch; so etwas wie ein wahres Selbst des *Individuums* gibt es nicht. Das „innerste Ich", von dem Eckhart spricht, ist nicht ein individuelles Selbst *(Jivatman),* sondern das eine Universelle Selbst *(Atman).* Deshalb wird jemandem, der mit der vorherrschenden hinduistischen Denkweise – wie wir sie in der *Gita* finden – vertraut ist, auffallen, dass Eckharts Lehre eines der wichtigen Hindu-Themen nicht umfasst, nämlich das Wachstum des individuellen Selbst

81 Sri Aurobindo, *Die Synthese des Yoga,* S. 392

(Jivatman) von Leben zu Leben bis zu seiner Befreiung durch die Vereinigung *(yoga)* mit dem Universellen Selbst.

DIE EVOLUTION DES BEWUSSTSEINS

Sri Aurobindo und Eckhart sind vielleicht die einzigen Weltlehrer, die einen Sprung in der Evolution des Bewusstseins und das daraus folgende Hervortreten einer neuen Spezies auf dem Planeten angedeutet haben.

Bei der Beschreibung der Bewusstseinsevolution des Menschen in überwiegend psychologischen Begriffen sagt Eckhart: Die Welt tritt in die Manifestation, wenn Bewusstsein die Maske von unzähligen Gestalten auf dem Land, im Meer und in der Luft annimmt, bis die Formen eine solche Komplexität erreichen, dass das Bewusstsein sich verliert, da es sich mit den Formen identifiziert. Das Bewusstsein im menschlichen Wesen identifiziert sich zur Zeit ganz mit der Maske seiner Form und betrachtet sich als den Verstand. Die gewöhnliche, verstandidentifizierte Verfassung des Menschenwesens ist deshalb ein Zustand von spiritueller Unbewusstheit. Die trügerische Identifikation des Bewusstseins mit dem Verstandesdenken führt unausweichlich zu Dysfunktion und Leiden. Infolge des Leidensdruckes ist das Bewusstsein gezwungen, aus der Illusion zu erwachen, die Identifikation mit seiner äußeren Form zu lösen und seine Selbstbewusstheit wiederzuerlangen. Die Evolution des Bewusstseins besteht in dem Prozess des Erwachens aus dem Traum seiner Identifikation mit der Form.

In metaphysischerer Sprache schreibt Sri Aurobindo über die Evolution des Bewusstseins in der Welt:

Die Wirklichkeit ist das unendliche und ewige Göttliche, das unendliche und ewige Sein, die Bewusstseins-Kraft und Seligkeit. Dieses Göttliche hat durch seine Macht die Welt erschaffen oder, besser gesagt, sie in seinem eigenen, unendlichen Sein manifestiert. Doch hier in dieser stofflichen Welt oder an ihrem Grunde hat es sich in dem, was sein Gegenteil zu sein scheint, verborgen, im Nicht-Sein, in Unbewusstheit und Fühllosigkeit. Dies wird heutigentags das Unbewusste genannt, das durch seine unbewusste Energie das stoffliche Universum erschaffen zu haben scheint; doch dies scheint nur so, denn letzten Endes erkennen wir, dass alle Ordnung dieser Welt allein durch das Wirken einer höchsten geheimen Vernunft entstanden sein kann. Das Sein, verborgen in einer scheinbar unbewussten Leere, taucht auf Erden zuerst in der Materie auf, dann im Leben, dann im Mental und schließlich als der Geist. Die scheinbar unbewusste, erschaffende Energie ist tatsächlich die Bewusstseins-Kraft des Göttlichen; ihr Bewusstseins-Aspekt, in der Materie noch verborgen, beginnt im Leben aufzutauchen, gelangt zu einer weiteren Selbstfindung im Mental und findet schließlich ihr wirkliches Selbst in einem spirituellen und zuletzt einem supramentalen Bewusstsein; durch dieses gelangen wir zur Wahrnehmung der Wirklichkeit, wir werden ihrer inne und werden eins mit ihr. Das ist es, was wir Evolution nennen, eine Evolution des Bewusstseins und eine Evolution des Geistes in den Dingen und nur äußerlich eine Evolution der Arten. Auf diese Weise also taucht die Wonne des Daseins aus der ursprünglichen Fühllosigkeit auf, zuerst in den gegensätzlichen Formen von Freude und Schmerz, um

> sich dann in der Seligkeit des Geistes zu finden oder, wie es in den Upanishaden heißt, in der Seligkeit des Brahman.[82]

Der Begriff von der Evolution des Bewusstseins in den Lehren von Eckhart und Sri Aurobindo unterscheidet sich von den in Indien traditionellen Vorstellungen, die die Welt entweder als Maya – eine Illusion – oder als Lila – ein Spiel – betrachten. Obwohl Eckhart die Formen, die das Bewusstsein annimmt, als illusorisch beschreibt, versteht er unter ihnen etwas, das *vorübergehende Wirklichkeit* besitzt. Mit illusorisch meint er nicht eine bloße Einbildung der Phantasie, wie es Shankaras Konzept der Maya entspricht. Ähnlich schreibt Sri Aurobindo, der die Wirklichkeit der Welt in expliziteren Begriffen verteidigt: „Die Welt ist eine Manifestation des Wirklichen und ist daher selbst wirklich."[83]

Die erhabene Doktrin des *Mayavada* (Illusionismus) gründet laut Sri Aurobindo auf der Erfahrung von Brahman als einer …

> … Leere von allem, was sich hier befindet. Das ist eine Leere von unaussprechlichem Frieden und ein Erlöschen von allem … Jenes Unnennbare, von dem nichts gesagt werden kann. Denn das Universum und alles, was ist, existiert nicht einmal in Jenem. Es erscheint dem Mental nur als ein Traum, der noch substanzloser ist, als man je einen Traum erfahren oder sich vorstellen kann, so dass selbst das Wort Traum als zu positiv erscheint, um seine völlige Unwirklichkeit auszudrücken.[84]

---

82 Sri Aurobindo, *Briefe über den Yoga,* Bd. 1, S. 43 f.
83 Sri Aurobindo, *Briefe über den Yoga,* Bd. 1, S. 43
84 Sri Aurobindo, *Die Synthese des Yoga,* S. 382

Aber Sri Aurobindo teilt seinem Leser auch mit:

> Maya ist eine Verwirklichung, eine wichtige Verwirklichung, die Shankara besonders hervorhob, weil sie für seine eigene Erfahrung überaus lebendig war. Du selbst überlasse das Wort *[maya]* nur untergeordnetem Gebrauch und halte dich eher an die Idee von Lila, einem tieferen und durchdringenderen Wort als Maya. Lila schließt die Idee von Maya ein und geht über diese hinaus; auch hat sie nicht jene Assoziation mit der Nichtigkeit aller Dinge, nutzlos für dich, der die Wahl traf, mit Sri Krishna zu bleiben und zu spielen. …[85]

(Das *Mahabharata* beschreibt Krishna im Spiel mit den Kuhhirtinnen – das Göttliche in einem Spiel mit menschlichen Seelen.)

Eckhart sieht den Aspekt von Lila, das Spiel, das Gott zu spielen scheint, indem er Millionen von Lebensformen in der Welt erschafft und jede Form millionenfach vervielfältigt. Doch Eckhart betrachtet es als ein Spiel von Bedeutung, die über die schiere Freude am Spielen hinausgeht. Als ein Resultat der Manifestation findet eine *Evolution* von Bewusstsein statt, denn wenn Bewusstsein seiner selbst wieder bewusst wird, nachdem es sich im Prozess der Manifestation in Unbewusstheit verloren hatte, führt das Wiedererlangen der Selbstbewusstheit zu einem höher entwickelten und tieferen Bewusstseinszustand als dem, der existiert, bevor er sich in der Unbewusstheit verlor. Ähnlich sagt Sri Aurobindo, dass der Begriff von Lila „das Geheimnis des Entzückens im Kern der Dinge“ berühre, doch er fügt hinzu:

---

85 Sri Aurobindo, *The Yoga and Its Objects* in: *The Supramental Manifestation and Other Writings*, vol. 16, p. 428 f.

„Es gibt mehr hier in der Welt als ein Spiel geheimen Entzückens; es gibt Wissen, es gibt Macht, es gibt einen Willen und eine mächtige Anstrengung."[86]

> … die Welt [ist] weder eine Schöpfung der Maya, noch Lila, ein Spiel des Göttlichen, noch ein Geburtenkreislauf in der Unwissenheit, dem wir zu entkommen haben, sondern ein Bereich der Manifestation; in diesem findet eine fortschreitende Evolution der Seele und der Natur in der Materie statt und von der Materie durch Leben und Mental zu dem, was sich jenseits des Mentals befindet, bis sie die vollständige Enthüllung von Satchitananda im Leben erreicht hat.[87]

DER VERSTAND UND DAS SPIRITUELLE LEBEN

Es gibt sowohl Ähnlichkeiten als auch Unterschiede in den Aussagen von Eckhart und Sri Aurobindo in Bezug auf die Rolle des Verstandes im spirituellen Leben. Für Eckhart ist der Verstand aus spiritueller Sicht die Abwesenheit von Bewusstsein. Mit dem Verstandesdenken identifiziert zu sein heißt, unbewusst zu sein; es heißt, *nicht* gegenwärtig zu sein. Das eine Ziel des spirituellen Lebens ist es, sich von dem unbewussten Zustand der Identifikation mit dem Verstandesdenken zu befreien. Eckhart räumt ein, dass der Verstand eine Form von Intelligenz oder Bewusstsein ist; er ist nur ein winziger Aspekt der unermesslichen Intelligenz, die im Universum wirkt. Der Verstand ist, laut Eckhart, ein wunderbares Werkzeug für praktische Zwecke, doch im spirituellen Leben gebe es keine hilfreiche Rolle für ihn. Im Ge-

---

86 Sri Aurobindo, *The Upanishads,* vol. 12, p. 119
87 Sri Aurobindo, *Briefe über den Yoga,* Bd. 1, S. 71

genteil: Er sei das größte Hindernis, das es zu überwinden gelte, weil man dazu neige, sich mit ihm zu identifizieren und ihn irrtümlich für das Selbst zu halten. Deshalb verwendet Eckhart nur wenige mentale Konzepte und betrachtet die „Information“ in Gestalt von Begriffen und Ideen als den am wenigsten wichtigen Teil seiner Lehren. Die Funktion eines spirituellen Lehrers bestehe darin, die Gegenwärtigkeit zu wecken. Dies geschehe durch Ansteckung mit Hilfe von Worten, die mit Präsenz geladen sind und eine weit größere Dimension besitzen als der mentale Gehalt, den sie vermitteln. Spirituelles Lehren, so Eckhart, bestehe vielmehr in einer Übertragung von Gegenwärtigkeit als in der Weitergabe von Ideen.[88]

Sri Aurobindo beschreibt das Mental auf ähnliche Weise, nämlich als ein „*Unwissenheits*-Bewusstsein“, das er von dem *Wahrheits*-Bewusstsein unterscheidet, das er Supramental nennt. Das Supramentale ist nicht, wie der Begriff vermuten ließe, eine vergrößerte Form des gewöhnlichen Mentals, sondern eine Wirklichkeit, die *supra*mental ist, das heißt *jenseits* des und über dem Mentalen und von diesem *radikal verschieden.* Das Mental, sagt Sri Aurobindo, sei die höchste Stufe von Bewusstsein, die im Laufe der Evolution bis heute hervorgetreten ist. Sie stelle eine höhere Ebene des Bewusstseins dar als die unter ihm liegenden, nämlich das Vitale, das Physische, das Unterbewusste und das Unbewusste. In all den Jahrtausenden der spirituellen Geschichte der Welt hat sich nur eine relativ sehr kleine Zahl von Menschen über das Mental hinausentwickelt. Laut Sri Aurobindo hat sich selbst das Mental noch nicht voll entfaltet – außer in einer kleinen Minderheit: Die meisten Menschenwesen werden immer noch von dem vitalen Bewusst-

88 Sri Aurobindos Ansichten über die Mittel des spirituellen Lehrens stehen in Anhang II: Die drei Instrumente des Lehrers.

sein beherrscht, das für die animalische Stufe der Evolution typisch ist. Sri Aurobindo schreibt:

> Die meisten Menschen leben im Vital. Das bedeutet, dass sie in ihren Wünschen, Wahrnehmungen, Emotionen und vitalen Vorstellungen leben und alles von diesem Standpunkt aus betrachten, erfahren und beurteilen. Es ist das Vital, wovon sie beherrscht werden, und das Mental ist sein Diener und nicht sein Herr. … Nur eine Minderheit von Menschen lebt im Mental oder in der Seele[89] oder macht den Versuch, auf der spirituellen Ebene zu leben.[90]

> … die meisten Menschen [leben] in ihrem physischen Mental[91] und Vital, mit Ausnahme einiger weniger Heiliger und einer verhältnismäßig großen Zahl Intellektueller. Das ist der Grund – wie man jetzt weiß –, weshalb die Menschheit in den letzten drei Jahrtausenden wenig Fortschritte gemacht hat, es sei denn an informativen Kenntnissen und materiellem Rüstzeug.[92]

Weil das mentale Bewusstsein eine höhere oder weiter entwickelte Bewusstseinsstufe darstellt als die des vitalen, aus dem die Menschen immer noch nicht ganz herausgewachsen sind,

---

89 Die Seele steht für das wahre, individuelle Selbst.

90 Sri Aurobindo, *Briefe über den Yoga,* Bd. 4, S. 53

91 Sri Aurobindo unterscheidet drei Hauptarten des gewöhnlichen Mentals: das eigentliche Mental *[mind proper],* welches vor allem das Denken oder der Intellekt ist; das vitale Mental oder Mental des Begehrens *[vital mind].* Das physische Mental ist der Teil *[physical mind],* der nur mit physischen Dingen befasst und auf das physische Sehen und Erleben von Dingen begrenzt ist. Eng verbunden mit dem physischen Mental ist das mechanische Mental *[mechanical mind],* welches alles Geschehene weiter wiederholt.

92 Sri Aurobindo, *Briefe über den Yoga,* Bd. 4, S. 53

wird das Mental im Yoga nicht nur als ein nützliches, sondern auch in mancher Hinsicht unverzichtbares Werkzeug betrachtet – bis es durch ein höheres oder tieferes Bewusstsein ersetzt werden kann. Deshalb wird das Mental in verschiedenen spirituellen Disziplinen generell genutzt, um zwei wichtige Funktionen im spirituellen Leben zu erfüllen: Erstens wird es benötigt, um ein mentales Verständnis von dem Aufbau des Menschen und von den Prozessen und Prinzipien zu erlangen, nach denen er seine gewöhnliche Natur so transformieren kann, dass sie schließlich eine höhere Bewusstseinsstufe manifestiert. Der Leser möge sich die vier Hilfen auf dem spirituellen Pfad in den Sinn rufen, die im *Mahabharata* genannt und bereits weiter oben angesprochen wurden. Die erste der vier Hilfen *(shastra),* bestehend aus dem „Wissen der Wahrheiten, der Prinzipien, Mächte und Prozesse, welche die Verwirklichung lenken", ist gewöhnlich das mentale Wissen, das man aus Büchern und von Lehrern erlangt. Fast alles spirituelle Lehren beginnt mit einigen mentalen Konzepten, so auch der Aufbau der *Gita* mit dem Kapitel über „*Buddhi*[93]-Yoga", den „Yoga des intelligenten Willens", und enthält die …

> … ersten notwendigen Lichtstrahlen auf dem Weg, die nicht wie jenes Wort an die Seele, sondern an den Intellekt gerichtet sind. … Nicht der Freund des Menschen und der ihn Liebende spricht am Anfang, sondern der Führer und Lehrer, der die Unwissenheit hinsichtlich seines wahren Selbst, der Art der Welt und der Triebfedern seines eigenen Handelns von ihm zu nehmen hat.[94]

Aus Sri Aurobindos Sicht ist mentales Wissen hilfreich – be-

93 Buddhi ist das unterscheidende Prinzip, zugleich Intelligenz (denkendes Mental) und mentaler Wille.

94 Sri Aurobindo, *Essays über die Gita,* S. 96

sonders im frühen Stadium –, doch nicht unverzichtbar, denn „es [gibt] zwei Arten des Verstehens – Verstehen mit Hilfe des Intellektes und Verstehen im Bewusstsein. Ersteres in exakter Form zu haben, ist gut, aber nicht unerlässlich“.[95]

> Es genügt nicht, dass wir uns durch das Lesen heiliger Schriften oder durch eine anstrengende philosophische Beweisführung nur einem intellektuellen Verstehen des Göttlichen Wesens hingeben. Sonst könnten wir vielleicht am Ende unseres langen mentalen Mühens alles wissen, was über den Ewigen ausgesagt wurde, und alles innehaben, was über den Unendlichen gedacht werden kann – aber ihn selbst würden wir ganz und gar nicht kennen. Diese intellektuelle Vorbereitung kann in einem machtvollen Yoga die erste Stufe sein; sie ist aber keineswegs unerlässlich. Das ist kein Schritt, den alle zu machen brauchen oder zu dem sie aufgefordert werden sollen. Wäre die intellektuelle Form des Wissens, zu der man durch die spekulative oder meditative Vernunft gelangt, die unentbehrliche Voraussetzung oder bindende Vorstufe für den Yoga, dann wäre er für alle außer ein paar wenigen eine Unmöglichkeit.[96]

> Mentales Wissen ist von geringem Wert, außer vielleicht als eine Einführung, die auf das wahre Wissen hinweist, welches von einem direkten Bewusstsein der Dinge stammt.[97]

95 Sri Aurobindo, *Briefe über den Yoga*, Bd. 4, S. 9
96 Sri Aurobindo, *Die Synthese des Yoga*, S. 91 f.
97 Sri Aurobindo, *Briefe über den Yoga*, Bd. 4, S. 19

> Du musst durch Erfahrung lernen. Mentale Information (schlecht verstanden, wie ohne Erfahrung immer) könnte eher hindern als helfen. Tatsächlich gibt es kein festes mentales Wissen über diese Dinge, die unendlich verschieden sind. Du musst lernen, das Verlangen nach mentaler Information hinter dir zu lassen und dich für den wahren Weg des Wissens zu öffnen.[98]
>
> Wovor der Sadhaka hinsichtlich der falschen Denk-Vorgänge besonders gewarnt werden muss, ist erstens, mentale Ideen und Eindrücke oder intellektuelle Schlussfolgerungen für die Verwirklichung zu halten, und zweitens vor der rastlosen Tätigkeit des reinen Mentals, welche die spontane Genauigkeit der seelischen[99] und spirituellen Erfahrung beeinträchtigt und für die Herabkunft des wahren, erleuchtenden Wissens keinen Platz lässt oder aber sie entstellt, sobald die menschlich-mentale Ebene voll berührt wird oder sogar noch vorher.[100]

Eckhart misst dem mentalen Wissen in der spirituellen Lehre nur wenig Bedeutung zu, während Sri Aurobindo eine intellektuelle Vorbereitung als einen möglichen „ersten Schritt in einem machtvollen Yoga" im spirituellen Leben betrachtet. Dies hat seinen Grund vermutlich darin, dass Eckhart eine Transformation ohne vorausgegangenen Erwerb mentalen Wissens über das spirituelle Leben erfuhr. Das mentale Verständnis seines Erlebnisses erlangte er beträchtlich später, als er spirituelle Bücher gelesen und Lehrer besucht hatte. Erst nachträglich wurde es

98 Sri Aurobindo, *Briefe über den Yoga,* Bd. 4, S. 11
99 Dies bezieht sich auf das innerste Wesen des Individuums.
100 Sri Aurobindo, *Briefe über den Yoga,* Bd. 4, S. 1

ihm möglich, seine Erfahrung in Begriffen von Konzepten wie „Stillstand des Denkens", „Präsenz" und „gedankenloses Gewahrsein" zu verstehen.

Es kann in der Tat von Vorteil sein, ein spirituelles Erlebnis ohne mentales Wissen darüber zu haben. Die Mutter sagt dazu:

> Am interessantesten waren für mich immer die Fälle von Leuten, die nichts gelesen hatten, die aber eine ganz glühende Aspiration hatten und mich aufsuchten mit den Worten: „Ich habe etwas Komisches erlebt, ich hatte diese außergewöhnliche Erfahrung, was kann denn das bedeuten?" Und dann beschreiben sie einem eine Regung, eine Schwingung, eine Kraft, ein Licht, irgendetwas, das hängt von jedem Einzelnen ab, und sie beschreiben einem das, dass es so verlaufen ist und dass es dann so kam und dass dann das kam und dann das, und was das bedeuten soll, das alles. Da ist man dann auf der guten Seite. Man weiß, das ist keine eingebildete Erfahrung, das ist eine aufrichtige, spontane Erfahrung, und sie hat immer eine größere Transformationskraft als die Erfahrung, die von einem mentalen Wissen herbeigeführt wurde.[101]

Aber es gibt auch einen Nachteil, wenn man etwas ohne vorhandenes mentales Verständnis erlebt. Sri Aurobindo schreibt:

> Der Nachteil für denjenigen, der mental keine Kenntnis besitzt, besteht darin, dass er die empfangene Erfahrung nicht versteht, und dies mag eine Behinderung oder zumindest eine Verzögerung in der Entwicklung bedeuten,

101 Die Mutter, *Gespräche 1955*, S. 200

> weil er einen Fehler nicht so leicht ablegen könnte wie einer, dessen Mental erleuchteter ist.[102]

Einen Fehler, den spirituell Suchende häufig machen, bezieht sich auf innere Erfahrungen. Sri Aurobindo betrachtet den Verstand als nützliches Instrument, das im spirituellen Leben hilft, zwischen Pseudo-Erfahrungen und echten spirituellen Erlebnissen zu unterscheiden. Sri Aurobindo schrieb seinem Schüler:

> Eine Nachahmung von höheren Erfahrungen entsteht, wenn sich Mental oder Vital einer Idee oder Eingebung bemächtigen und sie in eine Empfindung wenden, während ein Ansturm von Kräften stattfindet und ein Gefühl des Jubels, der Macht usw. herrscht. Es kommen alle Arten von „Geboten", Visionen, vielleicht „Stimmen". Es gibt nichts Gefährlicheres als diese Stimmen; wenn ich von jemandem erfahre, dass er eine „Stimme" hört, fühle ich mich immer unbehaglich – obwohl es echte und hilfreiche Stimmen geben kann – und hätte gute Lust zu sagen: „Keine Stimmen bitte – Schweigen, Schweigen und ein klarer, unterscheidender Kopf." In meinen Brief über den Zwischenbereich[103] finden sich Andeutungen über diese Region der nachahmenden Erfahrungen, fal-

---

102 Sri Aurobindo, *Briefe über den Yoga,* Bd. 3, S. 30

103 „Ich meine damit (mit dem Zwischenbereich), dass der Sadhaka, wenn er über die Schranken seines verkörperten persönlichen Mentals hinausgelangt, in einen weiten Bereich von Erfahrungen eintritt, die nicht mehr aus der begrenzten, soliden physischen Wahrheit der Dinge bestehen, aber auch noch nicht aus der spirituellen Wahrheit der Dinge. Es ist ein Bereich von mentalen, vitalen und feinstofflichen Gestaltungen, und was auch immer man gestaltet oder was durch die Kräfte dieser Welten in uns gestaltet wird, erscheint dem Sadhaka für eine gewisse Zeit als die Wahrheit – außer er wird von jemandem geführt und folgt dieser Führung. Später, nachdem er ihn [diesen Bereich] hinter sich gelassen hat, erkennt er, woraus er bestand, und geht weiter in die subtile Wahrheit der Dinge." (Sri Aurobindo, *Briefe über den Yoga,* Bd. 3, S. 193)

> schen Inspirationen, falschen Stimmen – Hunderte von Yogis treten dort ein und einige kommen niemals mehr heraus. Wenn ein Mensch einen klugen, urteilsfähigen Kopf und einen gewissen spirituellen Skeptizismus hat, vermag er hindurchzugehen und tut es auch – aber Menschen ohne Unterscheidungsvermögen, wie Y oder Z, verlieren sich dort.[104]

Damit weist Sri Aurobindo auf die Notwendigkeit hin, von seinem Verstand („ein klarer, unterscheidender Kopf") Gebrauch zu machen, um sich nicht von pseudo-spirituellen Erlebnissen in die Irre führen zu lassen.

Ein weiterer Unterschied in der Einschätzung der beiden Lehrer in Bezug auf die Rolle des Verstandes im spirituellen Leben beruht auf der Tatsache, dass Eckhart das, was Sri Aurobindo als Vital bezeichnet, als einen Teil des mit dem Verstandesdenken identifizierten Selbst betrachtet, während Sri Aurobindo klar zwischen dem Mental und dem Vital unterscheidet. In diesem Zusammenhang schreibt er:

> In der Sprache dieses Yoga werden die Worte „Mental" und „mental" benutzt, um insbesondere den Teil der Natur zu bezeichnen, der mit Erkennen und Vernunft zu tun hat, mit Ideen, mit mentalen oder gedanklichen Wahrnehmungen … Das Vital muss sorgfältig vom Mental unterschieden werden, auch wenn es von einem mentalen Element durchsetzt ist; das Vital ist die Lebensnatur, die sich aus Begierden, Gefühlen, Erregungen, Leidenschaften, Tat-Energien, dem Begierden-Willen und den Reaktionen der Begierden-Seele im Menschen zusammensetzt

104 Sri Aurobindo, *Briefe über den Yoga,* Bd. 3, S. 202 f.

> und aus jenem ganzen Spiel von besitzergreifenden und anderen, verwandten Instinkten, wie Ärger, Furcht, Gier, Lust usw., die alle in diesen Bereich der menschlichen Natur gehören. Mental und Vital werden an der Oberfläche des Bewusstseins miteinander vermengt, doch sind sie in sich ganz getrennte Kräfte; sobald man aber hinter das gewöhnliche Oberflächenbewusstsein gelangt, erkennt man sie als getrennt, man entdeckt ihren Unterschied und vermag mit Hilfe dieses Wissens ihre Vermengung an der Oberfläche zu analysieren.[105]

Weil das Mental, wie bereits festgestellt, im evolutionären Sinne eine höhere Stufe des Bewusstseins ist als das Vital, hat es aus der Sicht Sri Aurobindos eine nützliche und unverzichtbare Funktion beim Entwachsen des Menschen aus dem Vital-Bewusstsein. Laut Yoga-Psychologie ist das Mental nicht nur mit Intelligenz, sondern auch mit Willenskraft begabt. Wie die mentale Intelligenz, ungeachtet ihrer extremen Begrenzungen, ein nützliches Werkzeug für Wachstum hin zu spirituellem Wissen ist, so dient der mentale Wille, trotz seiner extrem begrenzten Macht, einer unverzichtbaren Funktion im Umgang mit dem Vital – nicht nur im gewöhnlichen, sondern auch im spirituellen Leben. Sri Aurobindo stellt fest:

> Der Wille ist ein Teil des Bewusstseins und sollte in den Menschen das Hauptelement sein, welches die Tätigkeiten der Natur kontrolliert.[106]
>
> Ganz abgesehen vom Yoga, auch im gewöhnlichen Leben haben nur diejenigen ihr volles Menschsein erreicht

---

105 Sri Aurobindo, *Briefe über den Yoga,* Bd. 1, S. 333 f.
106 Sri Aurobindo, *Briefe über den Yoga,* Bd. 4, S. 493

> oder werden aller Wahrscheinlichkeit nach mit ihren Idealen oder Unternehmungen erfolgreich sein, die dieses rastlose Vital in die Hand nehmen, es konzentrieren, kontrollieren und disziplinieren. Es geschieht durch die Ausübung des mentalen Willens, durch die sie es dazu zwingen, nicht das zu tun, was es will, sondern was die Vernunft oder der Wille als das Richtige oder Wünschenswerte erkennt. Im Yoga gebraucht man den inneren Willen und zwingt das Vital, sich der *tapasya* zu unterwerfen[107], damit es ruhig, stark und gehorsam werde – oder aber man ruft die Stille von oben, die das Vital nötigt, dem Begehren zu entsagen und ruhig und aufnahmebereit zu werden.[108]
>
> Der mentale Wille ist notwendig, solange nicht ein fortwährendes Wirken der Kraft[109] oder aber des tieferen Willens von innen besteht.[110]

Sowohl Sri Aurobindo als auch Eckhart sagen: Der mentale Wille vermag die Begierde-Natur nicht zu transformieren, er kann nur eine gewisse Kontrolle über Impulse und Begierden ausüben. Doch während Sri Aurobindo eine solche Kontrolle über das Vital durch Ausübung des mentalen Willens – oder den Willen des inneres Wesens – für unerlässlich hält, bis man die göttliche Kraft herabrufen kann, lautet Eckharts Aufforderung einfach, Präsenz in alles einzubringen, was in einem aufsteigt. Die Menschen, die zu ihm kommen, sagt er, scheinen für das Aufkommen der Gegenwärtigkeit bereit zu sein.

---

107 Anstrengung des persönlichen Willens

108 Sri Aurobindo, *Briefe über den Yoga,* Bd. 4, S. 49 f.

109 die göttliche Kraft

110 Sri Aurobindo, *Briefe über den Yoga,* Bd. 4, S. 491

Sowohl in Sri Aurobindos Yoga als auch in Eckharts Lehre gibt es keinen mentalen Verhaltenskodex wie das *Yama-Niyama* (Gebote und Verbote) des Patanjali oder den *Achtfachen Pfad* des Buddhismus zur Vorbereitung und Läuterung der gewöhnlichen Natur.

DER VERSTAND[111] UND DAS BETRACHTER-BEWUSSTSEIN

Ein deutlicherer Unterschied in den Aussagen von Eckhart und Sri Aurobindo über den mentalen Willen im spirituellen Leben besteht vielleicht in Bezug auf das Betrachter-Bewusstsein. Wie bereits weiter oben in diesem Kapitel festgestellt, bedeutet die Identifikation mit dem Verstandesdenken aus Eckharts Sicht, sich in einem Zustand der Unbewusstheit zu befinden – in einem Zustand, in dem man nicht gegenwärtig ist. In der Identifikation mit dem Verstandesdenken besitzt man also kein Betrachter-Bewusstsein. Wie wir jedoch in dem vorausgegangenen Kapitel festgestellt haben, gibt es laut Sri Aurobindo auch im Mental ein Betrachter-Bewusstsein, denn er unterscheidet zwei Aspekte von Bewusstsein auf jeder Ebene – physisch, vital, mental. Ein Teil des Bewusstseins, Prakriti oder Natur genannt, ist aktiv und beteiligt und relativ unbewusst. Der andere Teil, Purusha, Person oder Seele genannt, tritt zurück und beobachtet als Betrachter. Folglich gibt es auf jeder der drei Ebenen – physisch, vital und mental – ein Betrachter-Bewusstsein. In Beantwortung einer Frage, die ein Schüler bezüglich der Bedeutung des „mentalen Betrachters" stellte, von dem Sri Aurobindo gesprochen hatte, erklärte die Mutter:

---

111 Orig. *mind*

> Zeugen gibt es überall. Es ist eine Fähigkeit des Wesens, sich loszulösen, sich im Hintergrund zu halten und zuzuschauen, was vor sich geht, als beobachte man, was auf der Straße passiert, oder schaute den andern beim Spielen zu und spielte nicht selbst mit; man bleibt sitzen, man schaut den andern zu, wie sie sich bewegen, man bewegt sich nicht. So ist das.
>
> In allen Teilen des Wesens ist ein Teil, der das machen kann: sich in den Hintergrund stellen, still bleiben und schauen, ohne teilzunehmen. Das nennt man den Zeugen. Man hat viele Zeugen in sich, und oft ist man sogar Zeuge, ohne es zu merken. Und wenn man das trainiert, ist einem immer die Möglichkeit gegeben, still zu sein und von den Dingen nicht berührt zu werden. Man löst sich davon los, man betrachtet sie wie eine Theaterszene, ohne daran teilzuhaben.[112]

Sri Aurobindo drückt mit seinem psychologischen Denken die oben erwähnte Samkhya-Unterscheidung zwischen Purusha und Prakriti in Begriffen des inneren (oder wahren) Wesens und des äußeren oder oberflächlichen Wesens aus. Er schreibt:

> Im menschlichen Wesen bestehen immer zwei verschiedene Arten von Bewusstsein, eines nach außen gerichtet, in dem es normalerweise lebt, das andere innerlich und verborgen, von dem es nichts weiß.[113]
>
> Es gibt, um es so auszudrücken, zwei Wesen in uns, eines an der Oberfläche, unser gewöhnliches äußeres Mental-, Lebens- [Vital-] und Körper-Bewusstsein, und

---

112 Die Mutter, *Gespräche 1954,* S. 400
113 Sri Aurobindo, *Briefe über den Yoga,* Bd. 1, S. 319

> ein anderes hinter dem Schleier, ein inneres Mental, ein inneres Leben, ein inneres physisches Bewusstsein, die ein ganz anderes oder inneres Selbst bilden.[114]

Das innere, soeben erwähnte Mental – vielleicht das, was einige Zen-Meister „Zen-Geist" nennen oder den „tieferen Geist" –, ist der Zeuge und Betrachter im Mental. Wir zitieren Sri Aurobindo aus dem vorangegangenen Kapitel:

> Sogar das Mental vermag dies – ein Mensch kann in seinem Mental-Bewusstsein zurücktreten und die mentale Energie[115] beobachten, wie sie Dinge tut, wie sie denkt, plant usw. Alle Innenschau gründet auf der Tatsache, dass man sich derart in ein beobachtendes Bewusstsein und in eine wirkende Energie teilen kann. Dies sind elementare Dinge, die jeder wissen sollte. Und jeder kann es mit nur ein wenig Übung selbst durchführen – derjenige, der seine eigenen Gedanken, Gefühle und Taten beobachtet, hat bereits begonnen, es zu tun. Im Yoga machen wir diese Teilung vollständig – das ist alles.[116]

Es ist das innere Mental, der mentale Purusha, das als Betrachter zurückzutreten und das äußere Wesen zu beobachten vermag – welches, wie bereits festgestellt, vor allem von der vitalen Natur (Begierden und Emotionen) beherrscht wird –, und dadurch zu Losgelöstsein, Freiheit und Freude gelangen kann. Sri Aurobindo stellt fest:

---

114 Sri Aurobindo, *Briefe über den Yoga,* Bd. 3, S. 153 f.
115 Aus der Sicht des Yoga ist Prakriti oder Natur: Energie.
116 Sri Aurobindo, *Briefe über den Yoga,* Bd. 2, S. 324

Darum muss sich der mentale *Purusha* von seiner engen Verbundenheit und Selbst-Identifikation mit diesem Wunsch-Mental lostrennen. Er muss sagen: „Ich bin nicht dieses Ding, das ringt und leidet, Kummer und Freude empfindet, liebt und hasst, hofft und enttäuscht ist, ärgerlich, erschrocken, lustig und niedergeschlagen wird, dieses Gebilde aus vitalen Launen und Leidenschaften. Das alles sind nur die Wirkensweisen und Gewohnheiten der *Prakriti* im Empfindungs-Mental und im Gefühls-Mental." Dann zieht sich das Mental aus seinen Gefühlen zurück und wird diesen gegenüber (ebenso wie gegenüber den körperlichen Regungen und Erfahrungen) zum Beobachter oder Zeugen. So kommt es auch hier wieder zu einer inneren Spaltung. Da ist einerseits das Gefühls-Mental, in dem jene Launen und Leidenschaften je nach der Gewohnheit der Seinsweisen in der Natur immer weiter auftreten. Andererseits ist da das beobachtende Mental, das diese Stimmungen sieht, sie studiert und versteht, aber von ihnen völlig distanziert bleibt. Es beobachtet sie, als ob sie auf einer mentalen Bühne und von Personen aufgeführt würden, die nichts mit ihm zu tun haben. Das geschieht zuerst mit Interesse und der Gewohnheit, wieder in die Identifikation zurückzufallen. Dann beobachtet das Mental sie völlig ruhig und gelöst. Schließlich gelangt es zu tiefer Freude an seiner schweigenden Existenz. Es lächelt nun über ihre Unwirklichkeit, als seien sie die eingebildeten Freuden und Kümmernisse eines Kindes, das spielt und sich selbst in das Spiel verliert.[117]

117 Sri Aurobindo, *Die Synthese des Yoga,* S. 368 f.

VERSTAND, DENKEN UND STILLE

Der Kern von Eckharts Lehren bezieht sich auf Verstand, Denken und Stille. Die folgenden Aussagen wurden nach seinen Veröffentlichungen und Vorträgen formuliert, um diese zentralen Lehren kurz zusammenzufassen:

Die gewöhnliche oder normale Verfassung des Menschenwesens auf der derzeitigen Stufe der Bewusstseinsevolution ist ein Zustand der Identifikation mit Verstand und Denken. Mit anderen Worten, der Mensch hat gewöhnlich ein auf seinem Verstand oder Denken beruhendes Selbstempfinden. Aus spiritueller Sicht ist dies ein Zustand der Unbewusstheit; man ist verloren im Denken und lebt inmitten ununterbrochenen mentalen Lärmes.

Die Identifikation mit dem Verstandesdenken lässt ein falsches Selbst entstehen – das Ego, ein Ersatz für das wahre Selbst. Das wahre Selbst ist die Essenz des Wesens und von allem Sein. Es gehört zu dem Reich des Bewusstseins ohne Denken. Dies ist ein Bereich der Stille und Gegenwärtigkeit. Die nächste Stufe in der menschlichen Evolution ist der Aufstieg über den Verstand hinaus; er lässt das Denken hinter sich.

Auch Sri Aurobindo spricht von der nächsten Stufe in der Bewusstseinsevolution, einem Hervortreten eines Prinzips *jenseits* des Mentalen – er nennt es Supramental. In Eckharts Lehren bezieht sich der Verstand immer auf das gewöhnliche Verstandesdenken. Sri Aurobindo hingegen trifft folgende Unterscheidungen:

1. Verschiedene, unterscheidbare Teile des gewöhnlichen Mentals

2. Das gewöhnliche äußere Mental und das innere oder unterschwellige Mental

3. Unterschiedliche Ebenen des spirituellen Mentals über dem gewöhnlichen Mental

Teile des gewöhnlichen Mentals

Die verschiedenen Teile des gewöhnlichen Mentals (das denkende Mental, das vitale Mental und das physische Mental) sind schon in Kapitel 1 angesprochen worden. Eckhart betrachtet jede und alle Aktivität des Verstandes als mentalen Lärm. Eckhart scheint zu lehren, dass das Verstandesdenken zu existieren aufhört, wenn man in den Bereich oberhalb des Verstandes, die Stille, aufsteigt. Sri Aurobindo wiederum beschreibt die Aktivität, die mit dem physischen Mental eng verbunden ist, als „Stimmengewirr" – insbesondere die des mechanischen Mentals. Schweigen müsse in alle Teile des gewöhnlichen Mentals einkehren, damit sich das höhere Bewusstsein manifestiert. Doch er betrachtet das Mental als ein für das Leben auf Erden unverzichtbares Instrument, wie den physischen Körper. Jeder Teil des gewöhnlichen Mentals habe seine eigenen nützlichen Funktionen. Diese Funktionen können in einem Zustand der Stille ausgeführt werden, insofern ist die Aktivität des Mentals mit dem Schweigen nicht unvereinbar.

Das äußere (gewöhnliche) Mental und das innere (unterschwellige) Mental

Das innere Mental wurde in diesem Kapitel im Zusammenhang mit dem Betrachter-Bewusstsein bereits angesprochen.

Ebenen des spirituellen Mentals oberhalb des gewöhnlichen Mentals

Sri Aurobindo spricht von unterschiedlichen Ebenen mentaler Existenz oberhalb des gewöhnlichen Mentals. In aufsteigender Folge sind dies:

- *Höheres Mental:* Eine erste Ebene von spirituellem Bewusstsein, wo man des Selbst ständig gewahr ist. Das gewöhnliche Mental ist ein Denk-Mental, das höhere Mental ein „erleuchtetes Denk-Mental, das Mental eines aus dem Geist geborenen begrifflichen Erkennens".[118]

- *Erleuchtetes Mental:* „Nicht mehr ein Mental des höheren Denkens, sondern ein solches spirituellen Lichtes."[119]

- *Intuition:* Ein Mental, das die Wahrheit in blitzartigen Eindrücken empfängt, die es in intuitive Ideen verwandelt.

- Übermental: Die höchste Ebene des Mentals unterhalb dessen, was jenseits des Mentals ist – des Supramentals. Das Supramental ist das totale Wahrheits-Bewusstsein,

118 Sri Aurobindo, *Das göttliche Leben*, Bd. II/2, S. 355
119 Sri Aurobindo, *Das göttliche Leben*, Bd. II/2, S. 360

> während das Übermental die Wahrheit in separate Aspekte aufbricht, deren jeder als die einzige oder Hauptwahrheit betrachtet werden kann.

In einer großartigen Darlegung dieser überbewussten Ebenen des Mentalen schreibt Sri Aurobindo:

> Erkennen wir doch eine Stufenfolge des Aufstiegs, eine Kommunikation mit immer hellerem Licht und unermesslicher Macht von oben, eine Stufenfolge intensiver Erfahrungen, die wir als ebenso viele Stufen im Aufstieg vom Mental wie in der Herabkunft von Jenem, das jenseits von ihm ist, in das Mental sehen können. Wir erkennen, wie, einem Ozean gleich, Massen eines spontanen Wissens herabströmen, das den Charakter von Denken annimmt. Es ist aber von anderer Art als der von uns gewohnte Denkprozess: Hier gibt es kein Suchen, keine Spur von mentaler Konstruktion, kein spekulatives Mühen oder schwieriges Entdecken. Es ist ein automatisches und spontanes Erkennen aus einem Höheren Mental, das im Besitz der Wahrheit zu sein scheint und nicht nach verborgenen, uns vorenthaltenen Wirklichkeiten zu suchen braucht. Wir beobachten, dass dieses Denken viel eher fähig ist als das Mental, gleichzeitig eine Masse von Erkenntnis in einer einzigen Schau zusammenzufassen. Es hat kosmischen Charakter, trägt nicht den Stempel individuellen Denkens. Jenseits von diesem Wahrheits-Denken können wir eine größere Erleuchtung unterscheiden, die erfüllt ist von vermehrter Macht, Intensität und Antriebskraft, eine Lichtfülle von der Art eines Wahrheits-Schauens

mit Denk-Formulierungen nur als dessen minderer und abhängiger Wirkensweise. Wenn wir das vedische Bild von der Sonne der Wahrheit annehmen – ein Bild, das in dieser Erfahrung zu einer Wirklichkeit wird –, können wir das Wirken des Höheren Mentals mit ruhigem, klarem, heiterem Sonnenschein vergleichen. Die Energie des Erleuchteten Mentals über ihm entspricht einem Ausbruch massierter Blitze von flammender Sonnensubstanz. Weiter oben können wir auf eine noch größere Ansammlung von Wahrheits-Kraft treffen, auf unmittelbare exakte Wahrheits-Schau, ein Wahrheits-Denken, Wahrheits-Empfinden, Wahrheits-Fühlen, Wahrheits-Handeln, dem wir in besonderem Sinn den Namen Intuition geben können. Wenn wir auch dieses Wort mangels eines besseren für jede supra-intellektuelle unmittelbare Art des Erkennens verwendet haben, so ist doch das, was wir tatsächlich als Intuition kennen, nur diese eine spezielle Bewegung selbst-seienden Wissens. Dieser neue Bereich ist sein Ursprung. Er vermittelt unseren Intuitionen etwas von seinem besonderen Charakter und ist ganz deutlich Vermittler eines größeren Wahrheits-Lichtes, mit dem unser Mental nicht unmittelbar in Verbindung treten kann. Am Ursprung dieser Intuition entdecken wir ein überbewusstes kosmisches Mental, das in direktem Kontakt mit dem Supramentalen Wahrheits-Bewusstsein steht, eine ursprüngliche Intensität, die bestimmend wirkt auf alle Bewegungen unterhalb von ihr und auf alle mentalen Energien – nicht ein Mental, wie wir es kennen, sondern ein Übermental, das wie mit den weiten Schwingen einer schöpferischen Überseele diese ganze niedere

> Hemisphäre von Wissen-Unwissenheit bedeckt, sie mit jenem größeren Wahrheits-Bewusstsein verbindet, wobei es jedoch zugleich mit seinem brillanten goldenen Lid das Antlitz der noch höheren Wahrheit vor unserem Blick verbirgt. Mit seiner Flut unendlicher Möglichkeiten wirkt es zwischen beiden Hemisphären zugleich als Hindernis gegen und als Übergang für unser Suchen nach dem spirituellen Gesetz unseres Daseins, seinem höchsten Ziel, seiner geheimen Wirklichkeit.[120]

Während Eckhart das Bewusstsein jenseits des gewöhnlichen Verstandes als einen Bereich von *Nicht-Verstand,* als ein Bewusstsein ohne Denken betrachtet, unterscheidet also Sri Aurobindo unterschiedliche supra-bewusste Ebenen des spirituellen Mentals oberhalb des gewöhnlichen Mentals und spricht von Höherem Denken, das von diesen supra-bewussten mentalen Ebenen ausgeht. Wenn das gewöhnliche Mental verstummt, manifestieren sich höheres Denken und Wissen aus diesen höheren mentalen Ebenen, die jenseits unseres normalen Gewahrseins liegen. Über das höhere Denken und Wissen schreibt Sri Aurobindo:

> Nachher [wenn Frieden und Stille massiv und vollständig geworden sind] beginnt das Wissen von den höheren Ebenen zu kommen – zunächst vom Höheren Mental, was eine neue Art Gedankentätigkeit, ein neues Wahrnehmungsvermögen schafft, die das gewöhnliche Mental ersetzen. Dies geschieht zuerst im denkenden Mental, dann aber auch im vitalen und physischen Mental, so dass sie alle eine Umwandlung erfahren. Diese Art des Denkens ist nicht ziel- und rastlos, sondern genau und

120 Sri Aurobindo, *Das göttliche Leben*, Bd. I, S. 314 f.

> sinnvoll – sie findet nur dann statt, wenn man sie braucht oder ruft, und sie stört das Schweigen nicht. Überdies ist das Element dessen, was wir Gedanken nennen, dort zweitrangig, und an seine Stelle tritt das, was man als erkennende Wahrnehmung bezeichnen könnte (Intuition). Doch solange das Mental einer vollständigen Stille nicht fähig ist, kommt entweder dieses höhere Wissen, Denken und Wahrnehmen nicht herab oder nur zum Teil, wobei sie aber dann Gefahr laufen, sich mit dem niedrigeren [Wissen] zu vermischen oder von ihm nachgeahmt zu werden – und das ist lästig und hinderlich. Daher ist die Stille notwendig.[121]

Wie im soeben zitierten Absatz gesagt, stört das Denken von den höheren Ebenen des Mentals die Stille nicht. Denn Sri Aurobindo unterscheidet zwischen *absolutem* Schweigen – ohne jegliches Denken oder irgendeine andere Regung – und einem *grundlegenden* Schweigen, in dem Denken und andere Regungen geschehen können, die das Schweigen jedoch nicht beeinträchtigen. Sri Aurobindo erklärt den Unterschied zwischen diesen beiden Zuständen in einem Brief an einen Schüler:

> Im gänzlich schweigenden Mental hat man gewöhnlich die statische Empfindung des Göttlichen ohne jede aktive Bewegung. Doch alles höhere Denken und Streben, alle höheren Bewegungen können in es eintreten. Dies ist dann kein absolutes Schweigen, man fühlt aber ein grundlegendes Schweigen dahinter, das von keiner Bewegung gestört wird.[122]

121 Sri Aurobindo, *Briefe über den Yoga*, Bd. 2, S. 324
122 Sri Aurobindo, *Briefe über den Yoga*, Bd. 2, S. 284

Wir legten bereits dar, wie Stille und Aktion existieren und im Universum koexistieren können.

> Auf dem Schweigen hinter dem Kosmos beruht alle Bewegung des Universums. …
>
> In einem mehr äußeren Sinn wird das Wort Schweigen auf den Zustand angewandt, in dem es keine Gedankenbewegung, kein Gefühl usw. gibt, sondern nur die große Stille des Mentals. Im Schweigen aber kann eine Tätigkeit stattfinden, genauso ungestört, wie die universale Tätigkeit im kosmischen Schweigen stattfindet.[123]

Selbst intellektuelles Denken, das nicht auf dem Intellekt basiert, sondern auf supra-intellektuellem Wissen, kann laut Sri Aurobindo in einem schweigenden Mental stattfinden. Nachdem er 1908 die Stille empfangen hatte, schrieb er alles, einschließlich seiner philosophischen Werke, aus einem schweigenden Mental. In Bezug auf die Formulierung „supra-intellektuelles Wissen durch intellektuelle Ideen" schrieb Sri Aurobindo an einen Schüler:

> Denn grundsätzlich gelangt man über das spekulative Denken nicht zu einer Formulierung von [spirituellen] Ideen. Zum spirituellen Wissen gelangt man durch die Erfahrung und durch ein Bewusstsein der Dinge, das direkt aus jener Erfahrung hervorgeht, ihr zugrunde liegt oder in sie einbezogen ist. Grundsätzlich ist also diese Art von Wissen ein Bewusstsein und weder ein Denken noch eine formulierte Idee. Meine erste große Erfahrung

123 Sri Aurobindo, *Briefe über den Yoga*, Bd. 2, S. 283

zum Beispiel[124], die durchgreifend und überwältigend war, doch nicht, wie sich herausstellte, endgültig und erschöpfend, kam durch die Ausschließung und Beruhigung allen Denkens; zum ersten Mal erlebte ich etwas, das ein spirituell substanzielles oder ein konkretes Bewusstsein der Stille und des Schweigens genannt werden könnte, dann das Gewahrsein einer einzigen und höchsten Wirklichkeit, in der die Dinge nur als Formen bestehen, aber keineswegs als substanzielle oder reale oder konkrete Formen; doch all dies war einer spirituellen Wahrnehmung und einem essenziellen, unpersönlichen Empfinden nur etwas Scheinbares, und es bestand nicht die geringste Vorstellung oder Idee einer Wirklichkeit oder Nicht-Wirklichkeit oder irgendeine andere Vorstellung; denn jeder Begriff, jede Idee war in der absoluten Stille zum Schweigen gebracht worden, oder war vielmehr völlig abwesend. Diese Dinge wurden unmittelbar durch das reine Bewusstsein und nicht durch das Mental erkannt, daher bestand keine Notwendigkeit für Begriffe oder Worte oder Namen. Dieser Grundzug spiritueller Erfahrung ist aber nicht absolut bindend, denn diese kann zwar ohne das Denken, doch auch mit dem Denken vor sich gehen. Natürlich meint man, dass das Denken einen sofort in den Bereich des Intellektes zurückbrächte – und tatsächlich mag dies zu Beginn und für lange Zeit stimmen; doch muss es nach meiner Erfahrung nicht so sein. Dies geschieht meist dann, wenn man versucht, die Erfahrung intellektuell darzustellen; doch es gibt eine andere Art

124 Eine detailliertere Beschreibung von Sri Aurobindos erstem großen spirituellen Erlebnis findet sich in Anhang III: Sri Aurobindos erste große Erfahrung.

> des Denkens, die hervorbricht, als wäre sie ein Körper oder eine Form jener Erfahrung selbst oder des in ihr enthaltenen Bewusstseins – oder ein Teil dieses Bewusstseins –, und dieses Denken scheint mir in seinem Grunde nicht intellektuell zu sein. Ein anderes Licht, eine andere Macht ist in ihm enthalten, eine Bedeutung innerhalb seiner Bedeutung. Dies tritt besonders deutlich in Erscheinung bei jenen Gedanken, die ohne die Notwendigkeit entstehen, in Worten ausgedrückt zu werden, Gedanken, die die Natur eines direkten Sehens innerhalb des Bewusstseins haben, eine Art innerer Bedeutung oder inneren Kontaktes, der einen genauen Ausdruck seiner Wahrnehmung findet (ich hoffe, dies ist nicht zu mystisch oder unerklärlich), doch man könnte dem entgegenhalten, dass, sobald sich Gedanken in Worte formen, sie zum Herrschaftsbereich des Intellektes gehören, denn Worte werden vom Intellekt geprägt. Doch ist dies tatsächlich oder unweigerlich so? Es schien mir vielmehr immer so, dass Worte ursprünglich von woanders als vom denkenden Mental kämen, obwohl das denkende Mental sich die Herrschaft über sie sicherte, sie für seinen Gebrauch verwendet und frei für seine Zwecke münzt.[125]

Auch Eckhart sagt, dass im Zustand der Präsenz – einem Zustand der Stille – Gedanken sein können, doch die Gedanken haben nicht mehr die zwingende Qualität, die sie im normalen Bewusstseinszustand besitzen; sie dienen nun einem tieferen, schweigenden Bewusstsein. Allgemein jedoch spricht Eckhart von Stille als einem Zustand, der völlig frei ist von aller menta-

---

125 Sri Aurobindo, *Briefe über den Yoga,* Bd. 1, S. 180 f.

len Aktivität einschließlich der elementaren mentalen Tätigkeit des Interpretierens und Etikettierens von allem, was man wahrnimmt, mit Hilfe von Begriffen und Ideen. Ein solcher Zustand von absoluter Stille scheint das zu sein, was Sri Aurobindo in der Schilderung seiner ersten großen spirituellen Erfahrung meinte. Er beschreibt es als ein leeres Mental. Zur Unterscheidung zwischen dem *absoluten* Schweigen eines leeren Mentals und dem *fundamentalen* Schweigen eines stillen Mentals sagt er:

> Der Unterschied zwischen einem leeren Mental und einem stillen Mental ist folgender: Wenn das Mental leer ist, gibt es keinen Gedanken, keine Begriffe, keine mentale Tätigkeit irgendwelcher Art, außer einer essenziellen Wahrnehmung von Dingen ohne die geformte Idee; doch im ruhigen Mental ist es die Substanz des mentalen Wesens, die still ist – so still, dass nichts sie stört. Sobald Gedanken oder Tätigkeiten aufkommen, erheben sie sich keinesfalls aus dem Mental, sondern kommen von außerhalb und durchkreuzen das Mental wie ein Zug Vögel, der die windstille Luft durchzieht. Er fliegt vorüber, er stört nichts und hinterlässt keine Spur. Selbst wenn tausend Bilder oder die gewaltsamsten Ereignisse es durchkreuzen, bleibt diese ruhige Stille erhalten, so als wäre die eigentliche Beschaffenheit des Mentals eine Substanz aus ewigem, unzerstörbarem Frieden.[126]

In der soeben zitierten Passage spricht Sri Aurobindo von der Substanz des mentalen Wesens, das weiterhin besteht, selbst wenn Gedanken aufhören, denn Gedanken sind einfach die *Ak-*

---

126 Sri Aurobindo, *Briefe über den Yoga*, Bd. 2, S. 273

tivitäten des Mental-Wesens, nicht Teil von seiner Substanz. Einem Schüler erklärt er:

> Gedanken sind nicht die Essenz des Mental-Wesens, sie sind lediglich eine Tätigkeit der Mental-Natur; wenn diese Tätigkeit aufhört, ist das, was sich an ihrer Stelle offenbart und als gedankenfreies Dasein erscheint, nicht ein leerer Raum oder eine Leere, sondern etwas durchaus Wirkliches, Substanzielles, gleichsam Konkretes – ein mentales Wesen, das sich weit ausdehnt und sein eigener Daseinsbereich sein kann, schweigend oder tätig oder als der Betrachter, der Wissende, der Meister jenes Bereiches und seiner Tätigkeit. … eine Leere ist tatsächlich vorhanden, es ist aber ein Leersein von den gewöhnlichen Tätigkeiten, keine Leere des Daseins.[127]

Im Hinblick auf die Art und Beschaffenheit des wahren Wissens, das aufkommt, wenn das Mental still geworden ist, sprechen Eckhart und Sri Aurobindo in sehr ähnlichen Begriffen. Eckhart unterscheidet zwischen zwei Arten von Wissen: Wissen über etwas und Wissen *von* der Sache an sich: Mentales Wissen ist ein Wissen über etwas (das Objekt), das getrennt ist von einem selbst (dem Subjekt); dabei handelt es sich um ein separatives und oberflächliches Wissen. Wissen *von* einer Sache an sich hingegen ist ein vereinendes Wissen durch Bewusstsein, in welchem der Wissende und das Gewusste eins werden. Auf eine ähnliche Weise unterscheidet Sri Aurobindo vier Methoden zu wissen:

---

127 Sri Aurobindo, *Briefe über den Yoga,* Bd. 3, S. 155 f.

1. Wissen durch Identität: Der Wissende und das Gewusste sind eins: Es gibt keine Trennung zwischen Subjekt und Objekt, zwischen Selbst und Nichtselbst.

2. Wissen durch *innigen, unmittelbaren* Kontakt: Es gibt einen innigen und direkten Kontakt des Bewusstseins mit dem Gegenstand seines Wissens, doch der Kontakt ermangelt einer vollständigen Identifikation und Selbstvergessenheit.

3. Wissen durch *separativen unmittelbaren* Kontakt: Hier gibt es eine Trennung zwischen dem Selbst und dem Gegenstand des Wissens, doch es gibt einen direkten Kontakt des Bewusstseins mit dem Objekt.

4. Vollständig separatives Wissen durch indirekten Kontakt über die Sinne.

Sri Aurobindos schrieb dazu:

> Unsere äußere Kenntnisnahme, die begrenzte und eingeschränkte Art unseres Mentals, wie wir auf unser Selbst, auf unsere inneren Regungen, auf die Welt außerhalb von uns, auf ihre Gegenstände und Ereignisse schauen, ist so konstituiert, dass sie in verschiedenen Graden aus einer vierfältigen Ordnung des Erkennens herrührt. Die ursprüngliche und grundlegende, die dem in den Dingen verborgenen Selbst eigene Art des Erkennens ist die Erkenntnis durch Identität. Die zweite, abgeleitete Art ist eine Erkenntnis durch unmittelbaren Kontakt, die an ihrem Ursprung eng mit einem geheimen Wissen

durch Identität verbunden ist oder von ihm ausgeht, sich aber von ihrem Ursprung abgesondert hat und deshalb in ihrer separaten Erkenntnis zwar machtvoll, aber unvollständig ist. Das dritte Erkennen geschieht durch Lostrennung vom Gegenstand der Beobachtung, aber noch mit einem unmittelbaren Kontakt oder sogar mit einer partiellen Identität als seiner Stütze. Die vierte Art löst sich völlig vom Objekt los. Dieses Erkennen beruht auf einem Mechanismus mittelbaren Kontakts, durch den man die Erkenntnis erwirbt. Sie besteht aber, ohne dass man sich dessen bewusst ist, darin, dass man die Inhalte eines präexistenten inneren Bewusstseins und Wissens wiedergibt oder hervorholt. Die vier Erkenntnis-Methoden der Natur sind: Wissen durch Identität, Wissen durch unmittelbaren innigen Kontakt, Wissen durch unmittelbaren separativen Kontakt und völlig separatives Wissen durch mittelbaren Kontakt.[128]

PERSÖNLICHE BEMÜHUNG UND HINGABE

Erleuchtung ist, laut Eckhart, nichts, das man geschehen *machen* kann, sondern fast das Gegenteil – etwas, dessen Eintreten man *zulässt.* Deshalb betrachtet er den Begriff der spirituellen „Praxis" als nicht ganz korrekt, weil Praxis eine Bemühung impliziert, die etwas hervorbringen oder herbeiführen will. Die Praxis, die Eckhart lehrt, könnte man folgendermaßen zusammenfassen:

Bleibe immer präsent. Bleibe wach. Gib Aufmerksamkeit nur auf den jetzigen Augenblick. Beobachte alles,

128 Sri Aurobindo, *Das göttliche Leben*, Bd. II/1, S. 262 f.

> was in dir geschieht, als ein unbeteiligter Zeuge deiner Gedanken und Gefühle. Werde dir auch des Bewusstseins gewahr, das beobachtet. Kultiviere ein Gewahrsein ohne Gedanken, das nichts etikettiert oder analysiert, was du im Inneren oder Äußeren wahrnimmst. Akzeptiere alles, was du in dir beobachtest. Lasse alles zu, was in deinem äußeren Leben geschieht. Gib Widerstand auf. Sage ja zu allem, was *ist*. Erlaube der Kraft des Jetzt, dich zu transformieren.

Von den zwei Haltungen in der spirituellen Praxis, von denen Ramakrishna sprach und die bereits im Interview mit Eckhart erwähnt wurden – das Äffchen vertraut auf persönliche Anstrengung, das Kätzchen verlässt sich voll Hingabe auf die göttliche Macht –, ist die letztere eine passendere Beschreibung für die Praxis, die Eckhart lehrt. Nicht persönliche Anstrengung, sondern Präsenz erreicht alles, sagt Eckhart. Die einzige persönliche Anstrengung besteht darin, sich für die Gegenwärtigkeit zu *entscheiden* und sie *zuzulassen*. Doch bereits diese Wahl, so Eckhart, ist nur scheinbar persönlich; tatsächlich jedoch ist es die Präsenz, die es wählt, aufzukommen – während der Mensch, in dem die Gegenwärtigkeit entsteht, den Eindruck hat, eine „spirituelle Praxis" zu üben, damit die Präsenz eintritt. Es ist wohl hilfreich zu denken, dass Präsenz entstehe, weil man sich für sie entscheidet, doch bei genauerem Betrachten entsteht Präsenz, weil sie entscheidet, zu entstehen. Sri Aurobindo stellt fest – und bringt damit die Wahrheit beider Perspektiven zum Ausdruck: „Wer den Unendlichen erwählt, ist selbst vom Unendlichen erwählt worden."[129]

Einige Aspekte der von Eckhart gelehrten Praxis, etwa die auf

---

129 Sri Aurobindo, *Die Synthese des Yoga*, S. 63

den jetzigen Moment zu richtende Aufmerksamkeit, mögen den Eindruck erwecken, sie sei derjenigen Praxis verwandt, die im Buddhismus gelehrt wird und in erster Linie einen Pfad der Selbstbemühung beschreibt. So erzählt Eckhart die Geschichte von einem Schüler, der den Meister fragt: „Kannst du bitte etwas für mich aufschreiben, damit ich mich erinnern kann, worum es im Zen geht?“ Der Meister schreibt das Wort „Aufmerksamkeit“ auf ein Stück Papier und gibt es dem Schüler. Der Schüler fragt: „Ist das alles? Kannst du bitte etwas Ausführlicheres schreiben?“ Der Meister sagt: „In Ordnung.“ Der Schüler gibt ihm das Papier zurück. Der Meister schreibt: „Aufmerksamkeit, Aufmerksamkeit.“ Der Schüler fragt: „Ist das alles? Beim Zen geht es doch bestimmt um etwas mehr als dies. Könntest Du nicht etwas mehr schreiben?“ Der Meister schreibt: „Aufmerksamkeit, Aufmerksamkeit, Aufmerksamkeit.“ Der Schüler ist leicht verärgert und fragt: „Und was ist überhaupt Aufmerksamkeit? Was bedeutet das?“ Und der Meister antwortet: „Aufmerksamkeit ist Aufmerksamkeit.“

Aufmerksamkeit, wie sie gewöhnlich verstanden wird, ist etwas, das man mit dem Verstand leistet, mit Hilfe einer mentalen Anstrengung. Eckhart spricht jedoch nicht von einer „Kopf“-Aufmerksamkeit. Er meint Aufmerksamkeit mit dem „ganzen Energiefeld der Präsenz“, das ist „wache Stille“, ein „Gewahrsein ohne Gedanken“. Aufmerksamkeit könne man nicht mit dem Verstand begreifen, so Eckhart, weil sie sich auf einen Zustand des Bewusstseins bezieht, der jenseits des Verstandesdenkens liegt. Die Aufmerksamkeit, von der er spricht, ist nicht von persönlicher Anstrengung abhängig, wie im Buddhismus, sondern vom Aufkommen der Präsenz.

Aufmerksamkeit, wie sie Eckhart versteht, ist in einer anderen Hinsicht tiefer als Aufmerksamkeit, wie man sie gewöhnlich versteht. „Eins nach dem anderen“, so hat ein Zen-Meister das Wesen des Zen definiert. Eins nach dem anderen zu tun heißt, voll und ganz bei der Sache zu sein und dem, was man tut, seine gesammelte Aufmerksamkeit zu widmen. Das ist hingebungsvolles Tun …“[130] Das Tun mit ganzer Aufmerksamkeit – das hingebungsvolle Tun –, sagt Eckhart, ist das gleiche wie das, was die *Bhagavad-Gita* lehrt: Das Tun nicht als ein Mittel zu etwas anderem, sondern als Ziel an sich. (Die berühmte Forderung in der *Gita,* „ohne Begehren zu handeln“, lehrt, sein Tun zu vollbringen ohne den Wunsch nach den Früchten seiner Tätigkeit.)

In Sri Aurobindos Yoga ist Aufmerksamkeit ein Aspekt des Bewusst-und-wachsam-Bleibens. Die Mutter sagte:

> Man muss schon sehr wach sein, stets in einem sehr aufmerksamen Zustand der Beobachtung. …
>
> Um in diesem Zustand aufmerksamer Beobachtung zu sein, müsst ihr sozusagen überall Antennen haben, die mit eurem wahren Bewusstseinszentrum in dauernder Verbindung stehen. Auf diese Weise verzeichnet ihr alles und ordnet alles, ihr lasst euch nicht mehr überraschen …[131]

Eckhart erkennt an, dass sich Lehrer in ihren Ansichten über die jeweiligen Rollen persönlicher Anstrengung und einer höheren Macht in der spirituellen Praxis unterscheiden. Während Eckhart alle Praxis dem Wirken einer höheren Macht zuschreibt – der Macht der Präsenz –, ist persönliche Anstrengung in Sri Aurobindos Sicht unerlässlich, bis das ganze Bewusstsein – Physisches, Vital, Mental – fertig ist, gänzlich hingegeben und

---

130 Eckhart Tolle, *Stille spricht. Wahres Sein berühren*, S. 71

131 Die Mutter, *Gespräche 1950-1951,* S. 39 f.

empfänglich für das Wirken der göttlichen Kraft. In Briefen an Schüler erklärte er:

> Im frühen Stadium der Sadhana – und mit früh meine ich eine lange Zeitspanne – ist die Bemühung unerlässlich. Hingabe natürlich auch, doch ist Hingabe nicht etwas, das an einem Tage möglich ist. Das Mental hat seine Vorstellungen und klammert sich an sie; das menschliche Vital widersetzt sich der Hingabe, denn was es in den frühen Stadien Hingabe nennt, ist eine zweifelhafte Art des Selbstgebens, die eine Forderung enthält; das physische Bewusstsein ist wie ein Stein, und was es Hingabe nennt, ist häufig nichts als Trägheit.[132]
>
> Es ist nicht möglich, sich von dem Nachdruck auf persönliche Bemühung zu befreien – und nicht immer wünschenswert, denn persönliche Bemühung ist besser als tamasische[133] Trägheit.
>
> Die persönliche Bemühung muss fortschreitend in eine Bewegung der Göttlichen Kraft umgewandelt werden.[134]
>
> Es gibt zwei Möglichkeiten, nämlich die der Läuterung durch die persönliche Bemühung, die lange Zeit in Anspruch nimmt, die andere durch ein direktes Eingreifen der Göttlichen Gnade, was meist eine rasche Wirkung zur Folge hat. Für Letzteres ist eine vollkommene Hingabe, ein vollkommenes Selbstgeben notwendig, und hierfür ist wiederum ein ganz ruhiges Mental erforder-

---

132 Sri Aurobindo, *Briefe über den Yoga,* Bd. 2, S. 221

133 *Tamas* ist einer der drei Gunas oder Aspekte der Natur (Prakriti), hat die Qualität von Unwissenheit, Unverständlichkeit, Untätigkeit und Unbewusstheit und wurzelt im physischen Bewusstsein.

134 Sri Aurobindo, *Briefe über den Yoga,* Bd. 2, S. 222

> lich, das der Göttlichen Kraft zu wirken erlaubt und sie durch eine vollkommene Einwilligung stützt, sich sonst aber still und ruhig verhält. Dieser Zustand, der dem der jungen Katze gleicht, von dem Ramakrishna spricht, ist nicht leicht zu erreichen.[135]

> Eine vollkommene Hingabe ist in so kurzer Zeit nicht möglich – denn eine vollkommene Hingabe bedeutet, den Knoten des Egos in jedem Teil des Wesens zu durchschneiden und es frei und ganz dem Göttlichen darzubieten. Das Mental, das Vital und das physische Bewusstsein (und sogar jeder einzelne Teil davon in all seinen Bewegungen) müssen sich getrennt, eines nach dem anderen hingeben, ihren eigenen Weg aufgeben und den Weg des Göttlichen annehmen.[136]
>
> Solange keine vollständige Hingabe vorhanden ist, kann man die Haltung der jungen Katze nicht einnehmen – sie würde sonst eine rein tamasische Passivität werden, die sich Hingabe nennt. Wenn zu Beginn eine vollkommene Hingabe nicht möglich ist, folgt daraus, dass man der persönlichen Bemühung bedarf.[137]

Hier sei wieder an die vier Hilfen erinnert, von denen im *Mahabharata* gesprochen wurde: *Shastra* – das Lehren – kommt zuerst, darauf folgt *Utsaha*, der Eifer oder die Kraft persönlicher Anstrengung. Zum Eifer in der spirituellen Praxis schreibt Sri Aurobindo:

> Für den raschen Erfolg, die Weite, Intensität und Macht

135 Sri Aurobindo, *Briefe über den Yoga,* Bd. 2, S. 224
136 Sri Aurobindo, *Briefe über den Yoga,* Bd. 2, S. 225
137 Sri Aurobindo, *Briefe über den Yoga,* Bd. 2, S. 227

ihrer Ergebnisse wird die Entfaltung der Erfahrung zunächst, am Anfang des Weges und noch lange danach, von der Aspiration und dem persönlichen Bemühen des Sadhaka bestimmt. Der Prozess des Yoga besteht darin, dass sich die menschliche Seele von dem ichhaften Zustand des Bewusstseins, das von den äußeren Erscheinungen und der Anziehungskraft der Dinge gefangengenommen wird, loslöst und einem höheren Zustand zukehrt, wo dann das Transzendente und Universale sich selbst in die individuelle Gestaltung ergießen und sie umformen kann. Das erste bestimmende Element der *siddhi* ist darum die Intensität der Umkehrung, also die Kraft, welche die Seele nach innen lenkt. Der Maßstab für diese Intensität sind die Macht der Aspiration des Herzens, die Kraft des Willens, die Konzentration des Mentals sowie die Ausdauer und Entschlossenheit der eingesetzten Energie. Der ideale Sadhaka sollte mit dem Bibelwort sagen können: „Mein Eifer für den Herrn[138] hat mich verzehrt." Dieser Eifer für den Herrn, *utsaha,* das eifrige Ringen der ganzen Natur, um zu ihrer göttlichen Vervollkommnung, *vyakulata,* zu kommen, und das unablässige Begehren des Herzens, zu Gott zu gelangen, zehrt das Ego auf und zerbricht die Begrenzungen seiner kleinlich engen Form. So wird es erfüllt, weit und aufnahmefähig für das, was es sucht.[139]

Die persönliche Bemühung in Sri Aurobindos Yoga ist eine dreifache Anstrengung, bestehend aus *Aspiration, Zurückweisen*

138 „Der Eifer [nicht: „für den Herrn", sondern:] um dein Haus…" in Ps 69,10, zitiert in Jh 2,17

139 Sri Aurobindo, *Die Synthese des Yoga,* S. 67 f.

und *Hingabe.* Aspiration ist der Ruf des Mentals, des Herzens und des physischen Wesens nach Frieden, Licht, Kraft und spiritueller Verwirklichung. Das Zurückweisen gilt den unwissenden Regungen der mentalen, vitalen und physischen Natur, die der spirituellen Verwirklichung im Wege stehen, da sie im Gegensatz zur Wahrheit des wahren Wesens stehen oder mit ihr unvereinbar sind. Es liegt im …

> Zurückweisen der Regungen der niederen Natur – Zurückweisen der Vorstellungen, Meinungen, Vorlieben, Gewohnheiten und Konstruktionen des Geistes, damit das wahre Wissen in einem stillen Geist freien Raum finde; Zurückweisen der Wünsche, Forderungen, Gelüste, Empfindungen und Leidenschaften der vitalen Natur, ihrer Selbstsucht, Einbildung, Anmaßung, Wollust, Gier und Eifersucht, ihres Neides und ihrer Feindseligkeit gegen die Wahrheit, damit sich die wahre Freude und Kraft von oben in ein ruhiges, weites, starkes und geweihtes vitales Wesen ergießen könne; Zurückweisen des Stumpfsinns, Zweifels und Unglaubens der physischen Natur, ihrer Dunkelheit, Halsstarrigkeit, Kleinlichkeit und Faulheit, ihrer Unlust, sich zu ändern, und ihres Tamas, damit die wahre Beständigkeit von Licht, Macht und Ananda in einem immer göttlicher werdenden Leib sich niederlassen könne. …[140]

Hingabe bedeutet, sich selbst dem Göttlichen zu geben, für das Göttliche und nicht für das Ego zu leben; es bedeutet, alles, was man ist und hat, dem Göttlichen darzubieten, all sein Handeln dem Göttlichen zu weihen. Die im Zen hoch berühmte Praxis,

140 Sri Aurobindo, *Die Mutter,* S. 10 f.

mit ganzer Aufmerksamkeit eines nach dem anderen zu tun, wird in Eckharts Lehre nicht oft ausdrücklich erwähnt und noch weniger bei Sri Aurobindo, doch sie ist ein impliziter Teil der Praxis in beiden Lehren. Eckharts Lehre über das Leben im jetzigen Augenblick impliziert zwangsläufig, jede Handlung mit ausschließlicher Aufmerksamkeit zu vollbringen (ohne an das Nächste oder in die Zukunft zu denken oder sich in wahllosen Gedanken zu verlieren). Ähnlich verlangt die Praxis von Sri Aurobindos Yoga, all sein Handeln dem Göttlichen zu weihen und jedes Tun mit entschiedener Konzentration – des äußeren Bewusstseins auf das Tun selbst und des inneren Bewusstseins auf das Göttliche – auszuführen. Die Konzentration auf das Jetzt wird im Tun für das Göttliche besonders hervorgehoben. Die Mutter sagte:

> Deine Arbeit kann niemals gut sein, wenn du weiterhin an das Nächste denkst. Für die Arbeit ist es die Gegenwart, die am wichtigsten ist. Die Vergangenheit sollte dich nicht nach rückwärts ziehen, die Zukunft sollte dich nicht vorwärts ziehen. Du musst völlig konzentriert sein auf das Jetzt, auf das, was du gerade tust. Du musst so konzentriert sein auf das, was du gerade tust, als hinge die Erlösung der ganzen Welt allein von deinem Tun ab.[141]

In Sri Aurobindos Yoga ist die essenzielle Bedeutung der Hingabe das *Sich-Selbst-Geben,* das dem Hindu-Begriff *samarpana* entspricht (der im Englischen nur unangemessen als „surrender" wiedergegeben wird); Sri Aurobindo beschreibt es als „das zentrale Geheimnis" der *Gita.* Es bedeutet, alles in sich selbst dem Göttlichen zu weihen, nicht auf eigenen Vorstellungen und Wünschen zu bestehen, sondern der göttlichen Wahrheit zu erlauben,

141 The Mother, *Words of the Mother,* vol. 14, p. 339

sie durch ihr Wissen und ihren Willen zu ersetzen. Die *Gita* formulierte diese Lehre vom absoluten Selbst-Geben in Krishnas Worten: „Was du auch tust, woran du dich auch erfreust, was du auch opferst[142] und spendest, welche Energie von *tapasya*[143], von Wollen und Mühen der Seele, du auch einsetzt – lasse es eine Darbringung an Mich sein!“[144]

In Eckharts Lehre bedeutet Hingabe, den Widerstand und das Kämpferische des Egos gegenüber dem Universum aufzugeben; es bedeutet, sich dem Fluss des Lebens anzuvertrauen, statt sich ihm zu widersetzen; es bedeutet, dem, was *ist,* zu erlauben, zu sein; es bedeutet, „ja“ zu sagen zu dem, was *ist,* und es bedeutet, den jetzigen Augenblick und das, was der Buddha das „Sosein“ dieses Momentes nannte, ohne Vorbehalt zu akzeptieren. Dieses Konzept von Hingabe als Annehmen dessen, was das Universum bringt, ist mit dem hinduistischen Begriff des *nati* verwandt, der Ergebung oder Unterwerfung unter den Willen Gottes. In Sri Aurobindos Yoga und in der *Gita* schließt Hingabe sowohl die passive Ergebung als auch die aktive Selbstdarbringung in den Willen des Göttlichen ein. Sri Aurobindo schreibt:

> Grundlage einer Art religiöser Gelassenheit ist die Resignation, Unterwerfung unter den göttlichen Willen, geduldiges Tragen des Kreuzes, demütiges Aushalten. Dieses Element nimmt in der *Gita* die inhaltsreichere Form einer vollständigen Überantwortung des ganzen

---

142 Im spirituellen Sinn … hat Opfer einen anderen Sinn – es besagt nicht so sehr ein Aufgeben dessen, was einem lieb ist, als vielmehr eine Darbringung von einem selbst, des eigenen Wesens, Mentals und Herzens, des eigenen Willens, Körpers, Lebens und aller Tätigkeiten an das Göttliche. Es hat den ursprünglichen Sinn von ‚heiligen‘.“ (Sri Aurobindo, *Briefe über den Yoga,* Bd. 2, S. 112)

143 „Tapasya ist die Konzentration des Willens, die Frucht der *Sadhana* zu erhalten und die niedere Natur zu überwinden.“ (Sri Aurobindo, *Briefe über den Yoga,* Bd. 2, S. 272)

144 *Bhagavad-Gita* IX/27, zitiert in: Sri Aurobindo, *Essays über die Gita,* S. 326

> Wesens an Gott an. Das ist nicht nur eine rein passive Unterwerfung, sondern ein aktives Sich-Hingeben; nicht nur ein Erkennen und Annehmen des göttlichen Willens in allen Dingen, sondern ein Aufgeben des eigenen Willens, um Werkzeug des Meisters der Werke zu sein. …[145]

Sowohl das Preisgeben des Ego-Willens durch Akzeptieren dessen, was *ist,* als auch das Selbst-Hingeben durch Darbringung des eigenen Willen an das Göttliche führen zum Aufgeben des Egos. Der Unterschied zwischen den beiden Haltungen Akzeptanz und Selbst-Hingabe ist dieser: Während das Annehmen von einer Sicht der Wirklichkeit als einem unpersönlichen Sein ausgehen kann, verlangt die Selbst-Hingabe den Glauben an eine Wirklichkeit, wie sie die *Bhagavad-Gita* als den Purushottama beschrieb, die höchste göttliche Person. Sie ist jenseits des Persönlichen und des Unpersönlichen; ihr gilt die Selbst-Darbringung. Deshalb bittet Krishna Arjuna, „alle Dinge im Selbst und dann *in Mir, im Ishvara,* zu sehen. Wir sollen allem Wirken hinein in das Selbst, in den Geist, in Brahman und von da aus *in die Höchste Person,* in den Purushottama, entsagen."[146] [Hervorhebungen vom Verfasser.] In Bezug auf den Purushottama der *Gita* schreibt Sri Aurobindo:

> Für die Erfahrung unserer befreiten Erkenntnis ist ein unwandelbares, apersonales Selbst-Sein seine erste deutliche spirituelle Selbst-Darstellung, das erste Zeichen seiner Gegenwart, die erste Berührung mit seiner Substanz und deren erster Eindruck auf uns. Das unerklärliche, verborgene Geheimnis seines Wesens ist eine

---

145 Sri Aurobindo, *Essays über die Gita,* S. 208
146 Sri Aurobindo, *Essays über die Gita,* S. 535

> universale und transzendente unendliche Person, Purusha. In der Formbildung des Mentals ist er unausdenkbar, *acintya-rupa.* Aber er ist den Mächten unseres Bewusstseins, unserem Fühlen, Wollen und Erkennen sehr nahe und gegenwärtig, wenn diese aus sich selbst, aus ihren blinden und kleinlichen Gestaltungen emporgehoben sind in die strahlende spirituelle, die unermessliche supramentale Gestalt von Ananda, Macht und Gnosis. *Er* ist es, der erhabene Absolute, aber auch unser Freund, Herr, Erleuchtender und Liebender, auf den die völlige Hingabe, die Annäherung, dies vertrauteste innere Werden und Sich-Überantworten gerichtet sind.[147]

Die Hingabe an eine größere Macht, um diese das Werk der Transformation vollbringen zu lassen, einerseits, und sich auf die persönliche Bemühung zur Transformation des eigenen Wesens zu stützen, andererseits, werden oft als zwei gegensätzliche Wege der spirituellen Praxis betrachtet. Doch, um Sri Aurobindo zu zitieren: „Der Vorgang der Hingabe ist in sich eine *tapasya.*"[148] Mit anderen Worten, Hingabe ist mit persönlicher Anstrengung verbunden und ist ein Teil der persönlichen Anstrengung.

Persönliche Bemühung jedoch, so Sri Aurobindo, ist nur eine Seite der Kraft, die bei der Führung in Richtung Verwirklichung wirkt. Die andere Seite – in Wahrheit die Quelle aller Kraft, einschließlich der Kraft der persönlichen Anstrengung – ist die göttliche Macht. Sri Aurobindo stellt fest:

> Tatsächlich ist es immer die Höhere Macht, die handelt. Unser Empfinden von persönlichem Bemühen und eigener Aspiration rührt von dem Versuch des ichhaften Mentals

---

147 Sri Aurobindo, *Essays über die Gita,* S. 529
148 Sri Aurobindo, *Briefe über den Yoga,* Bd. 2, S. 229

> her, sich selbst in einer falschen und unvollkommenen Art mit den Wirkweisen der Göttlichen Kraft zu identifizieren. Es besteht darauf, die gewöhnlichen Begriffe unserer Mentalität, die es für die normalen Erfahrungen in der Welt verwendet, auf Erfahrungen in einer übernormalen Ebene zu übertragen. In der Welt handeln wir mit unserem Ich-Sinn. Wir beanspruchen die universalen Kräfte, die in uns wirken, als unser Eigentum. Wir schreiben uns die auswählende, gestaltende und progressive Aktion des Transzendenten in unserer Menschengestalt von Mental, Vital und Körper als das Ergebnis unseres persönlichen Willens, unserer Weisheit, Kraft und Tugend gut. Erleuchtung führt uns zu der Erkenntnis, dass dieses Ich nur ein Instrument ist. Wir nehmen immer mehr wahr und fühlen immer deutlicher, die Dinge sind nur in dem Sinn unser Eigentum, dass sie unserem höchsten integralen Selbst angehören, das eins mit dem Transzendenten ist, und nicht dem instrumentalen Ich. Was an uns begrenzt und entstellt ist, trägt unser Ich zu jenem Wirken hinzu. Die wahre Macht unseres Ich gehört Gott. Wenn das menschliche Ich einsieht, dass sein Wille ein Werkzeug, seine Weisheit eine Unwissenheit und kindische Unerfahrenheit, seine Macht das tastende Suchen eines kleinen Kindes, seine Tugend nur anmaßende Unlauterkeit ist, und wenn das Ich dann lernt, sich ganz dem anzuvertrauen, was jenseits von ihm liegt: dann ist das seine Rettung.[149]

Am Anfang, wenn man noch mehr oder weniger vollständig mit dem Ego identifiziert ist, hat man sich zwangsläufig in erster Linie mehr auf persönliche Anstrengung zu verlassen als auf die

149 Sri Aurobindo, *Die Synthese des Yoga,* S. 69

göttliche Kraft zur Verwandlung des Bewusstseins, um dieses für das Wirken der göttlichen Kraft zu öffnen.

> Es gibt eine mehr oder minder ausgedehnte Periode inneren Ringens und Kampfes, wobei der individuelle Wille die Verdunklung und Entstellung durch die niedere Natur zurückweisen und sich entschlossen und kraftvoll entschieden auf die Seite des göttlichen Lichtes stellen muss. Er soll die mentalen Energien, die Gefühle des Herzens, das vitale Begehren und das ganze physische Wesen zur richtigen Haltung zwingen oder sie so trainieren, dass sie die richtigen Einflüsse eindringen lassen und ihnen zustimmen. Nur wenn das in Wahrheit getan worden ist, kann die Unterwerfung des Niederen unter das Höhere bewirkt werden, da dann das Opfer Gott wohlgefällig würde.[150]

Die Ich-Person in uns kann sich nicht aus eigener Kraft, aus eigenem Willen oder Wissen und durch irgendeine eigene Tugend in die Natur des Göttlichen Wesens umwandeln. Sie kann sich allein für die Transformation vorbereiten und ihre Unterwerfung unter das, was sie zu werden sucht, immer mehr vervollständigen. Solange das Ich in uns wirkt, ist unser personales Handeln (und muss sein) seiner Natur nach Teil der niederen Stufen der Existenz, verdunkelt oder nur halb erleuchtet, in seinem Wirkungsfeld eingegrenzt und in seiner Macht nur sehr bedingt effektiv. Wenn wirklich eine spirituelle Transformation (und nicht nur eine bloße erleuchtende Verbesserung) unserer Natur geleistet werden soll,

150 Sri Aurobindo, *Die Synthese des Yoga,* S. 70

müssen wir die Göttliche *Shakti* herniederrufen, damit sie jenes wunderbare Werk im individuellen Menschen vollbringt. Denn sie allein besitzt die dazu benötigte Kraft, die entscheidend, allweise und unbegrenzbar ist. Es ist aber nicht sofort möglich, das menschliche personale Handeln gänzlich durch das göttliche zu ersetzen. Zuerst muss jede Einmischung von unten her, welche die Wahrheit des höheren Wirkens verfälschen würde, ausgeschaltet oder unwirksam gemacht werden, und das ist durch unsere eigene freie Entscheidung zu leisten. Von uns wird gefordert, dass wir die Impulse und Verfälschungen aus der niederen Natur ständig und wiederholt zurückweisen und der Wahrheit eine dauernde Grundlage bieten, wenn sie in unseren Wesensschichten wächst. Denn das Licht, die Reinheit und Macht, die unsere Natur immer mehr einnehmen und sie zuletzt vervollkommnen, benötigen zu ihrer Entfaltung und Förderung unsere freie Zustimmung und unsere entschiedene Zurückweisung alles dessen, was ihnen entgegensteht, minderwertig und mit ihnen unvereinbar ist.[151]

METHODE DER SPIRITUELLEN PRAXIS

Eckhart Tolle betrachtet den Begriff „Praxis" als nicht ganz geeignet im spirituellen Leben, weil Praxis persönliche Anstrengung impliziert, während Erleuchtung nicht durch irgendeine Ego-Bemühung herbeigeführt werden kann; sie kommt als ein Resultat der Hingabe des Egos und des Aufhörens mit dem Ego-Streben. Deshalb ist die Frage nach der Methode der spirituellen

151 Sri Aurobindo, *Die Synthese des Yoga,* S. 96 f.

Praxis für Eckharts Lehre von minderer Relevanz. Was Eckhart lehrt, sind eher Pforten zum *Eintreten* in den Zustand der Erleuchtung denn Methoden oder Techniken, diese zu *erlangen.*

Auch in Sri Aurobindos Yoga gibt es keine spezifischen Praktiken, wie Atemtechniken, Körperhaltungen, devotionelle Gesänge, vorgegebene Mantras oder Methoden der Meditation und dergleichen, wie sie in den meisten spirituellen Disziplinen zu finden sind. Doch sowohl in Eckharts Lehre als auch in Sri Aurobindos Yoga gibt es bestimmte *Prozesse* oder generelle Methoden der Praxis. Der Unterschied zwischen den beiden Lehren ist, dass die Prozesse in Eckharts Lehre mehr oder weniger nur implizit sind, während man in Sri Aurobindos Yoga eine explizite und sorgfältige Formulierung der generellen Methoden in verschiedenen spirituellen Disziplinen findet.

Aus psychologischer Sicht kann man Methoden der spirituellen Praxis als Zugänge betrachten, die einen oder mehrere der drei Grundfunktionen der menschlichen Psyche – Denken, Fühlen und Wollen – als Hebel benutzen zu dem Zweck, das gewöhnliche Bewusstsein in ein höheres oder spirituelles Bewusstsein zu transformieren. So gesehen, kann man spirituelle Disziplinen grob in drei Pfade klassifizieren: Den Pfad des Wissens (Jnana-Yoga), der das Denken als Haupthebel nutzt; den Pfad der Hingabe (Bhakti-Yoga), der vor allem Fühlen oder die Emotion nutzt; und den Pfad der Arbeit oder des Handelns (Karma-Yoga), der den Willen als Hauptmittel zur Transformation nutzt. Wir werden die Methoden der Praxis ausführlicher besprechen, die in den gerade beschriebenen drei Kategorien genutzt werden, um herauszuarbeiten, welche Methoden in Eckharts Lehre vorhanden – oder nicht vorhanden – sind und sie mit jenen von Sri Aurobindos Yoga vergleichen.

Der Weg des Wissens, der das Wissen vom Selbst und der Welt

zum Ziel hat, wählt die Vernunft zum Instrument und macht es mit Hilfe bestimmter Methoden der Läuterung und Konzentration zu seinem Mittel für die Verwirklichung. Der von dem indischen Weisen Kapila gelehrte Samkhya-Yoga geht mit Hilfe von Buddhi, der unterscheidenden Intelligenz, vor und gelangt durch reflexives Denken und rechte Unterscheidung zum Wissen von der wahren Natur der Seele (Purusha) und von der Belastung derselben durch die Aktivitäten der instrumentellen Natur (Prakriti), durch Festhalten und eine falsche Identifikation. In seiner Beschreibung der „sehr machtvollen Methode" der Samkhyas zur Trennung von Purusha und Prakriti erklärt Sri Aurobindo:

> Man zwingt dem Mental die Haltung des Betrachters auf – jede Tätigkeit des Mentals, Vitals und Physischen wird zu einem äußeren Spiel, das nicht mein [wahres] Ich ist oder zu mir gehört, sondern der Natur angehört und einem äußeren Ich aufgezwungen wurde. *Ich* bin der Betrachter *Purusha; ich* bin still, losgelöst, durch keines dieser Dinge gebunden. Daraus reift im [menschlichen] Wesen eine Teilung heran; der *Sadhaka* spürt in sich das Wachsen eines ruhigen, schweigenden, gesonderten Bewusstseins, das sich vom Oberflächenspiel des Mentals und Vitals und der physischen Natur völlig getrennt fühlt.[152]

Auf ähnliche Weise gelangt der Jnana-Yoga, basierend auf der (nondualistischen) Advaita-Schule des Vedanta, mit den gleichen Mitteln zu der rechten Unterscheidung von der wahren Natur des Selbst und von deren Belastung durch die mentale Illusion, die zu der Ego-Identifikation und Verhaftung führt. Auf dem Advaita-Wege des Wissens …

152 Sri Aurobindo, *Briefe über den Yoga,* Bd. 3, S. 326

> Weist man die Identifizierung mit dem Mental, Vital und Körper zurück, indem man fortwährend zu sich sagt: „Ich bin nicht das Mental. Ich bin nicht das Vital. Ich bin nicht der Körper", und diese Dinge als etwas von seinem wirklichen Selbst Getrenntes betrachtet – und nach einer gewissen Zeit empfindet man alle mentalen, vitalen und physischen Vorgänge, ja das eigentliche Bewusstsein des Mentals, Vitals und Körpers, als etwas Äußeres, eine äußere Tätigkeit, während innen und abgelöst davon das Gefühl eines getrennten, für sich bestehenden Wesens wächst, das sich der Verwirklichung des kosmischen und transzendenten Spirits öffnet.[153]

Der Buddhismus, ein anderer Pfad des Wissens, betont die Vergänglichkeit und Unwirklichkeit des Selbst, das er als eine Verschmelzung der Einwirkungen kosmischer Energie betrachtet (die sich hier als Karma präsentiert, im Samkhya hingegen als Prakriti); die Erkenntnis dieser Vergänglichkeit und Unwirklichkeit durch den unterscheidenden Verstand wird zu dessen Mittel zur Befreiung.

Die Hauptmethoden auf den verschiedenen Pfaden des Wissens sind Meditation, Konzentration und Prozesse der Desidentifikation.

Der Pfad der Devotion wählt den Gefühls-Aspekt des Menschen aus und richtet ihn gottwärts; in der Intensität des Suchens werden die Emotionen zu einem Mittel der Vereinigung des eigenen Wesens mit dem Göttlichen. Die Hauptmethoden dieses Pfades sind Gebet, Verehrung, Anbetung des Göttlichen und die Selbst-Darbringung an das Göttliche durch Liebe und Hingabe.

Der Pfad der Werke wählt den Willen im Tun zu seinem

153 Sri Aurobindo, *Briefe über den Yoga,* Bd. 3, S. 325 f.

Hauptwerkzeug. Alles Tun und Wirken im Leben wird zu einer Darbringung an Gott und dient der Seele als Mittel, um in die Einheit mit dem Herrn zu gelangen. Die Hauptmethoden sind die Läuterung des persönlichen Willens und seine Hingabe unter den göttlichen Willen.[154]

Von den verschiedenen Methoden, die den drei Kategorien oder Pfaden zugeordnet werden, stechen zwei Methoden in Eckharts Lehre besonders hervor: Die erste Methode ist der aus dem Samkhya bekannte Vorgang, zum Betrachter (Purusha) zu werden; sie ist Eckharts Aufruf zur beobachtenden Gegenwärtigkeit sehr ähnlich. Die zweite Methode bezieht sich auf den Pfad der Werke und findet eine Parallele in Eckharts Worten über die Hingabe des Ego-Willens.

So lassen sich Methoden der Praxis aus den Pfaden des Wissens und der Werke in Eckharts Lehre ausmachen, Methoden vom Pfad der Devotion sind hier jedoch nicht vertreten. Dies entspricht Eckharts Sicht der Wirklichkeit. Wie er es einmal beim Beantworten einer Frage über das Gebet klarstellte, ist seine Lehre nondualistisch (Advaita). Aus der Sicht des Advaita gibt es nur die Eine Wirklichkeit; Gebet (wie es gewöhnlich verstanden wird), Anbetung und Verehrung setzen eine Dualität voraus und sind mit der nondualistischen Sicht deshalb unvereinbar.

Sri Aurobindos Yoga, der die verschiedenen spirituellen Pfade integriert, wendet im Grunde alle ihre Methode an, ohne jedoch eine von ihnen – ob sie sich nun dem Wissen, der Anbetung oder den Werken widmet – als unverzichtbar zu betrachten.

---

154 Wie in dem früheren Teil dieses Kapitels festgestellt, ist die wesentliche Bedeutung von Hingabe auf dem Pfad des Tuns die Selbstdarbringung, die gleichwohl auch Unterwerfung oder Preisgabe einschließt. Deshalb geschieht durch das Tun die Transformation des Ego-Willens in den göttlichen Willen, sowohl durch die Darbringung des persönlichen Willens im Vollbringen aller Werke und Handlungen für das Göttliche als auch durch Unterwerfung unter alles, was der göttliche Willen im Leben des Einzelnen herbeiführen wird.

> Arbeit, *Bhakti*[155] und Meditation sind die drei Stützen des Yoga. Man kann alle drei oder nur zwei oder eines ausüben. Es gibt Menschen, die in der festgelegten Weise nicht meditieren können, doch mit Hilfe von Arbeit oder *Bhakti* oder beiden vorankommen. Durch Arbeit und *bhakti* kann man ein Bewusstsein entwickeln, in dem zu gegebener Zeit eine natürliche Meditation und Verwirklichung möglich werden.[156]

Doch, wie bereits die *Gita,* teilt auch Sri Aurobindos Yoga der *Bhakti* den höchsten Rang zu und betrachtet sie als den raschesten Pfad.

Die Verwandtschaft zwischen Eckharts Lehre über die beobachtende Gegenwärtigkeit und dem Prozess des Samkhya – einem Pfad des Wissens – mag im Hinblick darauf überraschend anmuten, dass Eckhart der Rolle von Wissen oder „Information“ in einer spirituellen Lehre zu bagatellisieren scheint. Doch das auf dem Pfad der Erkenntnis angestrebte Wissen ist kein intellektuelles Verständnis. Der Intellekt spielt auf dem Pfad des Wissens eine wichtige Rolle, weil rechtes Denken, bestehend aus rechten Vorstellungen über das Selbst und die Welt, und rechtes Unterscheiden – zwischen dem Wirklichen und dem Unwirklichen – unverzichtbare Bedingungen für das Ankommen im spirituellen, supra-intellektuellen Wissen sind. Sri Aurobindo erklärt:

> Es ist wahr, dass die intellektuelle Überlegung und die richtige Unterscheidung ein wichtiger Teil im Yoga des Wissens sind. Ihre Aufgabe ist aber vielmehr die, eine Schwierigkeit zu beseitigen, als zu dem endgültigen,

---

155 Verehrung des Göttlichen

156 Sri Aurobindo, *Briefe über den Yoga,* Bd. 2, S. 167

> positiven Resultat dieses Yoga-Pfades zu führen. Unsere gewöhnlichen intellektuellen Auffassungen sind ein Hindernis auf dem Weg zum wahren Wissen. Sie werden von dem Irrtum der Sinne beherrscht, und diese gründen sich auf die Auffassung, Materie und Körper seien allein die Wirklichkeit, Leben und Kraft seien die einzige Realität, Leidenschaft und Gefühle, Denken und Sinneserfahrung seien wirklich. Wir identifizieren uns mit all diesem und können deshalb nicht zum wirklichen Selbst hinter den Dingen gelangen.[157]

In seinen einführenden Vorträgen pflegt Eckhart die vorbereitende Aufgabe anzusprechen, den im gerade zitierten Auszug erwähnten Stolperstein zu beseitigen und zum rechten Denken über unsere wahre Identität zu gelangen. Seine Vorträge beginnen also meist mit Themen wie dem illusorischen Selbst, dem „Ich", das aus der Identifizierung mit dem Verstand geboren ist, der Unterscheidung zwischen der zeitlichen Form – Körper, Emotionen und Denken; mit denen wir uns in unserem normalen Bewusstsein identifizieren – und dem Formlosen, das die Essenz unseres wahren Wesens und das Wesen des Universums ist, und der Dysfunktionalität und dem Wahnsinn des normalen Ego-Bewusstseins und dergleichen. Solche Themen bauen auf dem vornehmsten Prinzip auf dem Pfad des Wissens auf, nämlich *Viveka,* der Unterscheidung zwischen dem Wirklichen und dem Unwirklichen. Die begriffliche Überstruktur in Eckharts Lehre ist – anders als die der traditionellen indischen Pfade des Wissens, wie Advaita und Samkhya – nicht ein abstraktes kosmologisches und metaphysisches System, sondern besteht aus

157 Sri Aurobindo, *Die Synthese des Yoga,* S. 319

psychologischen Wahrheiten, die mehr das innere Erleben und die Intuition ansprechen als den spekulativen Intellekt.

Präsent zu sein, bedeutet in Eckharts Lehre mehr, als lediglich zum beobachtenden Zeugen zu werden. Gegenwärtigkeit ist laut Eckhart ein Zustand, in dem die Aufmerksamkeit gänzlich im Jetzt ist. Völlig präsent zu sein, ist also gewissermaßen eine Gratwanderung in der Gegenwart. Dieser Aspekt der Gegenwärtigkeit zeigt die Verwandtschaft von Eckharts Lehre einerseits und der Sichtweise und Methode des Zen andererseits. Auch das Zen ist ein Pfad des Wissens, der zu der Erkenntnis der illusorischen und vergänglichen Natur des Selbst und der Dinge in der Welt führt. Wie das Zen die Meditation als Zustand der Aufmerksamkeit im Hier und Jetzt und das Leben ganz im Tun des Augenblicks sieht, illustriert die folgende Geschichte:

> Eine Gruppe ausländischer Reisender mit großem Interesse an Spiritualität besuchte im Rahmen ihres Japan-Besuches den Zen-Meister Fudoshi. Tief beeindruckt von seiner Weisheit und Gelassenheit, fragte ihn einer der Besucher nach dem Geheimnis seiner spirituellen Fertigkeiten.
>
> Fudoshi antwortete: „Wenn ich sitze, sitze ich; wenn ich stehe, stehe ich; wenn ich gehe, gehe ich; wenn ich esse, esse sich und wenn ich spreche, spreche ich.“ Die Besucher waren sehr überrascht über seine Antwort. Ihr kleiner Verstand vermochte nicht zu begreifen, dass Wahrheit so einfach und offensichtlich sein konnte. Und so sagten sie zum Meister: „Das ist schön und gut, aber was tun Sie sonst noch?“ – und erwarteten eine tiefergreifende Antwort.

> Fudoshi antwortete abermals: „Ich tue sonst nichts. Wenn ich sitze, sitze ich; wenn ich stehe, stehe ich; wenn ich gehe, gehe ich; wenn ich esse, esse ich, und wenn ich spreche, spreche ich."
>
> Unzufrieden mit Fudoshis Antwort, entgegneten die Besucher ungeduldig: „Das tun wir auch, aber wir haben nicht erreicht, was Sie erreicht haben."
>
> Da antwortet Fudoshi: „Nein, nein, Sie alle machen die Dinge anders, als ich sagte. Wenn ihr sitzt, dann denkt ihr bereits ans Gehen; wenn ihr geht, ist es, als würdet ihr laufen; wenn ihr lauft, dann schiebt ihr dabei einen Hotdog in den Mund, und während ihr ihn esst, sprecht ihr über das, was gestern geschehen ist oder was ihr morgen tun werdet. Ihr seid nicht, wo ihr seid. Das ist euer einziges Problem."
>
> Dann erklärte Fudoshi die Bedeutung der Meditation im Alltag als ein Gegenwärtigsein im Hier und Jetzt in allem, was man tut, sei es beim Sitzen, Stehen, Gehen, Essen oder Sprechen.

Eine Methode, die implizit oder explizit in allen spirituellen Disziplinen praktiziert wird und auf dem Pfad des Wissens überaus wichtig ist, ist die Konzentration. Der normale Zustand des Bewusstseins ist das Gegenteil von Konzentration – es ist ein Zustand der Zerstreuung. Die Mutter beobachtete:

> Man wird die ganze Zeit nach draußen geschleudert; die ganze Zeit lebt man wie außerhalb seiner selbst, in einer derart vordergründigen Empfindung, dass es fast so ist, als sei man außerhalb seiner selbst. Sobald man sich auch nur ein wenig beobachten, sich ein wenig kon-

> trollieren will, einfach erkennen will, was vor sich geht, ist man immer gezwungen, zurückzutreten oder etwas, das ständig an der Oberfläche ist, an sich heran-, in sich hineinzuziehen. Und durch dieses Oberflächending sind wir mit allem Äußeren in Fühlung, es stellt die Beziehung her zu den gleichartigen Schwingungen, die von den anderen ausgehen. Das geschieht beinahe außerhalb von einem selbst.
>
> Das ist die Verzettelung des alltäglichen Bewusstseins, unaufhörlich.[158]

Die Verzettelung und Zerstreuung ist auch ein Zustand von Veräußerlichung, in dem das Bewusstsein nach außen statt nach innen gekehrt ist. Die Mutter sagte:

> Das gewöhnliche menschliche Bewusstsein, auch bei den Entwickeltsten, auch bei Menschen mit großem Talent, die Großes leisten, ist eine nach außen gewandte Bewegung – alle Energien werden nach außen getrieben, das ganze Bewusstsein wird nach außen ausgebreitet; und wenn etwas nach innen gewandt ist, ist es sehr wenig, sehr selten, sehr fragmentarisch, es geschieht nur unter dem Druck ganz besonderer Umstände, heftiger Schocks, von Schlägen, die das Leben gerade mit dem Willen austeilt, diese nach außen gewandte Bewegung des Bewusstseins etwas umzukehren.[159]

Ein spirituelles Leben zu führen, heißt, sich für die Innenwelt in den Tiefen des eigenen Wesens zu öffnen. Damit geht eine Wen-

---

158 Die Mutter, *Gespräche 1956,* S. 198
159 Die Mutter, *Gespräche 1958,* S. 169 f.

dung des normalen Bewusstseins von seinem gewöhnlichen Zustand der Zerstreuung und Veräußerlichung zu einem Zustand der Konzentration und Verinnerlichung einher. Sri Aurobindo stellte fest: „Konzentration ist in der Tat die erste Grundbedingung für jeglichen Yoga."[160]

Konzentration in dem allgemeinen Sinne eines Zustands der Sammlung spielt in jeder spirituellen Praxis eine Rolle. Auf dem Pfad des Wissens, wie er in Indien praktiziert wird, geht es um Konzentration in einem spezifischeren Sinne. Gemeint ist ein Zustand, in dem das Denken von allen ablenkenden Aktivitäten des Verstandes angezogen und auf die Idee der Einen Wirklichkeit gerichtet wird, so dass man aus dem gewöhnlichen, zerstreuten Bewusstsein in das Bewusstsein des Einen aufsteigen kann. Zu diesem Zweck werden verschiedene Methoden der gezielten Konzentration eingesetzt als ein „Mittel, durch das sich die individuelle Seele mit jeder Form, jedem Zustand, jeder psychischen Manifestation des Selbst, mit seinem *bhava*[161], identifiziert und in diese eingeht".[162]

Einer der Konzentrationsvorgänge, die auf dem Pfad des Wissens eine wichtige Rolle spielen – man tritt zurück und betrachtet wie ein Zeuge die Tätigkeit des Verstandesdenkens, bis dieses still wird – erinnert an Eckharts Aufforderung, das Verstandesdenken aus einer Haltung beobachtender Gegenwärtigkeit zu betrachten, um schließlich ein Aufhören des Stroms der Gedanken und einen Zustand der Stille herbeizuführen. Doch im Unterschied zu den indischen Pfaden des Wissens lehrt Eckhart diesen Vorgang nicht als eine spezifische Methode, die zu bestimmten Zeiten zu praktizieren sei, sondern nur als eine generelle Einstellung, die zu jeder Zeit aufrechtzuerhalten sei.

160 Sri Aurobindo, *Die Synthese des Yoga,* S. 89
161 Status des Seins
162 Sri Aurobindo, *Die Synthese des Yoga,* S. 337

In Sri Aurobindos Yoga, in dem es ebenfalls keine spezifischen Methoden der Praxis gibt, ist Konzentration von höchster Bedeutung. So sagt er über seinen Yoga:

> In diesem Yoga gibt es keine andere Methode als sich zu konzentrieren, besonders im Herzen, und die Gegenwart und Macht der Mutter[163] zu rufen, [sie zu bitten,] das Wesen anzunehmen und durch das Wirken ihrer Kraft das Bewusstsein umzuwandeln. Man kann sich ebenfalls im Kopf konzentrieren oder zwischen den Augenbrauen, doch für viele ist das ein zu schwieriges Öffnen. Sobald das Mental ruhig, die Konzentration kraftvoll und das Streben intensiv werden, zeichnet sich eine anfängliche Erfahrung ab.[164]

In allen spirituellen Disziplinen, einschließlich Sri Aurobindos Yoga, wird Reinigung oder Läuterung wie Konzentration (im Sinne eines selbst herbeigeführten Zustandes der Sammlung) als ein wesentliches Mittel auf dem Weg zur Befreiung betrachtet. Sri Aurobindo formulierte es so:

> *Siddhi* ist die Bedingung/Voraussetzung für *mukti.*[165]
>
> Läuterung und Konzentration sind zwei Aspekte desselben Seinszustandes: der weibliche und der männliche, der passive und der aktive. Ein geläutertes Wesen ist Voraussetzung dafür, dass die Konzentration vollständig, wirksam und allmächtig wird. Andererseits kommt durch Konzentration die Läuterung erst zu ihrer Aus-

163 die göttliche Kraft
164 Sri Aurobindo, *Briefe über den Yoga,* Bd. 2, S. 240
165 Sri Aurobindo, *Die Synthese des Yoga,* S. 284

> wirkung und würde ohne diese nur zu einem Zustand friedvoller Stille und ewiger Ruhe führen.[166,167]

Eckharts Methode, mit dem umzugehen, was als Unreinheiten betrachtet wird, ist die gleiche Vorgehensweise wie bei allem, was die Präsenz zu beeinträchtigen neigt: Man bringe Präsenz in das, was im Augenblick entsteht, und beobachte einfach, was auch immer da aufkommen mag, selbst wenn es einem zu Beginn vielleicht nicht gelingt, die Gegenwärtigkeit aufrechtzuerhalten und man in Unbewusstheit fällt und auslebt, was die Präsenz beeinträchtigt.[168]

Die Methoden der Läuterung in Sri Aurobindos Yoga wurden in dem vorausgegangenen Teil dieses Kapitels im Zusammenhang mit der Rolle persönlichen Bemühens kurz gestreift und sollen im nächsten Abschnitt umfassender präsentiert werden, in dem der Vorgang der inneren Veränderung besprochen wird.

Eine Methode der spirituellen Praxis – die Hingabe – ist sowohl in Eckharts Lehre als auch in Sri Aurobindos Yoga von herausragender Bedeutung. Eckhart betrachtet Hingabe – nämlich „ja" zu sagen zu allem, was *ist* – als die wichtigste Pforte, den wichtigsten Zugang in die Gegenwärtigkeit. Solange man nicht Hingabe praktiziert, so Eckhart, wird das Leben von der Energie des Verstandesdenkens beherrscht; erst durch Hingabe tritt spirituelle Energie in das Leben ein und verwandelt es. Aus der Sicht von Sri Aurobindos Yoga sind Läuterung, Konzentration, innerer Abstand, Nichtverhaftetsein, Loslösung und Zurückweisung des Egos und Begehrens alles nützliche Hilfen für die Entdeckung

---

166 Laut Sri Aurobindo ist der Zustand friedvoller Stille und ewiger Ruhe, der aus der *Befreiung* des *inneren* Seins resultiert, nicht genug, um eine *Transformation* des äußeren Seins herbeizuführen.

167 Sri Aurobindo, *Die Synthese des Yoga,* S. 334

168 Vortrag bei dem Intensiv-Kurs „The Awareness That *Is* Beyond Thought" in San Francisco, Kalifornien, am 18. November 2000

des eigenen innersten Seins. „Die wirksamste, zentralste Methode aber ist, dass wir diese oder andere Maßnahmen auf eine Selbst-Darbringung gründen, auf eine Überantwortung unseres Selbst und aller Schichten unseres Wesens an das Göttliche Wesen. …“[169]

DER VORGANG DER INNEREN VERWANDLUNG

Eine von Eckharts ansprechendsten Lehren betrifft den Vorgang der inneren Verwandlung. In seiner Einfachheit und Schönheit ist sie mit dem „höchsten Geheimnis“ der *Gita* vergleichbar, das in ihrem letzten Kapitel offenbart wird, als Krishna zu dem Schüler sagt:

> „Werde Mich mental, werde der Mich Liebende und Anbetende, der Mir opfert! Beuge dich nieder vor Mir; zu Mir sollst du kommen! Dies ist mein Versprechen und meine Verheißung an dich, denn du bist Mir lieb. Gib alle Dharmas auf und nimm deine Zuflucht allein zu Mir! Ich werde dich befreien von aller Sünde und allem Bösen. Sei unbesorgt!“[170]

In seiner Ausführung über das „Geheimnis der Geheimnisse“ in der *Gita* schreibt Sri Aurobindo:

> Alle persönliche Mühe und Selbst-Disziplin werden letztlich nicht gebraucht. Alles Befolgen von Regeln, alle Begrenzungen durch sie und das Dharma können schließlich als hinderlicher Ballast abgeworfen werden, wenn du die völlige Überantwortung an Mich vollbringen kannst. Hänge allein vom Geist und von der Gott-

169 Sri Aurobindo, *Das göttliche Leben*, Bd. II/2, S. 319
170 *Bhagavad-Gita* XVIII/65-66, zitiert in: Sri Aurobindo, *Essays über die Gita*, S. 543

> heit in dir und allen Dingen ab und vertraue allein ihrer Führung! Wende dein ganzes Mental Mir zu und erfülle es mit Gedanken an Mich und meine Gegenwart! … Ich [bin] hier bei dir in deinem Kampfwagen, dir geoffenbart als der Gebieter des Seins in deinem Innern und außerhalb von dir. Ich wiederhole dir die unbedingte Zusicherung, die unfehlbare Verheißung: Ich will dich zu Mir hinführen, durch allen Kummer und alles Böse hindurch und über das alles hinaus. Was für Schwierigkeiten und Verwirrungen auch aufkommen mögen, sei dessen sicher: Ich führe dich zu einem vollendeten göttlichen Leben im Allumfassenden und zu einem unsterblichen Sein im erhabenen Geist.[171]

Eckhart vermittelt dieses höchste Geheimnis der *Gita* in einer für den modernen Menschen eingängigeren Form. Wie ist die Unbewusstheit des Verstandesdenkens in die Bewusstheit der Präsenz zu verwandeln? Man kann seine Unbewusstheit nicht durch irgendeine Art von Tun transformieren, sagt Eckhart. Präsenz ist nicht etwas, das man durch persönliche Anstrengung geschehen machen kann. Präsenz ist entweder vorhanden oder nicht vorhanden. Vielleicht ist es Gnade. Gegenwärtigkeit *will* entstehen. Alles, was man tun muss, ist, mit ihr zu kooperieren und die Pforte zu öffnen, damit die Gnade eintreten kann. Statt zu versuchen, sich zu „richten" oder „umzukrempeln", braucht man nur den Widerstand gegen den jetzigen Augenblick aufzugeben und zuzulassen, dass das Jetzt *ist*. Das Jetzt ist das Innerste des Menschen, doch aufgrund der Identifikation mit dem Verstandesdenken ist es verborgen. Die ganze Zeit agiert und reagiert man entsprechend der Konditionierung, welcher der Verstand unterzogen wurde,

---

171 Sri Aurobindo, *Essays über die Gita,* S. 543 f.

und von dem Strom nicht endender Gedanken wird man ständig weitergeschleppt. Alles, was nötig ist, um sich zu befreien, ist ein „kleiner Zeuge im Hintergrund", der die Machenschaften des mit dem Verstandesdenken identifizierten Selbst *sieht.* Wird man erst beobachtende Gegenwärtigkeit und sieht die Konditionierung, die in einem am Wirken ist, kann sich die unbewusste Aktivität des Gedankenstromes nicht mehr länger halten. Sobald Gegenwärtigkeit eingetreten ist, hört sie nicht mehr auf. Sie mag vorübergehend verdeckt sein, doch sie wird wieder hervorkommen. Man braucht der Präsenz nur zu erlauben, weiterhin hervorzutreten und die Unbewusstheit des mit dem Verstand identifizierten Selbst in die Bewusstheit der Gegenwärtigkeit zu verwandeln.

In ähnlichem Sinne wie zuvor zitiert, schreibt Sri Aurobindo:

> Die Ich-Person in uns kann sich nicht aus eigener Kraft, aus eigenem Willen oder Wissen und durch irgendeine eigene Tugend in die Natur des Göttlichen Wesens umwandeln. Sie kann sich allein für die Transformation vorbereiten und ihre Unterwerfung unter das, was sie zu werden sucht, immer mehr vervollständigen. Solange das Ich in uns wirkt, ist unser personales Handeln (und muss sein) seiner Natur nach Teil der niederen Stufen der Existenz, verdunkelt oder nur halb erleuchtet, in seinem Wirkungsfeld eingegrenzt und in seiner Macht nur sehr bedingt effektiv. Wenn wirklich eine spirituelle Transformation (und nicht nur eine bloße erleuchtende Verbesserung) unserer Natur geleistet werden soll, müssen wir die Göttliche *Shakti*[172] herniederrufen, damit sie jenes wunderbare Werk im indivi-

172 die göttliche Kraft

> duellen Menschen vollbringt. Denn sie allein besitzt die dazu benötigte Kraft, die entscheidend, allweise und unbegrenzbar ist.[173]

Das höchste Geheimnis der *Gita* kommentiert Sri Aurobindo mit den Worten:

> Denn in der spirituellen Entfaltung kommt eine Zeit, da wir dessen innewerden, dass all unser Bemühen und Handeln nur unsere eigenen mentalen und vitalen Reaktionen auf das schweigende verborgene Drängen einer größeren Gegenwart in uns und um uns sind. Es wird uns klar, dass all unser Yoga, unser Streben und Bemühen unvollkommene oder zu enge Formen sind, weil eine viel umfassendere Wahrheit durch sie entstellt oder zumindest eingeschränkt wird: durch Assoziationen und Forderungen des Mentals, seine Vorurteile und Vorlieben, seine Fehlübertragungen oder halben Übertragungen jener Wahrheit. Unsere Ideen, Erfahrungen und unser Bemühen sind nur mentale Abbilder höchster Dinge, die vollkommener, unmittelbarer, freier, umfassender und mehr im Einklang mit dem universalen und ewigen Willen jener Macht selbst in uns ausgeführt würden, wenn wir uns nur passiv als Instrumente in die Hand jener höchsten und absoluten Kraft begeben könnten. Aber jene Macht ist nicht von uns getrennt. Sie ist unser eigenes Selbst. Sie ist eins mit dem Selbst aller anderen Wesen. Sie ist zugleich ein transzendentes Sein und eine immanente Person. Unser in dieses höchste Sein emporgehobenes Sein

173 Sri Aurobindo, *Die Synthese des Yoga,* S. 96 f.

> und Wirken werden uns nun nicht mehr, wie jetzt noch, individuell als etwas Eigenes in mentaler Abgetrenntheit vorkommen. Nun wird alles zu der gewaltigen Bewegung einer Unendlichkeit und einer vertrauten, erhabenen Gegenwart. Es wird in uns zu einer ständigen spontanen Äußerung der Gestaltung und des Ausdrucks dieses tiefen universalen Selbst und dieses transzendenten Geistes.[174]

Damit teilen Eckhart und Sri Aurobindo den gleichen Blickwinkel, wenn sie das Ego als unfähig betrachten, sich selbst zu verwandeln, und die Gegenwärtigkeit oder die göttliche Kraft als alleinige Macht sehen, welche die Transformation herbeiführen kann.

Doch Sri Aurobindo schreibt daher:

> Es ist aber nicht sofort möglich, das menschliche personale Handeln gänzlich durch das göttliche zu ersetzen. Zuerst muss jede Einmischung von unten her, welche die Wahrheit des höheren Wirkens verfälschen würde, ausgeschaltet oder unwirksam gemacht werden, und das ist durch unsere eigene freie Entscheidung zu leisten. Von uns wird gefordert, dass wir die Impulse und Verfälschungen aus der niederen Natur ständig und wiederholt zurückweisen und der Wahrheit eine dauernde Grundlage bieten, wenn sie in unseren Wesensschichten wächst. Denn das Licht, die Reinheit und Macht, die unsere Natur immer mehr einnehmen und sie zuletzt vervollkommnen, benötigen zu ihrer Entfaltung und Förde-

174 Sri Aurobindo, *Essays über die Gita,* S. 546

> rung unsere freie Zustimmung und unsere entschiedene Zurückweisung alles dessen, was ihnen entgegensteht, minderwertig und mit ihnen unvereinbar ist.[175]

Deshalb bringt die Praxis von Sri Aurobindos Yoga eine lange und beschwerliche Vorbereitung bis zum Erlangen einer vollständigen Hingabe mit sich; dann hört das Bedürfnis nach persönlicher Bemühung auf und die göttliche Macht übernimmt das ganze Werk der Transformation. Sri Aurobindo spricht also von zwei Perioden, Bewegungen oder Phasen im Yoga, die einander etwas überschneiden. In der ersten Phase, dem Vorgang der Hingabe, bereitet sich das Individuum darauf vor, das göttliche Wirken zu empfangen. In dieser ersten Phase der Vorbereitung durch persönliches Bemühen ist ein ständiges Zurückweisen alles dessen gefragt, was die göttliche Aktion stört und verfälscht. Solche Zurückweisung, das negative Element im Yoga, ist als eine vorübergehende Bewegung notwendig wegen des Widerstandes, den das Ego gegen den Transformationsvorgang aufbietet und seine Opposition gegen das wahre Wesen.

> [In dem Übergangsstadium zwischen der ersten und der zweiten Periode] dieser Bewegung schwindet unser personales und notwendigerweise unwissendes Bemühen mehr und mehr dahin. Nun handelt eine höhere Natur. Die ewige *Shakti,* die Mutter des Universums, kommt in diese begrenzte Gestalt der Sterblichkeit hernieder, nimmt sie immer mehr in Besitz und wandelt sie um.[176]

In der zweiten Periode ersetzt die größere Bewegung

175 Sri Aurobindo, *Die Synthese des Yoga,* S. 97
176 Sri Aurobindo, *Die Synthese des Yoga,* S. 96

> völlig die geringere, vorher unentbehrlich gewesene Wirkensart. Das kann aber erst dann geschehen, wenn unsere Selbst-Unterwerfung vollständig geworden ist.[177]

Der erste Schritt in der ersten Phase der Selbstvorbereitung durch persönliches Bemühen bedeutet, sich der Regungen seines Egos bewusst zu werden und sie als unparteiischer Zeuge zu beobachten, indem man sich von ihnen loslöst, statt sich mit ihnen zu identifizieren und sie für einen Teil seiner wirklichen Natur anzusehen.

> [Die von der *Gita* verordnete Methode der Selbst-Disziplin ist:] … aus der Aktion der Qualitäten[178] in unser Selbst-Wesen zurücktreten. Ihre unsteten Prozesse sollen wir als Beobachter, als Zeugen wahrnehmen und dabei unseren Stand oberhalb der wogenden Kräfte der Natur einnehmen. Der Zeuge beobachtet sie wohl. Er bleibt aber unparteiisch und neutral, über sie und ihre Ebene erhaben. Er steht in seinem eigentlichen ursprünglichen Stand hoch über ihnen. Der Beobachter schaut auf sie und beobachtet sie, wie sie in Wellen emporsteigen und zurücksinken. *Er akzeptiert sie in keinem Augenblick und greift auch nicht in ihren Lauf ein.* Zuerst müssen wir die Freiheit des apersonalen Beobachters erlangen. Dann erst kann die Beherrschung durch den Meister, den *ishvara*[179], kommen.[180]

---

177 ebd.

178 Eigenschaften, Aspekte *(gunas)* des gewöhnlichen physischen, vitalen und mentalen Bewusstseins

179 Herr, Meister

180 Sri Aurobindo, *Die Synthese des Yoga,* S. 253

> Die Bewegungen als Betrachter zu beobachten, ohne entmutigt oder beunruhigt zu sein, ist der beste Weg, die notwendige Loslösung und Trennung zu bewerkstelligen.[181]
>
> Als Erstes hat man sich von ihnen loszulösen, sich nicht mit ihnen zu identifizieren, sie nicht länger als Teil der eigenen wirklichen Natur zu betrachten, sondern als Dinge, die einem auferlegt sind und zu denen man sagt: „Das bin nicht ich, das gehört nicht zu mir, es ist etwas, das ich völlig zurückweise." Man beginnt im Inneren einen Teil des Wesens wahrzunehmen, der mit diesen Suggestionen nicht identisch ist, der fest bleibt und sagt: „Das kann zwar an der Oberfläche eine Störung verursachen, soll mich aber nicht berühren." Wenn dieses getrennte Wesen innerlich wahrgenommen werden kann, ist die halbe Arbeit geschehen – Voraussetzung dafür ist ein Wille, sich von den Unvollkommenheiten der Oberflächennatur nicht nur loszulösen, sondern auch davon zu befreien.[182]

Die folgenden Punkte aus den gerade zitierten Passagen seien hervorgehoben:

1. Zuerst muss man zum Zeugen oder Betrachter werden, der einfach beobachtet, aber vorläufig den Ablauf dessen, was er sieht, weder akzeptiert noch in ihn eingreift. Diese Haltung ähnelt dem, was Eckhart als „Zulassen" beschreibt. Im Lichte der Lehre der *Gita* würde Zulassen bedeuten, in das, was man sieht, nicht einzugreifen und *es auch nicht zu akzeptieren.*

---

181 Sri Aurobindo, *Briefe über den Yoga,* Bd. 4, S. 464
182 Sri Aurobindo, *Briefe über den Yoga,* Bd. 4, S. 465

2. Das erste Prinzip ist, ein inneres Wesen zu fühlen (das Eckhart die „beobachtende Gegenwärtigkeit?“ nennt), das losgelöst und separat ist von dem oberflächlichen Ego.
3. Als unparteiischer Zeuge die Regungen des oberflächlichen Wesens zu beobachten, ist die beste Art, um die Trennung zwischen dem oberflächlichen Wesen und dem wahrem Sein im Inneren herbeizuführen.
4. Es muss ein Wille bestehen, von dem oberflächlichen Bewusstsein nicht nur distanziert und losgelöst zu sein, sondern auch dessen egoistische Regungen zurückzuweisen. Ohne solche Zurückweisung könnte man zur Befreiung des inneren Wesens als einem losgelösten Zeugen gelangen, aber nicht zum Meister seines ganzen Wesens werden: Man würde weiterhin die Reaktionen im oberflächlichen Bewusstsein erleben, obwohl das innere Wesen von den Reaktionen frei und unberührt ist. Sri Aurobindo erklärt den Unterschied zwischen der Freiheit, die aus der Loslösung erwächst, und der Meisterschaft, die durch die Zurückweisung erlangt wird, mit den Worten:

> Loslösung ist der Beginn der Meisterung, die vollständige Meisterung aber erfordert, dass keinerlei Reaktionen vorhanden sein sollten. Wenn im Inneren etwas ist, das durch Reaktionen nicht gestört wird, bedeutet dies, dass das innere Wesen frei und Meister seiner selbst ist, doch ist es noch nicht Meister der ganzen Natur. Sobald dies der Fall ist, lässt es keine falschen Reaktionen zu – wenn irgendwelche kommen, werden sie sofort zurück-

> gewiesen und abgeschüttelt und bleiben schließlich ganz aus.[183]

In einem schon früher zitierten Brief schrieb Sri Aurobindo:

> Der *Purusha* über uns ist nicht nur ein Beobachter, er erteilt die Zustimmung (oder hält sie zurück); wenn er beharrlich die Zustimmung zu einer Bewegung der *Prakriti* verweigert und sich davon losgelöst hält, verliert sie meist nach einer Weile ihre Kraft, selbst wenn sie noch eine Zeit lang durch ihren vorangegangenen Antrieb fortbesteht; sie wird schwächer, weniger beharrlich, weniger konkret und schwindet am Ende dahin. Wenn du in das Purusha-Bewusstsein eintrittst, sollte es nicht nur als der Zeuge sein, sondern als der *anumanta*[184], der die Einwilligung zu den störenden Bewegungen verweigert und nur Friede, Stille, Reinheit und all das zulässt, was sonst noch Teil der göttlichen Natur ist. Diese Verweigerung der Zustimmung braucht nicht Kampf mit der niederen *Prakriti* zu bedeuten; es sollte eine ruhige, beharrliche und losgelöste Verweigerung sein, welche dem entgegensetzten Wirken der Natur keine Unterstützung, Zustimmung oder Rechtfertigung gewährt oder ihm Bedeutung beimisst.[185]

Im gleichen Sinne schrieb Sri Aurobindo in einem anderen Brief:

> Die Haltung des Betrachtenden ist nicht als bequemes

183 Sri Aurobindo, *Briefe über den Yoga,* Bd. 3, S. 144

184 Eine der Beschreibungen der *Gita* für den Purusha, das innere Wesen, ist die von Anumanta, dem Zustimmungs-Geber.

185 Sri Aurobindo, *Briefe über den Yoga,* Bd. 3, S. 141

> Mittel gedacht, die Verantwortung für die eigenen Mängel abzulehnen und auf diese Weise ihre Richtigstellung zurückzuweisen. Sie soll zur Selbsterkenntnis verhelfen und wird in unserem Yoga als ein geeigneter Ausgangspunkt angesehen (losgelöst und nicht verhaftet und daher der *Prakriti* nicht unterworfen), von dem aus man durch die Verweigerung der Zustimmung auf die falschen Bewegungen einwirken kann und sie durch das Wirken des wahren Bewusstseins von innen oder oben ersetzt.[186]

Wie bereits in dem Kapitel „Sri Aurobindo über das Betrachter-Bewusstsein“ festgestellt, muss das innere Wesen (Purusha) nicht nur als Sakshi, der Betrachter, hervorkommen, sondern auch als Anumanta, der Zustimmung gewährt oder verwehrt. Es sei wiederholt, was schon etwas weiter oben über die in der *Gita* gelehrte Methode der Selbstdisziplin gesagt wurde: „Zuerst müssen wir die Freiheit des apersonalen Beobachters erlangen. Dann erst kann die Beherrschung durch den Meister, den *ishvara,* kommen.“[187] Die Meisterschaft kommt, wenn man nicht mehr nur Betrachter ist, sondern auch ein Zustimmender.

Neben der Methode, zurückzutreten und die Regungen des oberflächlichen Wesens als unbeteiligter Betrachter zu beobachten, lehrt Sri Aurobindos Yoga auch die Methode, die Regungen des Egos in Hingabe an das Göttliche darzubringen und dabei das Göttliche anzurufen, die Ego-Natur durch eine höhere Kraft zur Transformation aufzunehmen. Wie die Methoden der Selbstdarbringung oder Hingabe und des losgelösten Betrachters miteinander zu vereinbaren sind, erklärt Sri Aurobindo im Brief an einen Schüler:

---

186 Sri Aurobindo, *Briefe über den Yoga,* Bd. 3, S. 143
187 Sri Aurobindo, *Die Synthese des Yoga,* S. 253

> Was die Hingabe anbelangt, so ist sie mit der Haltung des Betrachters nicht unvereinbar. Im Gegenteil, durch die Befreiung von der gewöhnlichen *Prakriti*[188] wird die Hingabe an die höhere oder göttliche Macht leichter. Sehr häufig, wenn die Haltung des Betrachters nicht eingenommen wurde, aber ein erfolgreicher Ruf um das Wirken der Kraft ergangen ist, sorgt diese Kraft mit als Erstes dafür, diese Betrachter-Haltung zu errichten, um mit weniger Einmischung und Störung durch die Bewegungen der niederen *Prakriti* wirken zu können.[189]

Die im Yoga geforderte Zurückweisung wird leicht mit dem verwechselt, was man in der Psychoanalyse als *Verdrängung* bezeichnet; deshalb wird sie zuweilen als schädlich und pathologisch betrachtet. Das Zurückweisen könnte auch als Gegensatz zu Eckharts Aufforderung anmuten, die Unbewusstheit „zuzulassen" und damit der Gegenwärtigkeit zu gestatten, sie zu verwandeln, statt dass man versucht, die Unbewusstheit durch persönliche Anstrengung loszuwerden.

Verdrängung muss klar unterschieden werden von Unterdrückung oder Zurückweisung. Die Verdrängung eines Impulses oder Begehrens wirkt laut Psychoanalyse auf einer *unbewussten* Ebene und damit außerhalb der Sphäre bewussten Gewahrseins. Es ist nicht das bewusste Denken, das verdrängt; die Verdrängung wird vielmehr durch bestimmte, mehr oder weniger unbewusste, schmerzliche Gefühle wie Angst, Scham oder Schuld herbeigeführt. Der verdrängte Impuls wird ins Unbewusste geschoben und bleibt außerhalb der Reichweite des bewussten Gewahrseins der Person. Unterdrückung, in der indischen Psycho-

188 Natur-Kraft, die das Ego-Bewusstsein regiert.
189 Sri Aurobindo, *Briefe über den Yoga,* Bd. 3, S. 138 f.

logie *Nigraha* genannt, ist hingegen ein „bewusster" Vorgang, der mit der Ausübung des bewussten mentalen Willens verbunden ist. Unterdrückung bedeutet, dass der äußere Ausdruck eines Impulses in Rede oder Handlung beschränkt wird. Innerlich aber spürt man den Impuls weiterhin und ist sich seiner bewusst. Was Sri Aurobindo *Zurückweisung* (engl. *rejection)* nennt, bezeichnet die indische Psychologie als *Samyama* (Selbstkontrolle oder Selbstmeisterung). Zurückweisung ist, ebenso wie Unterdrückung, ein bewusster Vorgang und geht entweder von dem weniger effektiven mentalen Willen oder vom machtvolleren Willen des inneren Wesens (Seele oder Purusha) aus. Zurückweisung besteht vor allem aus Distanzierung und Loslösung von dem inneren Impuls oder Verlangen, schließt aber auch die Einschränkung seines äußeren Ausdrucks in Rede oder Handlung ein. Die folgenden Passagen aus Sri Aurobindos Briefen an Schüler sollen dabei helfen, das Wesen der Zurückweisung zu erklären und sie von der Unterdrückung zu unterscheiden:

> *Nigraha* bedeutet, die Bewegung zu unterdrücken, aber eine unterdrückte Bewegung ist lediglich eine zeitweilig suspendierte; es ist besser, sie durch Loslösung zurückzuweisen und aufzugeben.[190]

> [… nicht notwendigerweise Unterdrückung, wenn die Verweigerung eines Begehrens mit einer inneren Distanzierung im überwiegenden Teil des Wesens einhergeht.] Der Unterschied zwischen Unterdrückung *(nigraha)* und Selbstkontrolle *(samyama)* besteht darin, dass man in dem einen Fall sagt: „Ich kann nicht umhin, ein Verlangen zu haben, will es aber nicht befriedigen",

190 Sri Aurobindo, *Briefe über den Yoga,* Bd. 4, S. 165

während man im anderen Falle sagt: „Ich weise sowohl das Verlangen als auch die Befriedigung des Verlangens zurück.“[191]

Die Zurückweisung der Begierden ist im Wesentlichen gleichbedeutend mit der Zurückweisung des Elementes der Begehrlichkeit, das hierdurch vom eigentlichen Bewusstsein als ein Fremdkörper, der nicht zum wahren Selbst und zur inneren Natur gehört, ausgeschieden wird. Doch die Weigerung, den Suggestionen der Begierde nachzugeben, ist auch ein Teil der Zurückweisung; sich des suggerierten Handelns zu enthalten, wenn es nicht das richtige Handeln ist, muss in die yogische Disziplin miteinbezogen werden. Es kann nur dann als Unterdrückung bezeichnet werden, wenn es auf die falsche Weise, mit Hilfe eines mentalen, asketischen Prinzips oder einer strengen moralischen Regel geschieht. Der Unterschied zwischen Unterdrückung und innerer essenzieller Zurückweisung ist der gleiche wie zwischen mentaler oder moralischer Kontrolle und spiritueller Läuterung.[192]

Es ist richtig, dass die reine Verdrängung oder Unterdrückung des Begehrens nicht ausreicht und in sich nicht wahrhaft wirksam ist, was aber nicht heißt, dass man den Begierden nachgeben soll; es heißt vielmehr, dass die Begierden nicht nur unterdrückt, sondern aus der Natur verbannt werden müssen.[193]

„Ich will nicht begehren“, ist genau richtig, solange

---

191 Sri Aurobindo, *Briefe über den Yoga,* Bd. 4, S. 165 (teils neu übers.)
192 Sri Aurobindo, *Briefe über den Yoga,* Bd. 4, S. 160
193 Sri Aurobindo, *Briefe über den Yoga,* Bd. 4, S. 164

vom Vital noch nicht gesagt werden kann: „Ich begehre nicht.“ Dennoch gibt es etwas im Wesen, das sogar sagen kann. „Ich begehre nicht“ und das sich weigert, das vitale Begehren als Teil des wahren Wesens anzuerkennen.[194]

Nein, die mentale Kontrolle aufzuheben, ist nicht notwendig: Das Beste ist, sie allmählich durch die seelische oder spirituelle zu ersetzen.[195]

Deine Theorie ist falsch. Einer Leidenschaft frei Ausdruck zu verleihen, mag das Vital eine Zeit lang erleichtern, gibt ihr aber gleichzeitig das Recht, immer wiederzukehren. Sie wird dadurch keinesfalls verringert. Die Unterdrückung, die mit einem innerlichen Nachgeben in subtiler Form einhergeht, ist kein Heilmittel; ihr jedoch durch ein äußerliches Nachgeben Ausdruck zu verleihen, ist noch viel weniger ein Heilmittel. Es ist durchaus möglich, sich zurückzuziehen, ohne [der Leidenschaft] Ausdruck zu verleihen, wenn man entschlossen ist, eine vollständige Kontrolle zu erlangen, eine Kontrolle, die nicht aus bloßer Unterdrückung, sondern einer inneren und äußeren Zurückweisung besteht.[196]

Du scheinst von der Natur des Begehrens nicht die richtige Vorstellung zu haben. Vitales Begehren wird, wenn man ihm nachgibt, nicht befriedigt, sondern wächst an. Wenn du deinem Begehren nachgeben würdest, würde es immer größer werden und mehr fordern. Das war unsere ständige Erfahrung mit den Sadhakas,

---

194 Sri Aurobindo, *Briefe über den Yoga,* Bd. 4, S. 165
195 Sri Aurobindo, *Briefe über den Yoga,* Bd. 4, S. 202
196 Sri Aurobindo, *Briefe über den Yoga,* Bd. 4, S. 164 f.

und sie bestätigt, was man immer schon über das Begehren wusste. Begehren und Neid müssen aus dem Bewusstsein hinausgestoßen werden – es gibt keinen anderen Weg, sich mit ihnen auseinanderzusetzen.[197]

Es ist ein bekanntes psychologisches Gesetz, dass, was immer im bewussten Mental unterdrückt wird, im unterbewussten Wesen fortbesteht und entweder im Wachzustand wiederkehrt, wenn die Kontrolle aufgehoben ist, oder aber im Schlaf. Durch die mentale Kontrolle als solche kann aus dem Wesen nichts gänzlich ausgerottet werden. … Zur Durchführung einer echten und vollkommenen Wandlung muss man sich alle diese [schlechten Gewohnheiten] bewusst machen, um klar zu erkennen, was noch vorhanden ist, und sie Schicht um Schicht zurückweisen, bis sie aus dem persönlichen Dasein gänzlich getilgt wurden. Selbst dann ist es möglich, dass sie fortbestehen und von den umgebenden universalen Kräften zum Wesen zurückkehren; nur wenn kein Teil des Bewusstseins in irgendeiner Form mehr auf diese Kräfte der niederen Ebene reagiert, können der Sieg und die Umwandlung absolut vollständig sein.[198]

Im gewöhnlichen Leben akzeptieren die Menschen vitale Regungen wie Ärger, Begehren, Gier, Sex usw. als natürliche, zulässige und berechtigte Dinge, die gleichsam zur menschlichen Natur gehören. Nur insoweit die Gesellschaft sie missbilligt oder darauf besteht, dass sie innerhalb festgelegter Grenzen gehalten werden oder

---

197 Sri Aurobindo, *Briefe über den Yoga,* Bd. 4, S. 165
198 Sri Aurobindo, *Briefe über den Yoga,* Bd. 3, S. 127 f.

eine schickliche Zügelung erfahren und ein schickliches Maß nicht überschreiten, versuchen die Menschen, sie zu kontrollieren, damit sie der gesellschaftlichen Norm und Regel entsprechen. Im Gegensatz hierzu wird hier [im Integralen Yoga] wie im ganzen spirituellen Leben die Bewältigung und völlige Meisterung dieser Dinge gefordert. Das ist der Grund, weshalb der Kampf stärker empfunden wird; nicht etwa, weil sich diese Dinge in den Sadhakas stärker als in gewöhnlichen Menschen erheben würden, sondern wegen der Intensität des Kampfes zwischen dem spirituellen Mental, das Kontrolle fordert, und den vitalen Bewegungen, die rebellieren und im neuen Leben fortbestehen wollen, so wie sie es im alten taten. Was die Vorstellung anbelangt, dass die Sadhana alle Dinge dieser Art aufwühlt, so ist das nur insofern richtig, als es erstens vieles im gewöhnlichen Menschen gibt, dessen er sich nicht bewusst ist, weil das Vital es vor dem Mental verbirgt und sich daran ergötzt, ohne dass das Mental erkennt, welche Kraft dahintersteckt – auf diese Weise werden die Dinge, die unter dem Vorwand von Altruismus, Philanthropie, Dienst [an der Menschheit] usw. geschehen, in großem Umfang vom Ego geleitet, das sich hinter diesen Rechtfertigungen verbirgt; im Yoga aber muss das geheime Motiv hinter dem Schleier hervorgezogen und enthüllt werden, und man hat sich davon zu befreien. Zweitens, im gewöhnlichen Leben werden manche Dinge verdrängt und bleiben in der [menschlichen] Natur zurück, unterdrückt, aber nicht ausgemerzt; sie können sich jederzeit erheben oder in mannigfachen nervösen Formen oder anderen Störungen des Mentals, Vitals oder

> Körpers zum Ausdruck kommen, ohne dass ihre wahre Ursache ersichtlich ist. Diese Tatsache wurde kürzlich durch europäische Psychologen unter viel Aufhebens entdeckt und erfährt in einer neuen Wissenschaft, der sog. Psychoanalyse, eine übertriebene Bewertung. In der Sadhana hingegen muss man sich dieser unterdrückten Impulse bewusst werden und sie ausmerzen – das kann „Aufwühlen" genannt werden, bedeutet aber nicht, dass sie durch das Aufwühlen aktiviert werden sollen; vielmehr sollen sie vor das Bewusstsein treten, um aus dem Wesen getilgt zu werden.
>
> … In der Sadhana muss die mentale oder moralische Kontrolle durch spirituelle Meisterung ersetzt werden; denn diese mentale Kontrolle ist etwas Einseitiges – eine Kontrolle ohne Befreiung; nur die Seele und das Spirituelle können die Befreiung bewirken. In dieser Hinsicht ist das der hauptsächliche Unterschied zwischen dem gewöhnlichen und dem spirituellen Leben.[199]

Ein wichtiger Punkt ist dieser: Damit die Zurückweisung wirklich effektiv ist, muss sie vom Willen des inneren Wesens (der Seele oder Purusha) ausgehen. Wenn man jedoch aufgrund einer Identifikation mit dem Verstandesdenken nicht mit seinem inneren Wesen in Verbindung steht, muss man den mentalen Willen einsetzen, um abzulehnen, was zurückzuweisen notwendig ist. Sri Aurobindo erklärt dies in den folgenden Briefen:

> … in dem Maß, wie einem dies glückt, wie man sich ablösen kann und das Mental und seine Tätigkeiten, das Leben und seine Tätigkeiten, den Körper und seine

199 Sri Aurobindo, *Briefe über den Yoga,* Bd. 4, S. 53 ff.

Tätigkeiten als nicht zu sich gehörend betrachtet, wird man sich eines inneren Wesens bewusst – eines inneren Mentals, eines inneren Vitals, eines inneren Physischen –, das ruhig, ungebunden und nicht verhaftet ist, das das wahre Selbst über einem spiegelt und sein direkter Vertreter sein kann; von diesem inneren, schweigenden Wesen geht eine Zurückweisung all dessen aus, was zurückgewiesen werden muss, und eine Billigung allein von dem, was bewahrt und umgewandelt werden kann …[200]

Löse dich von diesem Vital-Physischen[201] – betrachte es als etwas, was du nicht selbst bist; weise es zurück, verweigere ihm deine Billigung seiner Forderungen und Impulse, jedoch ruhig, als der betrachtende *Purusha,* dessen Verweigerung der Zustimmung letztlich obsiegen muss. …

Wenn du dich nicht in dieser Unpersönlichkeit befindest, gebrauche dennoch deinen mentalen Willen und seine Fähigkeit der Zustimmung oder Verweigerung – nicht in leidvollem Ringen, sondern in der gleichen Weise, ruhig, die Forderungen des Begehrens abweisend, bis sie durch mangelnde Gewährung und Zustimmung ihre Kraft zur Rückkehr verlieren und immer schwächer und äußerlicher werden.[202]

Die *Gita* verdeutlicht klar die Unterscheidung zwischen Unterdrückung (Nigraha) und Selbstmeisterung (Samyama). In sei-

200 Sri Aurobindo, *Briefe über den Yoga,* Bd. 2, S. 149 f.

201 Lebensnatur, stark verstrickt in den Reaktionen, Begierden, Bedürfnissen und Sinneswahrnehmungen des physischen Körpers.

202 Sri Aurobindo, *Briefe über den Yoga,* Bd. 3, S. 142

nem Kommentar zu bestimmten Versen in der *Gita* schreibt Sri Aurobindo:

> Es muss daher unterschieden werden zwischen dem, was das Wesentliche in der Natur ist, dem ihr eingeborenen und unvermeidlichen Wirken, wobei es ganz und gar nicht förderlich ist, es zu unterdrücken, zu verdrängen, zu bezwingen, und dem, was an der Natur das Unwesentliche ist, ihren Irrwegen, Verwirrungen, Verkehrtheiten, über die wir ganz gewiss die Kontrolle erlangen müssen. Außerdem legt sie eine Unterscheidung nahe zwischen einerseits Zwang und Unterdrückung, *nigraha,* und andererseits einer Kontrolle, verbunden mit der rechten Verwendung und Führung der Natur, *samyama.* Ersteres ist eine Vergewaltigung, die man der Natur durch den eigenen Willen zufügt und die schließlich die natürlichen Mächte des Wesens unterdrückt, *atmanam avasadayet.* Letzteres ist die Kontrolle des niederen Ichs durch das höhere Selbst, die jenen Mächten das rechte Wirken und ein Höchstmaß an Wirkungskraft für ihren Erfolg verschafft, *yogah karmasu kausalam.*[203] Im Anfang des sechsten Kapitels wird diese Art von *samyama* sehr deutlich gemacht. „Du solltest das Selbst durch das Selbst befreien! Du solltest das Selbst nicht bedrängen und nicht unterdrücken (weder indem du dem Genießen deines Ichs frönst, noch indem du es unterdrückst). Denn das Selbst ist der Freund des Selbst, und das Selbst ist der Feind. Für jenen Menschen ist sein Selbst ein Freund, in dem das (niedere) Selbst durch das (höhere) Selbst besiegt wurde. Für den aber, der nicht

203 Yoga ist Fertigkeit in Werken.

> im Besitz seines (höheren) Selbst ist, ist das (niedere) Selbst, als ob es sein Feind wäre, und es handelt als ein Feind." Wenn man sein Ich besiegt und die Ruhe vollkommener Meisterschaft aus dem Selbst und den Besitz des Selbst erlangt hat, wird das erhabene Selbst in einem Menschen fest gegründet, und es bleibt ausgeglichen auch in seinem äußerlich bewussten menschlichen Wesen, *samahita.* Mit anderen Worten liegt der Weg zur Vollkommenheit und Befreiung des Menschen darin, dass er Herr wird über das niedere Selbst durch das höhere, über das natürliche durch das spirituelle Selbst.[204]

Die Lehre der *Gita* zur Meisterung des natürlichen Selbst (das normalerweise von Prakriti oder der Natur beherrscht ist) durch das spirituelle Selbst (Purusha oder Seele) scheint aus der Sicht des Yogas die Rolle und Bedeutung dessen zu erklären, was Eckhart mit „Zulassen" meint, mit dem Erlauben oder Zulassen von allem, was man in seinem natürlichen Selbst beobachtet und *sein* lässt, anstatt zu versuchen, es zu verändern.

In den Begriffen der *Gita* ist das natürliche Selbst in uns den drei Aspekte oder Qualitäten (Gunas) der Prakriti oder Natur unterworfen, durch welche diese in uns wirkt: durch den Aspekt Dunkelheit und Trägheit (Tamas), den Aspekt Leidenschaft und Verlangen (Rajas) und den Aspekt Frieden, Ausgeglichenheit und Licht (Sattva). *Tamas* verdunkelt und hindert das Licht des Wissens daran, in die dunklen Ecken unseres natürlichen Selbst vorzudringen, es nimmt uns die Energie und den Willen zu Veränderung und Fortschritt. *Rajas* verkehrt das Wissen und macht das vernünftige Denken zum Komplizen und Helfershelfer von Regungen, die im Gegensatz zu unserer wahren Natur

204 Sri Aurobindo, *Essays über die Gita,* S. 218 f.

stehen, für die der Verstand jedoch bestechende Erklärungen liefert. Rajas stört das Wirken der Lebenskraft und bringt damit Gleichgewicht und Gesundheit von Körper und Geist durcheinander. Diesen beiden niederen Eigenschaften zu entkommen, ist deshalb unerlässlich, wenn das natürliche Selbst transformiert und zu einem Werkzeug des spirituellen Bewusstseins werden soll. „Solange das *tamas* unerleuchtet und das *rajas* nicht umgewandelt ist, können wir unmöglich zu einer Verwandlung in das göttliche Wesen und göttliche Leben kommen.“[205]

Die Lösung scheint darin zu liegen, ausschließlich den Sattva-Aspekt zu kultivieren. Doch eine einzelne Prakriti-Qualität kann nicht über die beiden anderen dominieren. Wird Rajas, der Aspekt Leidenschaft und Verlangen, unterworfen, wird dadurch das Prinzip Aktivität gedämpft und Tamas, das Prinzip Trägheit, nimmt zu. Der Frieden, der von Sattva kommt, wird zu einer Stille der Untätigkeit, und die Natur „nimmt in ihren dynamischen Teilen die kombinierte Qualität des *sattva-tamas* an, sie wird neutral, blass an Farbe, unschöpferisch und aller Macht entleert“.[206]

Auch ein Kompromiss zwischen den drei Qualitäten – Sattva an der Spitze, Rajas und Tamas ihm untergeordnet – ist keine Lösung. Er würde das Spiel der Natur mildern, aber nicht zu einem spirituellen Freisein von ihren versklavenden Eigenschaften führen. Um zur Freiheit zu gelangen, müssen alle drei Qualitäten der Prakriti transzendiert werden, so dass Purusha, die Seele, nicht länger in ihr Wirken verwickelt und ihren Gesetzen unterworfen ist. Für das Überwinden der drei Aspekte der Natur verordnet die *Gita* eine radikal andere Methode der Selbstdisziplin, die einen befähigt, sich den drei Qualitäten zu entziehen und über diese erhebt.

---

205 Sri Aurobindo, *Die Synthese des Yoga,* S. 252
206 ebd.

> Wir sollen aus der Aktion der Qualitäten in unser Selbst-Wesen zurücktreten. Ihre unsteten Prozesse sollen wir als Beobachter, als Zeugen wahrnehmen und dabei unseren Stand oberhalb der wogenden Kräfte der Natur einnehmen. Der Zeuge beobachtet sie wohl. Er bleibt aber unparteiisch und neutral, über sie und ihre Ebene erhaben. Er steht in seinem eigentlichen ursprünglichen Stand hoch über ihnen. Der Beobachter schaut auf sie und beobachtet sie, wie sie in Wellen emporsteigen und zurücksinken. *Er akzeptiert sie in keinem Augenblick und greift auch nicht in ihren Lauf ein.* Zuerst müssen wir die Freiheit des apersonalen Beobachters erlangen. Dann erst kann die Beherrschung durch den Meister, den *ishvara,* kommen.[207] [Hervorhebungen vom Verf.]

> Sobald der Sadhaka einmal hinter die Einwirkung der *Prakriti* in seinem Inneren oder von außen her zurückgetreten ist, ohne sich einzumischen, ohne sie abzuändern oder zu verhindern, ohne selbst zu wählen oder zu entscheiden, und sobald er ihr Kräftespiel *zulässt,* den Ablauf analysiert und beobachtet, entdeckt er, dass ihre Qualitäten nur durch sich selbst (und nicht von ihm) bedingt werden. Sie wirken wie eine Maschine, die man einmal anlaufen ließ und die nun aufgrund ihrer eigenen Konstruktion und der sie antreibenden Kräfte von selbst weiterarbeitet.[208] [Hervorhebungen vom Verf.]

Diese Anweisung der *Gita* zum Erlangen der Freiheit von den Aspekten der Praktiti – nämlich sich als deren unbeteiligter

---

207 Sri Aurobindo, *Die Synthese des Yoga,* S. 253
208 Sri Aurobindo, *Die Synthese des Yoga,* S. 251

Betrachter zurückzunehmen, ohne sie zu akzeptieren oder einzugreifen – ist Eckharts Lehre recht ähnlich: Die unbewussten Muster im normalen Selbst einfach zu beobachten und sie *zuzulassen,* statt zu versuchen, sie durch persönliche Anstrengung loszuwerden.

Dieser erste Schritt auf dem Wege zum unbeteiligten Zeugen führt laut *Bhagavad-Gita* zu *Nistraigunya*, dem Zustand innerer Freiheit, in dem man von den drei Gunas oder Qualitäten der Natur frei ist und *innerlich* unberührt, während sie im äußeren, oberflächlichen Wesen weiterhin wirken.

> Die Seele bleibt im Inneren abgesondert und frei von der niederen *Prakriti.* Sie ist nicht in ihre gewundenen Gänge verwickelt, sondern steht neutral und froh über ihr. Unsere Natur wirkt zwar immer im dreifachen Kreislauf ihrer alten Gewohnheiten weiter: Begehren, Kummer und Freude greifen unser Herz an; die Funktionen unseres Wesens versinken in Tatenlosigkeit, Verfinsterung und Ermattung; und dann kehren das Licht und der Friede wieder in das Herz, das Mental und den Körper zurück. Jedoch die Seele steht unwandelbar und unberührt durch diese Veränderungen darüber. Die beobachtende Seele bleibt unbewegt vom Kummer und Begehren der niederen Organe. Sie lächelt über ihre Freuden und ihr Ringen. Sie schaut dem Versagen und den Finsternissen des Denkens, der Wildheit oder Schwäche des Herzens und der Nerven zu und wird dadurch nicht überwältigt. Sie unterliegt keinem Zwang und bleibt auch frei von der Gebundenheit an die Erleuchtungen des Mentals mit ihrem Trost, von seinem Empfinden der Erleichterung oder der Macht, wenn das Licht und der Frohsinn zu-

> rückkehren. Sie selbst geht in all dem nicht unter, sondern wartet unbewegt auf die Anregungen durch einen höheren Willen und auf die Intuitionen durch ein größeres erleuchtetes Wissen.[209]

Ist man erst losgelöst von der Natur und identifiziert sich nicht mehr mit ihr, erwächst die tiefgreifende Erkenntnis, dass die bewegende Kraft und der Antrieb für alle Aktivitäten von der Natur kommen, solange man mit seinem oberflächlichen Wesen identifiziert ist.

> Dann versteht der Sadhaka erst richtig, wie irrig sein Eindruck war, sein eigenes Mental sei der Täter seines Wirkens. Sein Mental war dabei nur ein kleiner Teil von ihm und in viel stärkerem Maß eine Schöpfung, ein Mechanismus der Natur. Unablässig hatte die Natur mittels ihrer eigenen Qualitäten gearbeitet, indem sie die drei allgemeinen *guna* sich so bewegen ließ, wie etwa ein Mädchen mit seinen Puppen spielt. Das Ich des Sadhaka war dabei nur Instrument und Spielzeug. [Sein Charakter und seine Intelligenz, seine moralischen Qualitäten und mentalen Kräfte, seine Kreationen und Werke und Leistungen, seine Wut und Nachsicht, seine Grausamkeit und sein Erbarmen, seine Liebe und sein Hass, seine Sünde und seine Tugend, sein Licht und seine Dunkelheit, seine Leidenschaft der Freude und seine Pein des Kummers –] alles war das Kräftespiel der Natur, dem die Seele, von diesem angezogen, gewonnen und unterworfen, ihre passive Zustimmung gab.[210]

---

209 Sri Aurobindo, *Die Synthese des Yoga,* S. 254 f.
210 Sri Aurobindo, *Die Synthese des Yoga,* S. 138 (teils neu übers., da nicht in der deutschen Ausgabe.)

Die in dem gerade zitierten Abschnitt enthaltene Lehre entspricht dem, was Eckhart schon häufig über die nichtpersönliche oder kollektive Natur dessen gesagt hat, was wir unwissend gerne ganz unserem persönlichen Selbst zuschreiben, nämlich die mentalen und emotionalen Aspekte unserer Natur und die Muster unserer Reaktionen. Laut Eckhart gibt es nur sehr wenig, was daran überhaupt persönlich ist. Was wir in uns sehen, ist nicht unsere eigene, persönliche Natur, sondern meistens kollektiv-menschliche Natur. Die *Gita* nennt es Prakriti oder universelle Naturkraft.

Dieser Einblick in die Fremdartigkeit der Kräfte, die in unserem oberflächlichen Wesen wirken, ist ein mächtiges Werkzeug zum Überwinden des Begehrens – und dies wiederum ist laut *Gita* die allererste Voraussetzung für eine spirituelle Geburt. Sri Aurobindo erklärt in Briefen an seine Schüler:

> Alle gewöhnlichen vitalen Bewegungen[211] sind dem wahren Wesen fremd und kommen von außerhalb; sie gehören weder der Seele an noch haben sie ihren Ursprung in ihr, es sind vielmehr Wellen der allgemeinen Natur, *Prakriti.* Die Begierden kommen von außen, treten in das unterbewusste Vital ein und steigen zur Oberfläche empor. Erst dann, wenn sie nach oben kommen und das Mental sie wahrnimmt, werden wir uns des Begehrens bewusst. Es erscheint uns so, als ob es unser eigenes Begehren sei, da wir spüren, wie es vom Vital in das Mental aufsteigt, und nicht wissen, dass es von außerhalb kam. Das, was dem Vital, dem Wesen angehört, wofür es verantwortlich ist, ist nicht das Begehren als solches, sondern die Gewohnheit, auf die Wellen oder

211 Regungen des vitalen Wesens oder der Lebensnatur, die aus Instinkten, Leidenschaften und Begierden besteht.

Strömungen des Einflusses zu reagieren, die von der universalen *Prakriti* in es [das Wesen] eindringen.[212]

Wenn man im wahren Bewusstsein lebt, empfindet man die Begierden als etwas, das sich außerhalb von einem befindet, das von außen, von der universalen niederen *Prakriti* in das Mental und die vitalen Teile eindringt. Im gewöhnlichen menschlichen [Bewusstseins-] Zustand wird das nicht empfunden; die Menschen nehmen das Begehren erst dann wahr, wenn es bereits vorhanden und in sie eingedrungen ist und dort eine Stätte oder einen Zufluchtsort gefunden hat; dann meinen sie, es sei ihr eigenes Begehren und ein Teil von ihnen. Mit dem wahren Bewusstsein bewusst zu werden, ist daher die erste Voraussetzung dafür, sich vom Begehren zu befreien; denn dann kann man sich seiner viel leichter entledigen, als wenn man damit zu kämpfen hätte wie mit einem wesentlichen Teil von einem selbst, der aus dem Wesen verbannt werden muss. Es ist einfacher, sich von etwas Fremdem zu befreien, als das auszuschalten, was als Teil der eigenen Substanz empfunden wird.[213]

Sich gänzlich vom Begehren zu befreien, dauert lange Zeit. Wenn du aber einmal aus der menschlichen Natur herauszutreten vermagst und sie als Kraft erkennst, die von außen kommt, um ihre Klauen in das Vital und Physische[214] zu graben, ist es leichter, den Eindringling loszuwerden. Du bist zu sehr daran gewöhnt, sie als Teil von dir oder als etwas in dich Gepflanztes zu empfinden – das macht es schwieriger, ihre Bewegungen zu be-

212 Sri Aurobindo, *Briefe über den Yoga,* Bd. 4, S. 160
213 Sri Aurobindo, *Briefe über den Yoga,* Bd. 4, S. 160 f.
214 Das Physische besteht aus dem physischen Bewusstsein und dem Körper.

> kämpfen und ihre alte Kontrolle über dich auszuschalten.[215]

Es sei am Rande bemerkt: Auch Gedanken kommen laut Sri Aurobindo von außen (wie Begierden), auch wenn wir sie in unserem gewöhnlichen Bewusstsein als Erzeugnis unseres eigenen Verstandes erleben. Sri Aurobindo erklärt seinen Schülern:

> Unsere Gedanken werden in Wirklichkeit nicht unabhängig in uns geformt – in der kleinen, begrenzten Denkmaschine, die wir unser Mental nennen; sie kommen vielmehr aus einem weiten mentalen Raum oder Äther zu uns, entweder als Mental-Wellen oder als Wellen der Mental-Kraft, die eine Bedeutung haben, die in unserem persönlichen Mental Form annimmt; oder sie kommen als fertige Gedankengestaltungen, die wir annehmen und unser eigen nennen. Unser äußeres Mental ist blind gegenüber diesem Vorgang der Natur; wenn das innere Mental erwacht, können wir ihn aber wahrnehmen.[216]
>
> Für ihn [den Yogi] trifft das Bild der Gedankenfabrik nicht länger zu; denn er sieht, dass Gedanken von außerhalb kommen, vom universalen Mental oder von der universalen Natur, manchmal geformt und eindeutig, manchmal ungeformt, um dann irgendwo in uns Form zu erhalten. Die Hauptaufgabe unseres Mentals besteht darin, diese Gedankenwellen entweder anzunehmen oder zurückzuweisen (so wie auch die vitalen Wellen oder die feinstofflichen Energie-Wellen) oder

215 Sri Aurobindo, *Briefe über den Yoga,* Bd. 4, S. 161
216 Sri Aurobindo, *Briefe über den Yoga,* Bd. 3, S. 155

der Gedanken-Substanz (oder den vitalen Bewegungen) aus der sie umgebenden Natur-Kraft persönlich-mentale Form zu geben.[217]

… die echte Wahrheit ist, dass alle diese Gedanken und Tätigkeiten der Natur angehören und als Wellen der universalen Natur in uns eintreten oder durch uns hindurchziehen. Es ist unser Egoismus und unsere Begrenzung im Körper und individuellen physischen Mental, die uns daran hindern, diese Wahrheit zu fühlen und zu erfahren.[218]

Der Irrtum entstand deshalb, weil du glaubst, dass es deine Gedanken sind, dass du sie machst und dass keine Gedanken vorhanden sind, wenn du keine hervorbringst (das heißt, wenn du nicht denkst). Mit etwas Beobachtungsgabe hättest du erkannt, dass nicht du deine Gedanken erzeugst, dass sie sich vielmehr in dir ereignen. Gedanken werden wie Dichter geboren, nicht fabriziert – wie das Sprichwort sagt. Natürlich ist eine gewisse Arbeit oder Bemühung erforderlich, wenn du Gedanken hervorzubringen oder über ein bestimmtes Thema nachzudenken versuchst, doch handelt es sich dann um eine Konzentration mit dem Ziel, Gedanken entweder entstehen oder eintreten oder herabkommen zu lassen – je nachdem –, um sie dann zusammenzufügen. Die Vorstellung, dass du die Gedanken formst oder zusammenfügst, ist eine egoistische Täuschung. Sie tun es selbst, oder die Natur tut es für dich, allerdings unter einem

217 Sri Aurobindo, *Briefe über den Yoga,* Bd. 4, S. 16
218 Sri Aurobindo, *Briefe über den Yoga,* Bd. 3, S. 189 f.

> gewissen Zwang; du musst sie oft prügeln, damit sie es tut, und die Prügel haben nicht immer Erfolg.[219]

Diese Wahrheit über den äußeren Ursprung unserer Gedanken entdeckte Sri Aurobindo, als er den Anweisungen folgte, die ihm von Yogi Vishnu Bhaskar Lele zur Beruhigung des Denkens gegeben wurden. Sri Aurobindo beschreibt selbst, was er erlebte:

> Ich schulde Lele großen Dank, dass er mir dies gezeigt hat. „Sitze und meditiere", hatte er gesagt, „aber denke nicht, betrachte nur dein Mental. Du wirst sehen, wie die Gedanken in es eintreten, und bevor sie das tun können, weise sie von deinem Mental zurück, bis es des gänzlichen Schweigens fähig ist." Ich hatte noch nie von Gedanken gehört, die sichtbar in das Mental von außen eintreten, dachte aber nicht daran, die Richtigkeit oder Möglichkeit [seiner Behauptung] in Frage zu stellen, sondern setzte mich einfach hin und tat es. In einem einzigen Augenblick gelangte mein Mental zum Schweigen und wurde wie die windstille Luft auf einem hohen Berggipfel, und dann sah ich einen Gedanken und dann einen anderen auf konkrete Weise von außerhalb kommen; ich warf sie zurück, bevor sie eintreten und das Gehirn erfassen konnten, und in drei Tagen war ich frei. Das mentale Wesen in mir wurde von diesem Augenblick an im Prinzip eine freie Intelligenz, ein universales Mental, nicht mehr beschränkt auf den engen Kreis des persönlichen Gedankens wie ein Arbeiter in einer Gedankenfabrik, sondern ein Empfänger des Wissens aus all den hundert Bereichen des Wesens, und

---

219 Sri Aurobindo, *Briefe über den Yoga,* Bd. 4, S. 17

> frei zu wählen, was es wollte in diesem weiten Reich der Schau und des Denkens.[220]

Die Beschreibung des gleichen Erlebnisses in einem anderen Zusammenhang wirft etwas mehr Licht auf das Beruhigen des Denkens:

> Tatsächlich gibt es auch mehrere Wege [um die Stille zu erlangen]. Mein eigener Weg erfolgte durch Zurückweisen des Denkens. „Setz dich hin", wurde mir gesagt, „schau, und du wirst sehen, dass deine Gedanken von außen in dich eintreten. Bevor sie eintreten, wirf sie zurück!" Ich setzte mich hin, schaute und sah zu meinem Erstaunen, dass es sich so verhielt; ich sah und fühlte konkret, wie der Gedanke kam, wie wenn er durch oder über dem Kopf eintrat, und war imstande, ihn konkret zurückzustoßen, bevor er hereinkam.
> Binnen drei Tagen – tatsächlich innerhalb eines Tages – wurde mein Mental mit ewiger Stille erfüllt – sie ist immer noch da. Aber ich weiß nicht, wie viele Leute das tun können. Einer (nicht ein Schüler – ich hatte damals keine Schüler) fragte mich, wie er Yoga üben sollte. Ich sagte: „Beruhige zuerst dein Mental." Er tat es, und sein Mental wurde still und leer. Dann eilte er zu mir und sagte: „Mein Gehirn ist leer von Gedanken, ich kann nicht denken. Ich werde zum Idioten." Er hielt nicht inne, um zu schauen und zu sehen, woher diese Gedanken, die er äußerte, kamen. Auch erkannte er nicht, dass jemand, der bereits ein Idiot ist, nicht dazu werden kann. Wie dem auch sei, ich war damals nicht geduldig und

220 Sri Aurobindo, *Briefe über den Yoga,* Bd. 4, S. 16

> gab ihn auf und ließ ihn seine auf wundersame Weise erlangte Stille verlieren.
>
> Der gewöhnliche Weg, der leichteste, wenn man es überhaupt fertigbringen kann, besteht darin, die Stille von oben, über dir, in das Gehirn, Mental und Körper *herabzurufen.*[221]

Interessanterweise scheint Nisargadattas Definition der Meditation, auf die Eckhart wiederholt Bezug nimmt, die gleiche Methode zur Zurückweisung von Gedanken zu implizieren, die Sri Aurobindo von Lele gelernt hatte. Meditation, sagt Nisargadatta, wie Eckhart ihn zitiert, ist „eine radikale Weigerung, Gedanken zu hegen". Eckhart merkt an, dass es einer starken Gegenwärtigkeit bedarf, um dazu fähig zu sein.

Kehren wir zurück zu der Lehre der *Gita* über die Befreiung von den drei Eigenschaften der Natur, erinnern wir uns, dass der erste Schritt darin besteht, ein unbeteiligter Betrachter zu werden, um *Nistraigunya*, den Zustand der inneren Freiheit von den Eigenschaften oder Gunas der Natur, zu erlangen. Der nächste Schritt, lehrt uns die *Gita,* heißt, nicht nur im inneren Wesen frei von den Gunas zu sein – die Freiheit der Seele oder des Purusha zu erreichen –, sondern auch im äußeren, oberflächlichen Wesen; dies ist der Zustand *Trigunatita*, das Freisein von der Prakriti. Um es zu wiederholen: „Zuerst müssen wir die Freiheit des apersonalen Beobachters erlangen. Dann erst kann die Beherrschung durch den Meister, den *ishvara,* kommen."[222]

Freiheit – der erste Schritt – besteht darin, die Aspekte der Natur zu überwinden. Die Meisterung – der entscheidende Schritt – liegt im *Transformieren* der drei Eigenschaften der niederen

221 Sri Aurobindo, Über sich selbst, S. 88 f.
222 Sri Aurobindo, *Die Synthese des Yoga,* S. 253

Natur (Apara Prakriti) – Tamas, Rajas und Sattva – in ihre Entsprechungen der göttlichen Natur (Para Prakriti) – Shama, Tapas und Jyoti. Sri Aurobindo beschreibt diese Transformation der Eigenschaften der Natur mit den Worten:

> Hier kommen wir über die Disharmonien der dreifachen Qualität unserer niederen Existenz hinaus. Wir stehen am Anfang der Erfahrung einer höheren dreifachen Qualität göttlicher Natur. Dort gibt es keine Verfinsterung durch *tamas* und keine Trägheit. *Tamas* wird durch einen göttlichen Frieden ersetzt; ruhige ewige Ausgeglichenheit[223] breitet sich aus. Aus ihr geht wie aus einem erhabenen Urgrund der Konzentration in der Stille das Kräftespiel des Handelns und des Wissens hervor. Nun gibt es auch keine ungestüme Energie des *rajas* mehr, kein freudevolles oder leidvolles Ringen beim Handeln, Erschaffen und Besitzen, kein fruchtbares Chaos eines verworrenen Impulses. *Rajas* wird durch eine Macht ersetzt, die im Besitz des Selbst bleibt[224]. Das unbegrenzbare Wirken ihrer Kraft erschüttert, selbst in ihren machtvollsten Intensitäten, nicht das unbewegliche Gleichgewicht der Seele und stört nicht die ungeheuer hohen und tiefen Himmel und die erleuchteten Abgründe ihres Friedens. Hier gibt es nicht mehr das konstruierende Licht des Mentals, das mit seinem Schein die Wahrheit fangen und einsperren will. Hier hört auch jene unsichere inaktive Ruhe auf. *Sattva* wird durch eine Erleuchtung[225] und eine spirituelle Seligkeit ersetzt, die mit der Tiefe und unendlichen

223 shama
224 tapas
225 jyoti

Existenz der Seele identisch ist, durchdrungen von einem direkten, authentischen Wissen, das unmittelbar aus den verhüllten Herrlichkeiten der geheimen All-Wissenheit entspringt. Das ist das höhere Bewusstsein, in das unser niederes Bewusstsein umgewandelt werden soll. Die Natur der Unwissenheit mit ihrer unruhigen, unausgeglichenen Aktivität der drei Qualitäten wird verwandelt in diese höhere erleuchtete Übernatur. Zuerst werden wir von den drei *gunas* befreit. Wir sind nicht mehr an sie gebunden und werden nicht mehr von ihnen verwirrt, wir sind *nistraigunya.* Damit gewinnen wir aber nur den ursprünglichen Zustand der Seele, des Selbst, des Geistes wieder, die nun frei in ihrer bewegungslosen Ruhe die Bewegung der *prakriti* in ihrer Kraft der Unwissenheit beobachten. Wenn aber die Bewegung der *prakriti* auf dieser Grundlage der Natur auch frei werden soll, muss das durch das Stilllegen alles Wirkens in erleuchtetem Frieden und in einem Schweigen geschehen, in dem alle notwendigen Bewegungen ohne bewusste Reaktion und Teilnahme geleistet werden, ohne dass das Mental oder das Wesen des Lebens die Initiative zum Handeln ergreift, ohne ein Wellengekräusel des Denkens oder einen Wirbel in den vitalen Funktionen. Alles muss durch den Impuls, die Initiative und das Wirken einer apersonalen kosmischen oder transzendenten Kraft getan werden. … Dort werden wir in einen noch höheren geistigen Zustand, *trigunatita,* versetzt und so verwandelt, dass wir in ihm an einer noch größeren geistigen Kraft teilhaben. Die drei niederen unausgeglichenen Qualitäten gehen in die ausgeglichene dreieinige Qualität einer Stille, eines

> Lichtes und einer Kraft der Ewigkeit über, in die Ruhe, die Bewegung und die Erleuchtung der göttlichen Natur.[226]

Eckharts einfache, aber tiefgreifende Lehre, ist bemerkenswert frei von philosophischen Abstraktionen und unterscheidet nicht zwischen Befreiung und Transformation, wie es im Yoga Sri Aurobindos geschieht. In Eckharts Lehre ist die Befreiung aus der Identifikation mit dem Verstandesdenken der gleiche Vorgang wie die Transformation des Bewusstseins. So spricht Eckhart auch nicht von der Meisterung im Sinne der *Bhagavad-Gita*, als Freiheit sowohl des Purusha, des inneren Wesens, als auch als Befreiung des äußeren Wesens aus dem Einfluss der Prakriti.

DAS ZIEL DER SPIRITUELLEN PRAXIS

Eine Sicht, die sowohl in Eckharts Lehre als auch in Sri Aurobindos Yoga zu finden ist – und eine radikale Abkehr von der des Hinduismus und Buddhismus bedeutet –, bezieht sich auf das Ziel des Lebens und das Ziel der spirituellen Praxis. Alle die verschiedenen Schulen des Hinduismus streben nach der Befreiung (Mukti oder Moksha) aus der Bindung des Ichs und dem Zyklus der Inkarnation durch die Erkenntnis des wahren Selbst. Das Ende der Folge von Geburten in der Welt gilt im Hinduismus demnach als die höchste Kulmination des Yoga. Auch im Buddhismus ist es das Ziel der spirituellen Praxis, eine Auslöschung (Nirvana) des illusorischen Selbst herbeizuführen, um frei zu werden vom Leiden (Dukha). Damit ist der Zweck der spirituellen Praxis sowohl im Hinduismus als auch im Buddhismus die individuelle Befreiung. Sowohl Eckharts Lehre als auch

226 Sri Aurobindo, *Die Synthese des Yoga,* S. 256 ff.

der Buddhismus betrachten das Ego als eine illusorische Gestalt und als den Grund allen Leidens. Doch im Unterschied zum Buddhismus erachtet Eckhart die illusorische Form als eine vorübergehende Manifestation des Seins, welche die Wirklichkeit verbirgt. Die spirituelle Praxis befreit einen von der Illusion des Egos und vom Leiden, das aus der Identifikation mit der illusorischen Form resultiert. Doch in Eckharts Sicht ist es das wahre Ziel der spirituellen Praxis, die Form transparent zu machen, auf dass sich das Sein durch die Form manifestieren und seiner selbst bewusst werden kann. Das Wiedererlangen der Selbst-Bewusstheit dient damit nicht der Befreiung des Individuums, sondern der Offenbarung des Seins, der sich das Universum entgegen entwickelt. „Du bist da“, sagt Eckhart, „um den göttlichen Zweck des Universums zur Entfaltung zu befähigen.“[227]

Diese Sicht ist derjenigen ähnlich, die Sri Aurobindo mit folgenden Worten zum Ausdruck brachte:

> Der Yoga, den wir praktizieren, ist nicht allein für uns selbst, sondern für das Göttliche. Sein Ziel ist es, den Willen des Göttlichen in der Welt zum Ausdruck zu bringen, um eine spirituelle Transformation zu bewirken und eine göttliche Natur und ein göttliches Leben in die mentale, vitale und physische Natur und die Leben der Menschheit herabzubringen. Sein Ziel ist nicht persönliche Befreiung (Mukti) – obgleich die Mukti eine notwendige Voraussetzung des Yogas ist –, sondern die Befreiung und Transformation der Menschenwesen. Es ist nicht der persönliche Ananda[228], sondern das Herabbringen des göttlichen Ananda – das Himmelreich

227 Eckhart Tolle, Pura-Vida-Retreat, Costa Rica, 20-27. Januar 2001
228 Glückseligkeit

Christi, unser Satya-yuga[229] – auf die Erde. An *moksha*[230] haben wir keinen persönlichen Bedarf, denn die Seele ist *nityamukta*[231] und Gebundenheit ist eine Illusion. Wir spielen Gebundene, doch wir sind nicht wirklich gebunden.[232]

Das Ziel dieses Yoga ist erstens, in das göttliche Bewusstsein einzutreten, indem man sein trennendes Ego damit verschmilzt (hierdurch findet man sein wahres individuelles Selbst, das nicht das begrenzte, eitle und selbstsüchtige menschliche Ego ist, sondern ein Teil des Göttlichen), und zweitens, das supramentale Bewusstsein auf die Erde herabzubringen, um Mental, Leben und Körper umzuwandeln. Alles übrige kann sich nur aus diesen beiden Zielen ergeben und darf nicht das oberste Ziel des Yoga sein.[233]

Wir betrachten die Welt nicht als eine Erfindung des Teufels oder als eine Selbsttäuschung der Seele. Vielmehr ist sie für uns eine Offenbarung Gottes, auch wenn sie das jetzt erst teilweise ist, da die Manifestation in einer fortschreitenden Evolution geschieht. Darum kann für uns die Abkehr vom Leben nicht das Ziel des Lebens, die Ablehnung der Welt nicht der Zweck sein, für den die Welt erschaffen wurde. Wir wollen unser Einswerden mit Gott realisieren. Diese Realisation bedeutet, dass wir unser Einssein mit den Menschen voll aner-

---

229 Zeitalter der Wahrheit, Goldenes Zeitalter
230 spirituelle Befreiung
231 ständig im Zustand der Befreiung
232 Sri Aurobindo, *The Supramental Manifestation and Other Writings*, p. 411
233 Sri Aurobindo, *Briefe über den Yoga*, Bd. 2, S. 131

> kennen. Diese beiden Seiten dürfen nicht auseinandergerissen werden. In christlicher Sprache ausgedrückt: Der Gottessohn ist auch der Menschensohn, und beide Elemente sind für ein vollkommenes Christsein notwendig. In der indischen Denkweise heißt das: Der göttliche *narayana*[234], von dem das Universum nur ein einziger Strahl ist, offenbart sich im Menschen, in *nara,* und wird in ihm zur Erfüllung gebracht. Der zu seiner ganzen Erfüllung gelangte Mensch ist *nara-narayana*[235]. Er symbolisiert in dieser Vollständigkeit das höchste Geheimnis des Daseins.[236]

Damit ist auch aus der Sicht Sri Aurobindos das Ziel des Yoga nicht nur, individuell Befreiung zu erlangen, sondern ein Instrument zu werden, um das göttliche Reich auf die Erde herabzubringen und ein göttliches Leben in der Welt einzurichten durch eine Transformation von Mental, Leben und Körper. Sri Aurobindo trifft deshalb eine Unterscheidung zwischen Befreiung und Transformation, wie er in einem Brief an einen Schüler erklärt:

> Was ich mit spiritueller Umwandlung meine, ist etwas Dynamisches (nicht nur die Befreiung des Selbstes oder die Verwirklichung des Einen, was sehr wohl ohne jedes Herabkommen erreicht werden kann). Es ist ein Annehmen des spirituellen Bewusstseins, sowohl dynamisch als auch statisch, in jedem Teil des Wesens bis hinunter ins Unterbewusste. Dies kann nicht durch den Einfluss des Selbstes geschehen, welches das Bewusstsein

---

234 Das Göttliche, gewöhnlich verwendet als ein Name von Vishnu, dem Bewahrer und Herrn der Liebe.
235 Die menschliche Seele (Nara), ewige Gefährtin des Göttlichen (Narayana).
236 Sri Aurobindo, *Die Synthese des Yoga,* S. 344 f.

> grundsätzlich so belässt wie es ist, wenn auch geläutert und mit einem erleuchteten Mental und Herzen und einem beruhigten Vital. Es bedeutet ein Herabbringen des Göttlichen Bewusstseins, statisch und dynamisch, in all diese Teile und die völlige Ersetzung des gegenwärtigen Bewusstseins durch jenes. Es befindet sich unverhüllt und rein über dem Mental, Leben und Körper. Die unleugbaren Erfahrungen vieler bestätigen, dass dieses herabzukommen vermag, und meine Erfahrung ist, dass nichts Geringeres als die volle Herabkunft jenen Schleier, jenes Gewirr beseitigen und die volle spirituelle Umwandlung bewirken kann.[237]

Mit anderen Worten, Befreiung ist eine Verwirklichung des statischen Göttlichen Bewusstseins durch Aufsteigen über das Bewusstsein von Mental, Leben und Körper. Dies ist zu erlangen durch ein gewisses Maß an Veränderung des gewöhnlichen Bewusstseins, ohne dass dessen grundsätzliche Natur verändert wird. Transformation ist der dynamische Vorgang, in dem das göttliche Bewusstsein in *alle Teile des Wesens* von oben bis unten *herabgebracht wird*, um eine radikale Wandlung des Bewusstseins von dessen gegenwärtigem, gewöhnlichem Zustand hin zu einem spirituellen Bewusstsein zu bewirken.

237 Sri Aurobindo, *Briefe über den Yoga*, Bd. 1, S. 119 f.

6 NACHWORT: AUFKEIMENDE EINSICHTEN

Im Eingangskapitel dieses Buches konstatierte ich, dass ich die Absicht der Weisheit des Universums, die mich in der gegenwärtigen Phase meiner inneren Reise mit Eckhart in Kontakt gebracht hat, in ihrer Gänze erst noch verstehen muss. Im Laufe der Monate, seit ich dieses Buch zu schreiben begann, wurde diese Absicht allmählich immer deutlicher erkennbar. Dieses Nachwort ist ein Versuch, einige der Einsichten zu formulieren, die ich im Laufe dieses langsamen Prozesses gewonnen habe, der immer noch weitergeht.

Im ersten Kapitel habe ich einige der von Eckhart beschriebenen Hauptzüge des gewöhnlichen Bewusstsein erwähnt, die mich besonders stark beeindruckt haben. Aus früheren Studien und der Innenschau hatte ich bereits einige Einsichten in die meisten dieser Ego-Charakteristika. Eckharts Lehren vermittelten mir einen klareren und tieferen Einblick in manche dieser Aspekte, was mich aufmerksamer und wacher für ihre durchdringende Kraft machte, als ich es je zuvor gewesen war. Drei Dinge scheinen zu diesem gesteigerten Gewahrsein beigetragen zu haben: Erstens machten Eckharts Beschreibungen der Charakteristika des gewöhnlichen Bewusstseins in Begriffen alltäglicher Einstellungen wie „Beklagen" und „Warten" diese Eigenheiten des Egos leichter erkennbar. Zweitens verleiht Eckhart seinen Beschreibungen Kraft und Lebendigkeit, indem er sie mit Hilfe von Stimme und Gestik vorstellt, was es einem ermöglicht, das Beschriebene selbst zu *fühlen*. Drittens und vor allem sind

Eckharts Worte – besonders die gesprochenen –, aufgeladen mit Präsenz und der Stille, aus der sie kommen. Sie üben einen machtvollen Einfluss aus und tragen dazu bei, die Gegenwärtigkeit des Lesers oder Zuhörers zu intensivieren.

Eine dank Eckhart gewonnene Einsicht, die einer Offenbarung gleichkommt, betrifft die Rolle des Verstandesdenkens beim Verdecken und Verzerren der Wirklichkeit dessen, was wir wahrnehmen. Aufgrund von Eckharts Beschreibungen von Dingen vermag ich zu erkennen, wie jemand, der über den Verstand hinausgegangen ist, alles ganz anders wahrnimmt, als die Dinge durch den Schleier des Verstandes gewöhnlich wahrgenommen werden. Was dem Verstand unbelebt erscheint, beschreibt Eckhart als strahlend vor unglaublicher Lebendigkeit. Blumen und Bäume schildert er als Lebensformen von unglaublicher Schönheit, Stille und Heiligkeit. Das Leben der Tiere sieht er primär in der Freude am Dasein statt in einen ständigen Kampf ums Dasein verstrickt, wie sie uns durch den mentalen Schleier erscheinen. Ein Menschenwesen nimmt er als eine schöne, aber unbewusste Form des Einen Seins in vorübergehender Verkleidung wahr, die dick ist oder dünn, je nach Transparenz der menschlichen Form. Ich weiß nicht oder erinnere mich nicht, ob Eckhart je eine Beschreibung der Einen Wirklichkeit gegeben hat, die gemeinhin Gott genannt wird, doch ich nehme an, sie würde so ausfallen, wie Sri Aurobindo das Göttliche beschrieben hat – eine Wirklichkeit „nicht nur so konkret, sondern noch konkreter als irgendetwas, das von Ohr oder Auge oder beim Kontakt mit der Welt der Materie wahrgenommen wird; es ist jedoch nicht eine Gewissheit des mentalen Denkens, sondern die einer essenziellen Erfahrung“.[238]

Als ich im ersten Kapitel die Geschichte meiner spirituellen

238 Sri Aurobindo, *Briefe über den Yoga,* Bd. 1, S. 171

Suche erzählte, entfiel es mir zu erwähnen, was ich heute als einen wichtigen Wegweiser auf meiner Reise nach innen erkenne. Etwa 1971 kam ich in Kontakt mit Reverend Master Jiyu-Kennet von der Shasta-Abtei, einem Zen-Kloster auf dem Mount Shasta in Kalifornien, nahe bei der Stadt, wo ich wohnte. Ich fühlte mich sehr angezogen von Reverend Jiyu-Kennett, und über einen Zeitraum von etwa zehn Jahren besuchte ich das Kloster bei zahlreichen Gelegenheiten und nahm an mehreren Retreats teil, die von der Reverend-Meisterin geleitet wurden. Was mich neben dem Licht, das ich in ihr sah, besonders beeindruckte, war die relative Geschwindigkeit, mit der die Mönche ihrer Abtei auf dem Pfad voranzukommen schienen. Wie ich mich erinnere, vermochten die Mönche ihre Ausbildung generell in etwa fünf Jahren mit Erfolg abzuschließen – was von der Meisterin beurteilt wurde –, um dann als Roshi oder Lehrer ordiniert zu werden. Eines der Kriterien für den erfolgreichen Abschluss der Ausbildung war, mindestens die erste *kensho*-Erfahrung[239] gehabt zu haben. Einige der Mönche erlebten schon lange vor dem Abschluss ihrer Ausbildung ein *kensho* – und da war ich nun, hatte seit fast zwei Jahrzehnten Yoga praktiziert, darunter etwa sieben Jahre der konzentrierten Praxis in einem Ashram, und nichts erlebt, was man allgemein als eine spirituelle Erfahrung betrachtet. Ich versuchte mehrere Male, die Praxis des *zazen*[240] aufzunehmen, die ich in dem Kloster lernte, doch mangels Begeisterung gelang es mir nie, dabei durchzuhalten. Die Bedeutung des Gewahrseins im gegenwärtigen Augenblick, die Essenz des *zazen,* vermochte ich nicht zu verstehen. Wie man im Zen Erleuchtung sah – einfach als Leben im jetzigen Augenblick –,

239 Buchstäblich „in seine eigene Natur sehen"; *kensho* und *satori* werden oft gleichbedeutend gebraucht; *satori* bedeutet allerdings ein tieferes Erlebnis der Erleuchtung.

240 Methode der Zen-Meditation im Sitzen

war mir recht unbegreiflich. Ich empfand die Meditation mit Beobachtung meiner Atemtätigkeit als recht trocken im Vergleich zur Konzentration auf das Göttliche.

Eckharts Lehre, dass das Jetzt das Göttliche *ist,* begegnete mir wie eine Offenbarung, in deren Licht ich beginne, eine Integration der buddhistischen und der Yoga-Wege zur spirituellen Praxis zu sehen. Jetzt sehe ich, dass die Yoga-Praxis, sich in jedem Akt dem Göttlichen zu weihen, um mit dem Willen des Göttlichen eins zu sein, und die buddhistische Praxis, im gegenwärtigen Moment zu leben, im Jetzt, im Grunde zwei Aspekte der gleichen Praxis sind. Auf beiden Wegen gilt es, aufzusteigen über die Suche nach dem Selbst hinaus, dem zentralen Knoten, der uns an unser gewöhnliches Bewusstsein bindet.

Auf einem Weg wie dem Yoga-Pfad, der sich ein entlegenes Ziel vornimmt, das erst in mehr oder weniger ferner Zukunft erreicht werden kann, gibt es oft zwei Fallstricke, über die man unbewusst fast immer stolpert. Erstens neigt man dazu, sein Leben in Abteilungen wahrzunehmen und einzelne Bereiche davon, etwa die im Alltag wiederkehrenden Aufgaben und Pflichten, als zum äußeren oder gewöhnlichen Leben gehörend zu betrachten; Meditation, „heilige" Tätigkeiten und dergleichen hingegen als Bestandteile des inneren oder spirituellen Lebens. Handlungen, die sich auf das äußere Leben beziehen, werden mit gewöhnlichem Bewusstsein erledigt und von physischen, vitalen und mentalen Motiven des gewöhnlichen Bewusstseins regiert. Damit wird allerdings das Yoga-Ideal vereitelt, *alles* Leben als Yoga zu betrachten und alle Handlungen mit Yoga-Bewusstsein auszuführen. Zweitens neigt man im Bestreben, etwas in der *Zukunft zu erlangen,* anstatt in *jedem Augenblick zu sein,* unbewusst dazu, durch die Hintertür eine Selbstsuche einzulassen. Das Leben wird zu einem Kampf und bringt Stress und Spannung, anstatt den Frieden und die Freude, die entstehen, wenn man sich in jeder Handlung und in jedem Augenblick dem Göttlichen weiht.

Diese Einsicht kam mir durch Eckharts Worte: „Wenn es keine Freude und Leichtigkeit in dem gibt, was du tust, dann verdeckt Zeit den gegenwärtigen Augenblick und du empfindest das Leben als Last oder Kampf."[241] Im jetzigen Augenblick zu leben und jede Handlung als ein Ziel für sich zu betrachten, statt als Mittel zum Erreichen eines fernen Zieles, bietet das notwendige Korrektiv. Es befähigt einen, in jedem Augenblick für das Göttliche zu leben und zu erleben, was im Buddhismus als Erleuchtung betrachtet wird – den Zustand, in dem man selbstvergessen und nur im gegenwärtigen Moment lebt – im Hier und Jetzt. Mit anderen Worten: Die Yoga-Lehre, sich zu allen Zeiten dem Göttlichen zu weihen, und die buddhistische Lehre, nur auf den gegenwärtigen Moment aufmerksam zu sein, haben ein wichtiges Element gemeinsam: Beide verlangen Selbstvergessenheit. Um sich dem Göttlichen, dem Ewigen zu weihen, ohne dabei gleichzeitig im gegenwärtigen Augenblick, dem ewigen Jetzt, zu leben, heißt aufzuhören, auf sich selbst fixiert zu sein und ins Selbst-Suchen zu gleiten. Eckhart lehrt einen profunden Weg zur Trennung von „Selbst" und „Suche". Er sagt: „Wenn Sie die Intensität, die hinter dem Suchen steckt, in das Jetzt bringen, dann wird die Intensität zu Aufmerksamkeit, die Sie in diesen Augenblick, in dieses Jetzt legen. Das, was vorher gesucht hatte, bringt das Suchen ins Jetzt. Suche im Jetzt, statt in der Zukunft zu suchen."[242]

Eine andere Einsicht, die ich erwähnen möchte, bezieht sich auf die buddhistische Lehre über die Selbstakzeptanz, der ich erstmals begegnete, als ich in den 1970er Jahren mit Zen in Be-

241 Eckhart Tolle, *Jetzt! Die Kraft der Gegenwart,* S. 78 (neu übersetzt)
242 *Eckhart Tolle und Sri Aurobindo,* Kapitel 2, Interview mit Eckhart

rührung kam. Schon immer war es mir schwergefallen, diese Lehre zu begreifen, weil im Yoga von Selbstakzeptanz keine Rede ist; er lehrt vielmehr, die *Identifikation* mit dem, was wir in unserem gewöhnlichen Bewusstsein als das Selbst empfinden, *aufzulösen* und dieses *nicht als Teil des wahren Selbst* zu betrachten. Betrachtet man nun sein normales Selbst als ein falsches Selbst, während man nach wie vor mit ihm identifiziert ist, erlebt man leicht innere Konflikte und Störungen. Was Eckhart über einen solchen Zustand der inneren Störung oder des Unfriedens sagt, ermöglicht mir nun, in der buddhistischen Lehre vage die Wahrheit über Selbstakzeptanz zu fühlen. Eckhart sagt: „Vergib dir, dass du nicht im Frieden bist. In dem Augenblick, in dem du deinen Unfrieden rückhaltlos akzeptierst, wird er sich in Frieden verwandeln. Alles, was du voll und ganz akzeptierst, wird dich hinführen, wird dir zum Frieden verhelfen. Das ist das Wunder der vollkommenen Hingabe."[243] Diese Worte haben mir die Einsicht vermittelt, Selbstakzeptanz als einen Aspekt von Hingabe zu sehen – Hingabe an das Sosein des gegenwärtigen Augenblicks.

Aus psychologischer Sicht kann man nicht vollends präsent sein, wie es Eckharts Begriff von Gegenwärtigkeit entspricht, solange man noch ganz mit dem Ego identifiziert ist. In der Sprache des Yoga kann man nicht ein völlig losgelöster Betrachter sein, solange man sich in Identifikation befindet, denn innerer Abstand und Identifikation schließen sich gegenseitig aus. Ist man teilweise identifiziert und teilweise losgelöst – wie alle Suchenden in unterschiedlichem Grade –, ist man zwangsläufig in sich selbst gespalten. Dieses Verständnis hat in mir das Bedürfnis verstärkt, mich selbst als ein zwangsläufig gespaltetes Selbst zu akzeptieren, solange ich ein Suchender bin.

---

243 Eckhart Tolle, *Leben im Jetzt,* S. 118 f.

Verwandt mit dem, was ich gerade gesagt habe, ist die Einsicht, wie wichtig es ist, vom Ego *frei* zu werden, indem man zum Betrachter ohne Identifikation wird, bevor man versucht, sein Meister zu sein. Ich bin zu der Erkenntnis gelangt, dass ich – weil Sri Aurobindos Yoga mehr Nachdruck auf Meisterung und Transformation denn auf bloße Befreiung legt – die Tendenz hatte, im Hinblick auf die unerlässliche Notwendigkeit der Befreiung etwas nachlässig zu sein, die der Hoffnung vorauszugehen hat, das Selbst als Instrument zu meistern. Dies brachte mich dazu, sehr viel Gewicht auf das Zurückweisen von Ego-Regungen zu legen, anstatt meine Identifikation mit ihnen aufzulösen. Eckharts Lehre verhalf mir zu einem Korrektiv dieser zwecklosen Haltung. Ich erkenne, dass man im Umgang mit dem Ego durch die drei Phasen gehen muss, von denen Sri Aurobindo sprach: Erstens und vor allem, *innerlich frei* zu werden, indem man der unbeteiligte Betrachter der Regungen seines äußeren Wesens ist; zweitens, der Zustimmende zu sein, der nur das billigt, was mit seiner wahren, inneren Natur in Einklang ist; drittens, der Meister aller Regungen in seinem Körper, Vital und Mental zu werden.

Eckharts Lehre hat mir auch geholfen zu verstehen, dass das, was man im Yoga Zurückweisen nennt, nicht das Richtige ist, wenn es einen schmerzlichen Kampf mit sich bringt. Einfach als ruhiger Betrachter zurückzutreten und dem, was aus der Natur auch aufkommen mag, weder zu helfen noch zu widerstehen, erreicht das gleiche Ergebnis, das die Zurückweisung des Yogis im Sinne hat. Sri Aurobindo sagt: „Wenn die Stille in dir herrscht, können alle möglichen Dinge zur Oberfläche aufsteigen – sie dürfen nicht angenommen, sondern müssen einfach betrachtet werden. Mit der Zeit wird sich die Ruhe so sehr entwickeln, dass sie auch das vitale und äußere Mental zu bezwingen vermag, und in diese vollständige Ruhe werden die wahren Erkenntnisse eintreten.“[244]

Noch eine weitere, verwandte Einsicht – etwas, das ich intellektuell schon seit langem gewusst, aber nicht tief genug erkannt hatte –, ist die relative Ohnmacht des mentalen Willens, wenn es gilt, eine Veränderung im gewöhnlichen Bewusstsein herbeizuführen. Der mentale Wille kann eine *Kontrolle* ausüben und das gewöhnliche Bewusstsein – das weitgehend unbewusst ist – davon abhalten, in eine tiefere Unbewusstheit abzugleiten, aber um das gewöhnliche Bewusstsein von seinen konditionierten Reaktionen und Begrenzungen zu befreien, bedarf es der Anrufung eines tieferen oder höheren Bewusstseins als des mentalen. Eckhart nennt es Gegenwärtigkeit. In Sri Aurobindos Yoga wird es die Göttliche Kraft genannt oder die Kraft der Mutter. Ich erkenne mehr denn je, dass es, um die Göttliche Kraft anzurufen, nicht genügt, sich nur zu lösen und den Betrachter-Abstand einzunehmen, sondern erforderlich ist, alle die Regungen seines gewöhnlichen Bewusstseins dem Göttlichen *darzubringen.*

Ich bin zu dem Verständnis gelangt, dass das, was Eckhart Gegenwärtigkeit nennt, nicht ein bloß mentales Beobachten und Gewahrsein ist, sondern das Beobachten und Gewahrsein des inneren Wesens, des Purusha, wie es im Samkhya genannt wird. Mentales Gewahrsein kann nur zu mentaler Kontrolle führen. Was Eckhart lehrt, ist mehr ein *Zulassen* als ein Kontrollieren, doch das Zulassen, sagt er, *impliziert immer Gewahrsein.* Dieser Zustand ist das Gegenteil des „normalen“, in dem man entweder völlig identifiziert ist mit dem, was aus der Natur gerade aufsteigt, und es in der Folge *ausagiert* – oder sich teilweise (das heißt nur mental) nicht identifiziert mit dem, was aufkommt, und dann versucht, es zu *beherrschen.* Eine andere Möglichkeit

244 Sri Aurobindo, *Briefe über den Yoga,* Bd. 4, S. 13

ist es, dass man mental losgelöst ist und daher einer unwissenden Regung mental gewahr sein kann, doch das Mental fühlt sich angesichts der starken Bewegung nach unten machtlos, und man gibt ihr aus Schwäche nach. Noch eine weitere Möglichkeit ist – besonders nach der Begegnung mit Eckharts Lehre, alles zuzulassen, was in einem aufsteigt –, dass man eine unwissende Regung (von der man sich noch nicht wirklich desidentifiziert hat) rechtfertigt und rational erklärt, indem man die Haltung annimmt, dass alle Bewegungen, die in einem aufkommen, „zugelassen", das heißt ausagiert und nicht verdrängt werden sollten. Sri Aurobindo hat häufig über die Art und Weise gesprochen, wie das Mental von der Begierde-Natur benutzt wird, um die Impulse des Vitalen zu rationalisieren. Über diesen Aspekt des Mentals, den er als vitales Mental bezeichnet, schreibt er:

> Das Vital gehorchte am Beginn seiner Evolution dem Impuls und nicht dem Verstand; was die [von dir erwähnte] Strategie anbelangt, die *einzige* Strategie, die es begreift, sind einige Taktiken, mit denen es seine Wünsche erreichen kann. Es schätzt die Stimme des Wissens und der Weisheit nicht; aber seltsam genug, durch die Notwendigkeit, die im Menschen erwuchs, sein Handeln durch den Verstand zu rechtfertigen, hat das *vitale Mental* seine eigene Strategie entwickelt, die darin besteht, so viel Verstand zu erlangen, um Gründe für die Rechtfertigung seiner eigenen Gefühle und Impulse finden zu können.[245]

Schließlich hat auch meine zusammenfassende Aussage über die zentralen Botschaften von Eckharts Lehren einige Wandlungen

---

245 Sri Aurobindo, *Briefe über den Yoga,* Bd. 4, S. 88 f.

erfahren. Ich schloss das erste Kapitel mit dem, was mir die beiden zentralen Botschaften Eckharts zu sein schienen: Verweile im Jetzt und gib dich dem hin, was *ist.* Heute sehe ich die beiden Aufforderungen als die zwei Aspekte einer einzigen Botschaft, die die buddhistische Lehre über das Leben im gegenwärtigen Augenblick und die Yoga-Lehre über die Hingabe an das Göttliche vereint. Eckharts eine Botschaft ist: *Lebe in Ausrichtung auf das Jetzt; erlaube der Kraft des Jetzt, in dir und durch dich zu wirken.* Die daraus logisch folgende Lehre lautet: *Sei präsent und still, tritt heraus aus dem mentalen Lärmen des Denkens, und tritt ein in die Stille des Gewahrseins ohne Gedanken.*

ANHANG 1

SRI AUROBINDOS LEHRE UND METHODE DER PRAXIS

Die Lehre von Sri Aurobindo[246] setzt an bei der Lehre der Weisen im alten Indien, dass es hinter den Erscheinungen des Universums die Wirklichkeit eines Seins und Bewusstseins gibt, eines Selbstes aller Dinge, eins und ewig. Alle Wesen sind vereinigt in jenem Einen Selbst und Geist, aber geteilt durch eine gewisse Getrenntheit des Bewusstseins, eine Unkenntnis über ihr wahres Selbst und ihre wahre Wirklichkeit in Mental, Leben und Körper. Es ist durch eine gewisse psychologische Disziplin möglich, diesen Schleier trennenden Bewusstseins zu entfernen und sich des wahren Selbstes, der Göttlichkeit in uns und allem, bewusst zu werden.

Sri Aurobindos Lehre sagt, dass dieses Eine Sein und Bewusstsein hier in Materie eingefaltet ist. Evolution ist die Methode, durch die es sich befreit; Bewusstsein erscheint in dem, was unbewusst zu sein scheint und das, wenn es einmal erschienen ist, von selbst getrieben wird, höher und höher zu wachsen und sich gleichzeitig zu einer immer größeren Vollendung zu weiten und zu entwickeln. Das Leben ist der erste Schritt dieser Freisetzung von Bewusstsein; Mental ist der zweite. Aber die Evolution hört nicht mit dem Mental auf, es erwartet eine Befreiung in etwas Größeres, ein Bewusstsein, das spirituell und

246 In diesem Beitrag zu der Broschüre *The Teaching of Sri Aurobindo and Sri Aurobindo's Ashram* spricht Sri Aurobindo über sich selbst in der dritten Person.

supramental ist. Der nächste Schritt der Evolution muss erfolgen in Richtung auf die Entwicklung von Supramental und Geist als der dominierenden Kraft im bewussten Wesen. Denn nur dann wird die eingefaltete Göttlichkeit in den Dingen sich selbst ganz freisetzen und es dem Leben möglich werden, Vollkommenheit zu offenbaren.

Aber während die früheren Schritte in der Evolution von der Natur ohne einen bewussten Willen im pflanzlichen und tierischen Leben vollzogen wurden, wird im Menschen die Natur fähig, sich durch einen bewussten Willen in ihrem Instrument zu entwickeln. Dies lässt sich jedoch nicht vollständig durch den mentalen Willen im Menschen vollbringen, denn das Mental geht nur bis zu einem gewissen Punkt und kann sich danach nur im Kreis bewegen. Eine Umkehr muss gemacht werden, eine Wende des Bewusstseins, durch die das Mental in das höhere Prinzip umgewandelt wird.

Diese Methode ist durch die alte psychologische Disziplin und Praxis des Yoga zu finden. In der Vergangenheit wurde es versucht, indem man sich von der Welt zurückzog und in die Höhe des Selbstes oder des Geistes entschwand. Sri Aurobindo lehrt, dass eine Herabkunft des höheren Prinzips möglich ist, die nicht nur das spirituelle Selbst aus der Welt heraus befreit, sondern es in der Welt befreit, die Unwissenheit des Mentals oder sein sehr begrenztes Wissen durch ein supramentales Wahrheitsbewusstsein ersetzt, das ein hinreichendes Instrument des inneren Selbstes sein wird und es dem Menschenwesen ermöglicht, sich sowohl dynamisch als auch innerlich zu finden und aus seinem noch animalischen heraus- und in ein göttlicheres Menschsein hineinzuwachsen. Die psychologische Disziplin des Yogas kann zu jenem Zweck genutzt werden, indem alle Teile des Wesens einer Verwandlung oder Transformation durch die Herabkunft und das Wirken des höheren, noch verborgenen supramentalen Prinzips geöffnet werden.

Dies jedoch lässt sich nicht unmittelbar oder in kurzer Zeit oder durch eine schnelle oder wundersame Umwandlung vollbringen. Viele Schritte sind vom Suchenden zu unternehmen, bevor die supramentale Herabkunft möglich wird. Der Mensch lebt zumeist in seinem oberflächlichen Mental, Leben und Körper, aber es gibt ein inneres Wesen in ihm mit größeren Möglichkeiten, für die er erwachen muss – denn noch empfängt er nur einen sehr beschränkten Einfluss von ihm, und das drängt ihn zu einem ständigen Streben nach größerer Schönheit, Harmonie, Kraft und Erkenntnis. Der erste Vorgang im Yoga ist es daher, die Bereiche seines inneres Wesens zu öffnen und von dort nach außen hin zu leben, indem er sein äußeres Leben durch ein inneres Licht und eine innere Kraft regiert. Indem er dies tut, entdeckt er in sich seine wahre Seele, die nicht diese äußere Mixtur mentaler, vitaler und physischer Elemente ist, sondern etwas von der Wirklichkeit hinter ihnen, ein Funke des einen Göttlichen Feuers. Er muss lernen, in seiner Seele zu leben und durch deren Streben nach der Wahrheit den übrigen Teil der Natur zu läutern und auszurichten. Daran kann sich eine Öffnung nach oben und die Herabkunft eines höheren Seinsprinzips anschließen. Aber selbst dann ist es nicht sogleich das volle supramentale Licht und die volle supramentale Kraft, denn es gibt mehrere Bereiche des Bewusstseins zwischen dem gewöhnlichen menschlichen Mental und dem supramentalen Wahrheitsbewusstsein. Diese dazwischenliegenden Bereiche gilt es zu öffnen und ihre Kraft in Mental, Leben und Körper herabzubringen. Erst danach kann die volle Kraft des Wahrheitsbewusstseins in der Natur wirken. Der Vorgang dieser Selbstdisziplin oder Sadhana ist daher lang und schwierig, aber selbst ein wenig davon bedeutet bereits viel

Gewinn, weil es die letztliche Befreiung und Vollkommenheit eher möglich macht.

Es gibt viele Dinge, die zu älteren Systemen gehören und auf dem Weg notwendig sind – eine Öffnung des Mentals gegenüber einer größeren Weite und dem Gefühl des Selbstes und des Unendlichen, ein Eintreten in das, was das Kosmische Bewusstsein genannt wurde, Meisterschaft über Wünsche und Leidenschaften. Eine äußere Askese ist nicht wesentlich, aber die Meisterung von Begehren und Anhaftung sowie eine Kontrolle über den Körper und seine Bedürfnisse, Begierden und Instinkte sind unerlässlich. Es gibt eine Kombination der Prinzipien der alten Systeme: Der Weg der Erkenntnis durch die Unterscheidung des Mentals zwischen Wirklichkeit und Anschein; des Herzens Weg der Anbetung, Liebe und Hingabe, und der Weg der Werke, der den Willen von Motiven des Eigeninteresses abzieht und zur Wahrheit und dem Dienst an einer größeren Wirklichkeit als das Ego zuwendet. Denn das ganze Wesen muss geschult werden, damit es angesprochen und transformiert werden kann, wenn es jenem größeren Licht und jener größeren Kraft möglich ist, in der Natur zu wirken.

In dieser Disziplin sind die Inspiration des Meisters und in den schwierigen Phasen seine Kontrolle und Anwesenheit unverzichtbar – denn andernfalls wäre es unmöglich, ohne allzu viele Fehltritte und Irrtümer durchzukommen, die jede Chance auf Erfolg vereiteln. Der Meister ist jemand, der ein höheres Bewusstsein und Sein erreicht hat, und er wird oft als seine Manifestation oder sein Vertreter betrachtet. Er hilft nicht nur durch sein Lehren und noch mehr durch seinen Einfluss und sein Vorbild, sondern auch durch die Kraft, seine eigene Erfahrung anderen zu vermitteln.

Dies ist Sri Aurobindos Lehre und Methode der Praxis. Es

ist nicht sein Ziel, eine bestimmte Religion zu entwickeln oder die älteren Religionen zu verschmelzen oder eine neue zu begründen – denn all dies würde von seinem zentralen Anliegen wegführen. Das eine Ziel seines Yogas ist eine innere Selbstentwicklung, durch die jeder, der ihr folgt, zur gegebenen Zeit das Eine Selbst in allem entdecken und ein höheres als das mentale Bewusstsein entwickeln kann, ein spirituelles und supramentales Bewusstsein, das die menschliche Natur transformieren und vergöttlichen wird.

Sri Aurobindo[247]

247 Sri Aurobindo, Über sich selbst, S. 100 ff.

ANHANG 2

DIE DREI INSTRUMENTE DES LEHRERS

Lehren, Vorbild und Einfluss sind die drei Instrumente des *guru.* Der weise Lehrer wird aber nicht versuchen, sich selbst oder seine eigenen Auffassungen dem aufnahmebereiten Mental zur passiven Annahme aufzuzwingen. Er wird als eine Saat nur so viel hineinstreuen, als fruchtbringend und gewiss ist und unter der göttlichen Pflege im Inneren wachsen wird. Er wird weit mehr versuchen, zu erwecken als zu belehren. Er wird nach Wachstum der Eigenschaften und Erfahrungen durch einen natürlichen Prozess und freie Entfaltung streben. Er wird eine Methode als eine Hilfe und verwendbare Technik geben, nicht als zwingende Formel oder festgelegte Routine. Er wird auch sehr auf der Hut davor sein, dass diese Mittel nicht zu einer Beschränkung führen und dass der Ablauf des Yoga nicht mechanisiert wird. Seine ganze Aufgabe ist es, das göttliche Licht zu erwecken und die göttliche Kraft wirksam zu machen, für die er selbst nur ein Mittel, eine Hilfe, eine Verkörperung und eine Überleitung ist.

Das Vorbild ist machtvoller als die Belehrung. Von entscheidender Bedeutung ist aber nicht das Beispiel der äußeren Handlungen oder der persönliche Charakter. Diese haben ihren Platz und ihren Nutzen. Am meisten wird jedoch die zentrale Tatsache der göttlichen Realisation im eigenen Innern die Aspiration in anderen Menschen anregen, wenn diese Verwirklichung sein ganzes Leben, seinen inneren Zustand und alle seine Handlungen regiert. Das ist das wesentliche, universale Element. Alles übrige gehört der individuellen Person und den Umständen an. Der Sadhaka soll die dynamische Realisation fühlen und diese in sich selbst wieder in Einklang mit seiner eigenen Natur hervorbringen. Er braucht nicht danach zu streben, den Lehrer äußerlich nachzuahmen, da hierdurch sein Yoga eher unfruchtbar wird, als dass er die richtigen natürlichen Früchte hervorbringt.

Das geistige Einströmenlassen *(influence)* ist wichtiger als das Vorbild. Dieser „Einfluss" ist nicht die äußere Autorität des Lehrers gegenüber seinem Schüler, sondern die Macht seines Kontakts, seiner Gegenwart und die Nähe seiner Seele zur Seele eines anderen, wodurch er in diese, auch im Schweigen, das einströmen lässt, was er selbst ist und besitzt. Das ist das höchste Zeichen dafür, dass jemand ein Meister ist. Denn der größte Meister ist viel weniger ein Lehrer als eine Gegenwart, die das göttliche Bewusstsein in alle, die in seiner Umgebung dafür empfänglich sind, mit dem es konstituierenden Licht, seiner Macht, Reinheit und Seligkeit einströmen lässt.

Sri Aurobindo[248]

248 Sri Aurobindo, *Die Synthese des Yoga,* S. 76 f.

ANHANG 3

SRI AUROBINDOS ERSTE GROSSE ERFAHRUNG

Nun war das Erreichen des Nirvanas das erste radikale Resultat meines eigenen Yogas. Es erhob mich plötzlich in einen Zustand oberhalb des Denkens und frei von ihm, unbeeinträchtigt von jeder mentalen oder vitalen Regung; da war kein Ego, keine wirkliche Welt – nur wenn man durch die unbeweglichen Sinne schaute, so nahm man etwas wahr oder trug auf seiner reinen Stille eine Welt leerer Formen, materialisierte Schatten ohne wahre Substanz. Es gab kein Eines oder gar Viele, nur eben absolut Jenes, formlos, unverwandt, rein, unbeschreiblich, undenkbar, absolut, und doch überaus wirklich und einzig wirklich. Dies war keine mentale Verwirklichung und auch nicht etwas, das irgendwo oben erblickt wurde – keine Abstraktion –, es war bestimmt, die einige, bestimmte Wirklichkeit – wenngleich nicht eine räumliche physische Welt, indem es diesen Anschein einer physischen Welt durchdrang, einnahm oder vielmehr durchflutete und durchtränkte, keinen Platz oder Raum ließ für irgendeine Wirklichkeit außer sich selbst, das nichts anderes wirklich, tatsächlich, bestimmt oder substanzhaft erscheinen ließ. Ich kann nicht sagen, dass in der Erfahrung irgendetwas Anregendes oder Verzückendes war, so wie sie sich damals bei mir einstellte – (den unsagbaren Ananda hatte ich Jahre später) –, was sie mir jedoch brachte, war ein unsagbarer Frieden, eine abgrundtiefe Stille, eine Unendlichkeit von Erlösung und Freiheit. Ich lebte in jenem Nirvana Tag und Nacht, bevor es andere Dinge in sich einzulassen begann oder sich überhaupt veränderte, und der innere Kern der Erfahrung, die ständige Erinnerung an sie und ihre Kraft wiederzukehren, blieben, bis sie am Ende in einem größeren Überbewusstsein von oben aufzugehen begann. Aber inzwischen fügte sich Verwirklichung an Verwirklichung und verschmolz mit diesem ursprünglichen Erleben. In einem frühen Stadium wich der Aspekt einer illusionären Welt einem, in welchem Illusion[249] nur ein kleines, oberflächliches Phänomen ist mit einer immensen Göttlichen Wirklichkeit dahinter und einer höchsten göttlichen Wirklichkeit darüber und einer intensiven göttlichen Wirklichkeit im Herzen aller Dinge, was zunächst nur wie ein Leinwandbild oder ein Leinwandschatten schien. Und dies war kein neues Eingeschlossenwerden in den Sinnen, keine Verminderung höchster Erfahrung oder ein Absturz aus dieser, es kam vielmehr als ein ständiges Erhöhen und Weiten der Wahrheit; es war der Geist, nicht die Sinne, der Gegenstände sah, und der Frieden, die Stille, die Freiheit in Unendlichkeit blieben stets, wobei die Welt oder alle Welten nur ein kontinuierlicher Vorfall in der zeitlosen Ewigkeit des Göttlichen waren.

Sri Aurobindo[250]

---

249 Tatsächlich ist es nicht eine Illusion in dem Sinne, dass etwas Unfundiertes und Unwirkliches dem Bewusstsein auferlegt wird, sondern eine Fehlinterpretation seitens des bewussten Mentals und Sinnes und ein verfälschender Missbrauch manifestierter Existenz.

250 Sri Aurobindo, Über sich selbst, S. 106 f.

ÜBER ECKHART TOLLE

Eckhart Tolle, anerkannt als einer der wichtigsten spirituellen Lehrer unserer Zeit, wurde 1948 in Deutschland geboren und verbrachte hier die ersten dreizehn Jahre seines Lebens. Nach dem Studienabschluss an der University of London war er in der Forschung und Supervision im Fach Physik an der Cambridge University tätig.

Bis in sein dreißigstes Jahr lebte er in einem Zustand fast ständiger Verängstigung und Depression bis hin zu suizidalen Phasen. Eines Nachts, nicht lange nach seinem neunundzwanzigsten Geburtstag, hatte er ein plötzliches und tiefgreifendes spirituelles Erlebnis, das ihn radikal verwandelte und sein Leben völlig veränderte. Nach diesem Transformationserlebnis widmete er einige Jahre dem Studium spiritueller Texte und verbrachte Zeit bei spirituellen Lehrern, um zu verstehen und zu integrieren, was er selbst erlebt hatte. Dann beschäftigte er sich etwa zehn Jahre mit spirituellem Beraten und Lehren und arbeitete dabei mit Einzelpersonen und Gruppen spiritueller Suchender in Europa und Nordamerika. Sein epochales Werk *The Power of Now* (1997) [dt. Ausgabe: *Jetzt! Die Kraft der Gegenwart* (2000)] repräsentiert die Essenz seiner Arbeit. Seitdem hat er zahlreiche Seminare und Retreats überall auf der Welt geleitet und drei weitere Bücher geschrieben: *Practicing the Power of Now* (2001) [dt. Ausg.: *Leben im Jetzt* (2002)], *Stillness Speaks* (2003) [dt. Ausg.: *Stille spricht* (2003)] und *A New Earth* (2005) [dt. Ausg.: *Eine neue Erde* (2005)].

Heute lebt er in Vancouver, British Columbia.

ÜBER SRI AUROBINDO

Sri Aurobindo wurde am 15. August 1872 in Kalkutta geboren. Im Alter von sieben Jahren wurde er auf eine Schule nach England geschickt. Er besuchte die St. Paul‘s School in London und studierte am King‘s College in Cambridge. Nach seiner Rückkehr nach Indien (1893) arbeitete er dreizehn Jahre lang in der Verwaltung des Fürstentums Baroda im Dienst des Maharajas und als Professor am staatlichen College.

Im Jahre 1906 kündigte Sri Aurobindo seine Stellung in Baroda und ging nach Kalkutta, wo er einer der Führer der nationalistischen Bewegung Indiens wurde. Als Herausgeber der Zeitung *Bande Mataram* propagierte er die Idee einer vollständigen Unabhängigkeit Indiens von der britischen Krone. Drei Mal wurde er unter dem Vorwurf von Volksverhetzung und Verrat verhaftet, doch jedes Mal mangels Beweisen wieder freigelassen.

Sri Aurobindo begann die Praxis des Yoga 1905. Binnen weniger Jahre erlangte er mehrere grundlegende spirituelle Erkenntnisse. 1910 zog er sich aus der Politik zurück und ging nach Pondicherry in Französisch-Indien, um sich auf sein inneres Leben und Wirken zu konzentrieren. Während seiner vierzig Jahre dort entwickelte er einen neuen spirituellen Weg, den Integralen Yoga, dessen höchstes Ziel die Transformation des Lebens durch die Kraft eines supramentalen Bewusstseins ist. 1926 gründete er mit Hilfe Der Mutter den Sri-Aurobindo-Ashram. Seine Vision des Lebens wird in zahlreichen poetischen und Prosawerken vermittelt, zu den bekanntesten zählen *Das göttliche Leben, Die Synthese des Yoga* und *Savitri.* Am 5. Dezember 1950 starb Sri Aurobindo.

ÜBER DIE MUTTER

Die Mutter wurde als Mirra Alfassa am 21. Februar 1878 in Paris geboren. Sie studierte an der Académie Julian und wurde eine anerkannte Künstlerin. Bereits in jungen Jahren hatte sie spirituelle und okkulte Erlebnisse. 1906 und 1907 ging sie nach Tlemcen (Algerien), um bei dem Adepten Max Theon und seiner Frau Okkultismus zu studieren. Zwischen 1911 und 1913 gab sie eine Reihe von Vorträgen vor verschiedenen Gruppen geistig Suchender in Paris und begann die Aufzeichnungen über ihre immer tiefere Kommunion mit dem Göttlichen in einem Tagebuch, das später unter dem Titel *Prayers and Meditations* (dt. Ausgabe: *Gebete und Meditationen)* veröffentlicht wurde.

Im Jahre 1941 reiste die Mutter nach Pondicherry, wo sie den indischen Mystiker Sri Aurobindo kennenlernte. Nach einem elfmonatigen Aufenthalt musste sie wegen des inzwischen ausgebrochenen Ersten Weltkriegs nach Frankreich zurückkehren. Ein Jahr später fuhr sie nach Japan, wo sie vier Jahre blieb. 1920 kehrte die Mutter wieder zu Sri Aurobindo nach Pondicherry zurück. Sechs Jahre später, als der Sri-Aurobindo-Ashram gegründet wurde, vertraute Sri Aurobindo ihr seine Aufzeichnungen und die spirituelle Verantwortung an, denn er betrachtete sie nicht nur als eine Schülerin, sondern als seine spirituelle Partnerin und Mitarbeiterin. Unter ihrer Leitung wuchs der Ashram zu einer großen, vielseitigen spirituellen Gemeinschaft heran. 1952 richtete sie auch eine Schule ein, das Sri Aurobindo International Centre of Education, und 1968 die internationale Siedlung Auroville. Ihre Lehren wurden in den *Collected Writings of the Mother* veröffentlicht, die bis heute 17 Bände umfassen. Die Mutter starb am 17. November 1973.

ÜBER DEN VERFASSER

Dr. A. S. Dalal war Leiter der psychiatrischen Klinik in Klamath, Oregon (USA). 1982-1984 war er Kodirektor des Instituts für Integrale Psychologie in Ojai, Kalifornien, und danach Koordinator für die ambulanten Patienten der psychiatrischen Klinik in Randolph County. Er hat zahlreiche Bücher über geistige Gesundheit, Psychologie und Yoga aus den Schriften von Sri Aurobindo und der Mutter herausgegeben. Heute ist er als Berater für den Sri Aurobindo Ashram und die Redaktionsleitung der Zeitschrift NAMAH („Neue Ansätze für Medizin und Gesundheit") des Sri Aurobindo International Institute for Integral Health and Research tätig. Er praktiziert als homöopathischer Arzt im Tresor-Pflegeheim in Pondicherry.

Veröffentlichungen aus jüngerer Zeit (Auswahl):
Psychology, Mental Health & Yoga. Essays on Sri Aurobindo's psychological thought (1991)
A Greater Psychology: An Introduction to Sri Aurobindo's Psychological Thought (2001)
Sri Aurobindo on cosmic consciousness: an integral view (2004).

In deutscher Übersetzung:
Sri Aurobindo und die Mutter (Auszüge): Das Seelische Wesen – Die Seele. Ihre Natur, Aufgabe und Evolution. Auszüge aus den Werken von Sri Aurobindo und der Mutter. Zusammenstellung von A. S. Dalal. Dt. Übersetzung von E. Beck. Pondicherry: Sri Aurobindo Ashram Press, 1995. ISBN 81-7058-443-4
Sri Aurobindo und die Mutter: Inneres Wachsen. Zusammen-

stellung A.S. Dalal. Dt. Übersetzung E. Beck. Pondicherry: Sri Aurobindo Ashram Press, 1995. ISBN 81-7058-443-4

VERZEICHNIS DER ZITIERTEN QUELLEN:

Sri Aurobindo, *Briefe über den Yoga, Bd. 1,* Übers. Elisabeth Beck, Pondicherry/Indien: Sri Aurobindo Ashram Publication Department ²1988

Sri Aurobindo, *Briefe über den Yoga, Bd. 2,* Übers. Elisabeth Beck, Pondicherry/Indien: Sri Aurobindo Ashram Publication Department ²1989

Sri Aurobindo, *Briefe über den Yoga, Bd. 3,* Übers. Elisabeth Beck, Pondicherry/Indien: Sri Aurobindo Ashram Publication Department ²1995

Sri Aurobindo, *Briefe über den Yoga, Bd. 4,* Übers. Elisabeth Beck, Pondicherry/Indien: Sri Aurobindo Ashram Publication Department 983

Sri Aurobindo, *Das göttliche Leben, Bd. 1,* Übers. Heinz Kappes, Gladenbach: Hinder + Deelmann ³2002

Sri Aurobindo, *Das göttliche Leben, Bd. 2/1,* Übers. Heinz Kappes, Gladenbach: Hinder + Deelmann ³2004

Sri Aurobindo, *Das göttliche Leben, Bd. 2/2,* Übers. Heinz Kappes, Gladenbach: Hinder + Deelmann ³2004

Sri Aurobindo, *Die Synthese des Yoga,* Übers. Heinz Kappes, Gladenbach: Hinder + Deelmann ⁵2008

Sri Aurobindo, *Essays über die Gita,* Übers. Heinz Kappes, Gladenbach: Hinder + Deelmann ²1992

Sri Aurobindo, *Gedanken und Aphorismen mit Erläuterungen der Mutter,* Pondicherry/Indien: Sri Aurobindo Ashram Publication Department ²1992

Sri Aurobindo, *The Hour of God and Other Writings,* SABCL, vol.17 (Sri Aurobindo Birth Centenary Library, Pondicherry: Sri Aurobindo Ashram, 1970-75)

Sri Aurobindo, *The Mother – Die Mutter,* Pondicherry/Indien: Sri Aurobindo Ashram Publication Department ⁴1998

Sri Aurobindo, *The Supramental Manifestation and Other Writings,* SABCL, vol. 16 (Sri Aurobindo Birth Centenary Library, Pondicherry: Sri Aurobindo Ashram, 1970-75)

Sri Aurobindo, *The Upanishads,* SABCL, vol. 126 (Sri Aurobindo Birth Centenary Library, Pondicherry: Sri Aurobindo Ashram, 1970-75)

Sri Aurobindo, Über sich selbst, Übers. Wilfried Huchzermeyer, Gladenbach: Hinder + Deelmann ²2005

Die Mutter, *Gespräche 1929,* Pondicherry: SABDA 1976, Gauting: Mirapuri o.J.

Die Mutter, *Gespräche 1950-1951,* Gauting: Mirapuri 1985

Die Mutter, *Gespräche 1954,* Gauting: Mirapuri 1994

Die Mutter, *Gespräche 1955,* Gauting: Mirapuri 1999
Die Mutter, *Gespräche 1956,* Gauting: Mirapuri 1987
Die Mutter, *Gespräche 1957,* Gauting: Mirapuri 1989
Die Mutter, *Gespräche 1958,* Gauting: Mirapuri 1990
The Mother: *Questions and Answers,* CWM, vol. 1 (Collected Works of the Mother, Centenary Edition, Pondicherry: Sri Aurobindo Ashram, 1972-87)
The Mother, *Words of the Mother,* CWM, vol. 14 (Collected Works of the Mother, Centenary Edition, Pondicherry: Sri Aurobindo Ashram, 1972-87)
The Gospel of Sri Ramakrishna, vol. 1, Madras: Sri Ramakrishna Math
Eckhart Tolle, *Jetzt! Die Kraft der Gegenwart,* Übers. Christine Bolam u. Marianne Nentwig, Bielefeld: Kamphausen [20]2008
Eckhart Tolle, *Leben im Jetzt,* Übers. Erika Ifang, München: Goldmann [4]2002
Eckhart Tolle, *Stille spricht. Wahres Sein berühren,* Übers. Erika Ifang, München: Arkana /Random House 2003
Eckhart Tolle / Oliver Klatt, *Die große Heilung kommt mit dem Erwachen*, Grafing 2009

Eckhart Tolle

Die große Heilung

kommt mit dem Erwachen

Eckhart Tolle im Gespräch

mit Oliver Klatt

Hardcover, 96 Seiten

978-3-89427-485-6

Nur selten teilt Eckhart Tolle in Gesprächen oder Interviews seine innersten Überzeugungen mit. Der vorliegende Text ist einer jener seltenen Glücksfälle, in denen der bekannte Weisheitslehrer sehr persönliche und tief berührende Aussagen über den Geistigen Pfad, das bewusste Leben im JETZT und die große Heilung und Ganzwerdung macht.

Jeder seiner Sätze enthält eine wundervolle Inspiration, welche der Leser und geistige Sucher nutzen kann, um sein eigenes Leben wacher, bewusster und sinnvoller zu führen.

Ein wahrhafter Weg-Weiser, den man immer wieder zu Hand nehmen kann, um Inspiration und Geistige Führung darin zu finden!

Die faszinierende Lebensgeschichte von
Sri Aurobindo und Der Mutter.
Zwei Lebenswege, die der Geburt
eines neuen menschlichen Bewusstseins
und der Transformation der Erde
geweiht waren.

Sujata Nahar

Mutters Chronik

Paperback

Band 1 · Mirra

978-3-89427-066-7

Band 2 · Mirra – Die Künstlerin

978-3-89427-080-3

Band 3 · Mirra – Die Okkultistin

978-3-89427-081-0

Band 4 · Mirra – Sri Aurobindo

978-3-89427-094-0

Band 5 · Mirra begegnet dem Revolutionär

978-3-89427-159-6

Band 6 · Mirra in Südindien

978-3-89427-375-0

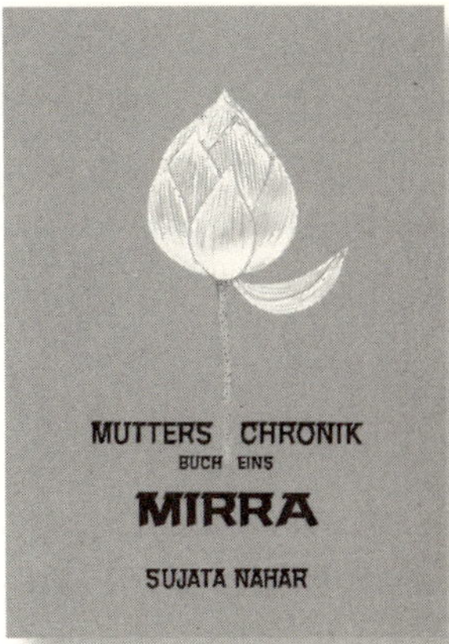

A. B. Purani

Abendgespräche

mit Sri Aurobindo

Hardcover, 920 Seiten

978-3-89427-609-6

Sri Aurobindo ist im Westen vor allem durch seine großen Meisterwerke zur Transformation des Bewusstseins bekanntgeworden. Er zählt zu den wenigen herausragenden spirituellen Lehrern der Gegenwart, deren Denken sowohl die westliche als auch die östliche Weisheitstradition umspannte.
Die „Abendgespräche" zeigen in ihrer immensen Vielfältigkeit auf, dass Sri Aurobindo nicht nur ein exzellenter Kenner der abendländischen Dichtung oder der modernen Kunst war, sondern dass er ebenso berufen war, über die aktuelle Tagespolitik oder bestimmte spirituelle Entwicklungen in der Welt zu sprechen. Sein „Integraler Yoga" zielte auf die Verwirklichung des Göttlichen in der irdischen Inkarnation. Daher setzte er seine ganze Geisteskraft dafür ein, diese Verwirklichung herbeizuführen und alle diejenigen Personen oder Bewegungen zu unterstützen, die diesem Prozess förderlich waren. Wie dies im Einzelnen geschah, zeigt sich in den von A.B. Purani sorgfältig dokumentierten Gesprächen.
In keinem anderen Buch kommt man der Persönlichkeit Sri Aurobindos so nahe wie in diesen tiefschürfenden Dialogen mit seinen engsten Schülern und Wegbegleitern.